Elson Faxina (Org.)

Edição em rádio

EDITORA
intersaberes

O selo DIALÓGICA da Editora InterSaberes faz referência às publicações que privilegiam uma linguagem na qual o autor dialoga com o leitor por meio de recursos textuais e visuais, o que torna o conteúdo muito mais dinâmico. São livros que criam um ambiente de interação com o leitor – seu universo cultural, social e de elaboração de conhecimentos –, possibilitando um real processo de interlocução para que a comunicação se efetive.

EDITORA intersaberes

Rua Clara Vendramin, 58 . Mossunguê
CEP 81200-170 . Curitiba . PR . Brasil
Fone: (41) 2106-4170
www.intersaberes.com
editora@editorainterseberes.com.br

Conselho editorial
Dr. Ivo José Both (presidente)
Dr.ª Elena Godoy
Dr. Neri dos Santos
Dr. Ulf Gregor Baranow

Editora-chefe
Lindsay Azambuja

Gerente editorial
Ariadne Nunes Wenger

Preparação de originais
Lumo Soluções Editoriais

Edição de texto
Gustavo Piratello de Castro
Arte e Texto Edição e Revisão de Textos

Capa e projeto gráfico
Charles L. da Silva

Diagramação
Regiane Rosa

Equipe de *design*
Charles L. da Silva

Iconografia
Regina Claudia Cruz Prestes
Sandra Lópis da Silveira

Dados Internacionais de Catalogação na Publicação (CIP)
(Câmara Brasileira do Livro, SP, Brasil)

Faxina, Elson
  Edição em rádio/Elson Faxina (Org.). 1. ed. Curitiba: InterSaberes, 2020. (Série Excelência em Jornalismo)

  Bibliografia.
  ISBN 978-65-5517-681-0

  1. Comunicação 2. Rádio 3. Rádio – História I. Faxina, Elson. II. Série.

20-37040   CDD-384.54

Índices para catálogo sistemático:
1. Rádio como veículo de comunicação   384.54

Maria Alice Ferreira – Bibliotecária – CRB-8/7964

1ª edição, 2020.

Foi feito o depósito legal.

Informamos que é de inteira responsabilidade dos autores a emissão de conceitos.

Nenhuma parte desta publicação poderá ser reproduzida por qualquer meio ou forma sem a prévia autorização da Editora InterSaberes.

A violação dos direitos autorais é crime estabelecido na Lei n. 9.610/1998 e punido pelo art. 184 do Código Penal.

Capítulo 03
99 Linha editorial e programação radiofônica
- 100 Segmentação no rádio
- 104 Linha ou política editorial
- 120 Programação de rádio
- 127 Produtos jornalísticos no rádio
- 152 Piloto e pesquisa de opinião

Capítulo 04
160 Funções e responsabilidades profissionais no rádio
- 161 Trabalho em equipe
- 180 *Hard news*, *all news* e profissional multitarefa
- 194 O papel do editor
- 214 Estrutura do radiojornal
- 222 O texto no rádio
- 234 Autoridade não se impõe, conquista-se

Capítulo 05
242 *Softwares* de edição de áudio
- 243 Principais *softwares* de edição
- 244 O *software* Adobe Audition
- 251 Usando o Adobe Audition

Sumário

6	*Prefácio*
11	*Apresentação*
17	*Como aproveitar ao máximo este livro*

Capítulo 01
21 Um século de rádio: organização, estrutura e funcionamento

23	Os inventores do rádio
26	Surge o rádio
32	O rádio na América Latina
41	O rádio no Brasil
47	Equipamentos tecnológicos e seu impacto
50	As rádios interioranas
52	Emissoras em mudança

Capítulo 02
61 Linguagem radiofônica

62	O lugar do rádio no rol das mídias
72	Características da linguagem do rádio
75	Elementos da linguagem radiofônica
86	Estrutura narrativa no rádio
91	A montagem radiofônica

	Capítulo 06
280	**Rádio, *web* rádio, *podcast* e democracia comunicativa**
281	O rádio a serviço da cidadania
296	Rádio e convergência midiática
309	*Podcast*: o que é e como fazer
321	*Considerações finais*
325	*Referências*
332	*Respostas*
336	*Sobre os autores*

Prefácio

Com bastante interesse examinei as páginas deste livro e minha primeira impressão é que ele consegue explicar muito bem as principais características desse meio de comunicação que existe há mais de um século: o rádio.

O esforço tenaz feito pelo organizador e pelos autores dos vários capítulos produziu uma obra que nos dá uma visão histórica, apresentando-nos as principais características e funções do rádio, e, de alguma forma, também nos permite ver como as várias tecnologias vão enriquecendo-o, renovando-o e fortalecendo-o como um dos meios de informação e comunicação mais próximos e úteis para as pessoas.

Precisamente, quando eu estava lendo o conteúdo do livro que você agora tem em mãos era um tempo em que a pandemia global de Covid-19 nos obrigava a ficar isolados em nossas casas. Assim, para ser informado de como estavam as coisas em meu país e no mundo, um dos principais meios que eu buscava era o rádio.

Muitos de vocês certamente foram testemunhas, como eu, de como as pessoas ligavam pelo telefone e se relacionavam, via redes sociais, com os repórteres e apresentadores dos programas que transmitem informações úteis para a população nas várias estações de rádio locais e nacionais.

Obviamente, as pessoas sintonizavam preferencialmente as estações de rádio que abriam seus microfones para a população se manifestar. Muitas vezes, eram palavras fortes, às vezes, de agradecimento, de orientação para manter os cuidados necessários, de cobrança das autoridades; outras vozes expressavam sua desesperança e condenação diante da corrupção das autoridades ou do abuso de empresas e comerciantes.

Uma das manifestações que se repetiam, e que outras mídias deveriam levar em consideração, era o reconhecimento de que o rádio permitia às pessoas expressar o que precisavam dizer, e elas sublinhavam essa característica de várias maneiras: "Vocês são os únicos que nos permitem falar", "Que nos escutam", "Que nos ajudam a resolver nossos problemas e necessidades", "Em vocês podemos confiar", "Ligamos porque, através de vocês, queremos que as autoridades nos ouçam".

Ao ouvir essas vozes dos cidadãos, sejam eles gratos, sejam indignados, sejam serenos e, não poucos, chorosos ou zangados, pensei que a maioria de nossos meios de comunicação, em particular as rádios, deixou de lado uma das principais características que lhes podem ajudar a se definir como verdadeiros meios de comunicação: eles perderam a capacidade de escutar, esqueceram a arte de ouvir.

Possivelmente, um dos temas básicos que todo profissional de comunicação deve aprofundar, tanto em seu período de formação quanto em sua vida profissional, deve ser a arte de ouvir. Aí reside a principal função de um bom comunicador. Muito mais importante do que falar, um profissional de rádio deve saber ouvir. Infelizmente, a maioria dos temas que os comunicadores recebem na formação visa melhorar sua maneira de dizer as coisas, o modo mais apropriado de se expressar, quando, na verdade, uma pessoa que não sabe ouvir, que não sabe escutar, não deveria receber o título de *comunicador*.

A participação nas rádios de milhares de pessoas, em tempos de pandemia, mais uma vez revelou uma das forças particulares do rádio em comparação com outras mídias: a oralidade. A linguagem oral, ao alcance da grande maioria da população, é uma das formas históricas mais básicas de comunicação. A palavra falada é aquela que permite que as crianças aprendam coisas, expressem com facilidade suas emoções, seus desejos e suas exigências. Mas não apenas crianças; todas as pessoas têm na linguagem oral o instrumento ou o meio de comunicação por excelência.

O rádio, ao ter a linguagem oral como característica fundamental, **torna-se o meio de comunicação por excelência**. Parece muito lógico, mas a realidade mostra que muitas de nossas rádios usam muito pouco a linguagem oral. Não se trata apenas de falar para dizer que estamos nos comunicando. A linguagem oral tem suas **próprias regras, sua própria estrutura, sua própria composição, seus recursos particulares, suas expressões e emoções** que dificilmente encontramos na linguagem escrita, por exemplo.

A reaprendizagem e o uso adequado da linguagem oral são desafios importantes para quem pretende ser um profissional da comunicação, ou seja, para quem deseja trabalhar em mídia ou em espaços que usam a linguagem oral como elemento-chave do trabalho informativo.

Como este livro indica corretamente, o rádio não apenas mostrou sua utilidade para cidadãos urbanos e rurais, jovens e crianças, promovendo a cultura e a identidade tão diversa em cada um de nossos países ou regiões; ele também continua se enriquecendo com os avanços tecnológicos e a incorporação dos instrumentos técnicos e dos meios que facilitam a comunicação e a intercomunicação entre pessoas, redes, grupos e movimentos sociais. Hoje, por exemplo, é impossível pensar em uma rádio que não esteja na internet, onde compartilha com seu público fotos, vídeos, textos, infográficos e, claro, áudio; e onde também ouve as pessoas e interage com elas. Esse caminho deve ser permanentemente enriquecido.

Finalmente, e desde que começamos a falar sobre os tempos de pandemia – tempos de dor, mas também de busca e, sobretudo, períodos em que consideramos a urgência de uma mudança radical em nossos modos de vida –, o rádio voltou a se apresentar como um dos principais meios de comunicação para ajudar a gerar esperança, para mostrar que outro mundo é possível.

Alguns dias atrás, uma das emissoras de meu país, relembrando um dos mitos clássicos da cultura guarani, comprovou que nossas rádios podem ajudar a fortalecer nossa esperança em um futuro melhor. A locutora falou mais ou menos assim:

> Os povos guaranis, que habitaram as terras do Paraguai e as áreas da Argentina, da Bolívia e do Brasil, contam que um dia a "Terra sem Males"[1] voltará a existir. Uma terra onde tudo estará em harmonia, a ninguém faltará nada e todos os seres viverão em perfeita harmonia com a natureza, a Mãe Terra e os deuses. A cultura guarani sabe disso, tem certeza, porque a Terra sem Males já existia antes. (Noticiero Minka, 2020)

E, apaixonadamente, a locutora fez um breve resumo desse tradicional mito:

---

1 Mito do povo guarani.

Antigamente, dizem nossos avós, os seres humanos conviviam na Terra com os deuses, não havia doenças e nunca faltava comida. No entanto, devido aos erros cometidos pelos homens, os deuses destruíram esse local e foram viver em uma morada celestial. Os sobreviventes passaram, então, a habitar uma região imperfeita, com doenças, dores e sofrimentos. Por esse motivo, os seres humanos que habitam esse novo local – Yvy Pyahu – têm a missão de encontrar os caminhos que os levarão à primeira terra, a Terra sem Males. (Noticiero Minka, 2020)

Neste tempo em que somos obrigados a pensar que o impossível será possível, o rádio pode servir para recuperar a esperança e o próprio sentido da vida. A busca da Terra sem Males tornou-se uma tarefa para milhões de pessoas, e o caminho, ou os caminhos, em direção a essa utopia nos leva(m) novamente a nossos povos ancestrais, aos povos indígenas da América, ao território do "Abya Yala".

Radialistas e comunicadores em geral, temos uma grande responsabilidade! Parabéns mais uma vez aos autores deste livro, que nos ajudam a entender todas as possibilidades e potencialidades do rádio como meio de comunicação a serviço das pessoas e de nossas sociedades e culturas.

Pedro Sánchez Coronel
Radialista e comunicador social peruano, capacitador da Coordenadoria Nacional de Rádio do Peru (CNR), Associação Latino-Americana de Educação Radiofônica (Aler), Associação Mundial de Comunicadores Católicos (SIGNIS) e Rede de Comunicadores Solidários (Recomsol) do Brasil.
Tradução nossa.

Apresentação

O rádio é um veículo extraordinário, que encanta pessoas e torna-se amigo delas, porque nasceu como extensão do contato pessoal, do diálogo e da conversa em casa, na escola, no trabalho, na igreja, no futebol de final de semana, no boteco e em todos os locais de convivência.

Muitos dos que se tornaram seus pais, sonharam-no grandioso, exuberante, cheio de autoridade e capaz de educar as grandes massas e extirpar a ignorância da face da Terra, levando conhecimento a todos os rincões do planeta. Foram sonhos de juventude, de querer mudar o mundo! Porém, o rádio preferiu ser humilde, um amigo, apenas. E foi exatamente por isso que ele se tornou grandioso, exuberante e cheio de autoridade, quase como sonharam seus pais.

Falamos em *pais* porque o rádio não tem um único criador – não foi obra apenas de Guglielmo Marconi, como sempre foi divulgado. Essa é uma das reflexões que proporemos já no primeiro capítulo deste livro, no qual você verá também que o rádio é uma das mais belas invenções dos seres humanos – assim mesmo, no plural. Talvez por isso, ele, o rádio, devota tanta paixão pelos humanos, por tudo o que lhes diz respeito.

Claro que, assim como sempre há um ou outro amigo que tenta nos manipular para nos explorar ou incomodar, com o rádio, volta e meia, isso também acontece – e surge alguém que exagera, explora a amizade do rádio, faz dele um instrumento de uso interesseiro, uma arma nociva contra a sociedade. Entretanto, nesses casos, a culpa não é do rádio, mas de quem o comanda. Culpar o rádio por isso seria como incriminar o carro maravilhoso, perfeito e pujante pelo acidente causado com ele por seu motorista negligente.

Este é o objetivo da obra: refletir sobre a prática de um dos mais importantes "motoristas" desse veículo chamado *rádio*: o editor. Ele pode pilotar essa máquina para seguir sendo o bom amigo, que de fato é, ou usá-la para "dar um cavalo de pau", rodopiar e transformá-lo em um inimigo disfarçado de quem tanto confia nele.

No rádio, o editor é quem monta criativamente uma história, uma reportagem, um documentário, um quadro e qualquer outro produto jornalístico transmitido pelo veículo. É também o editor quem estrutura um programa, um radiojornal, coloca-o no ar e comanda-o, mudando-o, repaginando-o, atualizando-o e fazendo tudo o que for necessário para deixá-lo ao gosto do ouvinte. E quase sempre ele faz isso com a ajuda de uma equipe de profissionais voltada a manter a aura, tão merecida, do rádio como amigo do ouvinte.

Por isso, com o sério compromisso de ser amigo, o rádio deve ser feito sempre em equipe multidisciplinar, integrada por jornalistas, publicitários, administradores e técnicos de diferentes áreas, além, é claro, do pessoal da limpeza, do cafezinho, da recepção e de todos os setores envolvidos em sua realização. Se um desses profissionais for retirado do processo, o bom desempenho do rádio fica comprometido.

Quanto ao editor, é verdade que nem todas emissoras têm a função de edição definida para um único profissional, como o montador de matérias jornalísticas. Em muitas emissoras, essa tarefa é desempenhada pelos próprios repórteres, que também fazem a pauta; em outras, a edição é feita pela chefia de reportagem, pelo redator ou, ainda, pelo diretor ou produtor de determinado jornal ou programa. Assim, o responsável pela edição pode não ter o nome de *editor*, mas todos que assumam essa tarefa desempenharão o papel adequadamente. E é isso o que interessa nesta obra.

Por isso mesmo, quando mencionarmos o *editor* ou o *editor-chefe* ao longo desta obra, mais do que a figura de um profissional exclusivo para a edição, estaremos nos referindo à função daquele que edita, não importando o cargo que ele ocupa na emissora.

Para darmos conta disso, apresentaremos, no Capítulo 1, uma breve história do rádio e suas formas de organização, funcionamento e produção, até chegarmos aos desafios que ele enfrenta hoje. Afinal, não dá para entender um amigo sem conhecer sua história e suas transformações ao longo de sua vida – no caso do rádio, de mais de um século.

No Capítulo 2, abordaremos a linguagem radiofônica e suas complexidades. Quem não entende da comunicação do rádio não consegue fazer dele um veículo que converse bem com seus amigos.

Conhecendo bem as condições básicas do rádio – suas estruturas de organização e de funcionamento e sua linguagem –, veremos, no Capítulo 3, como ele é feito. Ou melhor, observaremos sua fisionomia, a "cara" com que ele se apresenta à sociedade, ou seja, sua programação. Portanto, examinaremos a importância da definição do público-alvo e, consequentemente, da linha editorial da emissora para chegarmos aos programas e aos produtos jornalísticos radiofônicos.

No Capítulo 4, trataremos das funções e das responsabilidades do jornalista no rádio. Buscaremos destrinchar um pouco as atividades envolvidas, fornecendo pistas de como fazê-las, de maneira especial ao editor. Quanto aos demais profissionais, falaremos brevemente de cada um, mas apenas no que diz respeito àquilo que o editor precisa saber sobre tais atribuições.

Chegaremos, então, ao momento de analisar a edição em si. Dessa forma, o conteúdo do Capítulo 5 será o *software* de edição de áudio. Nesse sentido, veremos como funciona o Adobe Audition, da Adobe Systems, um dos principais programas de edição, de fácil acesso e com muitas possibilidades para produzir um satisfatório material sonoro.

No Capítulo 6, por fim, traremos com uma reflexão sobre rádio e democracia, tratando das diversas formas de fazer rádio hoje. Além das emissoras comerciais, públicas e estatais, discutiremos muito sobre o papel das rádios comunitárias, das *web* rádios (rádios *on-line*). Mostraremos o passo a passo de como criar uma emissora *web* e daremos dicas de como produzir seu formato peculiar: o *podcast* (formato surgido na internet e em suas múltiplas redes sociais).

Para percorrer esse percurso teórico e prático, foram convidados cinco profissionais que durante muitos anos trabalharam ou ainda trabalham com rádio. **Andrea Pinheiro**, jornalista, mestre e doutora em Educação Brasileira e professora da Universidade Federal do Ceará (UFC); **Flávia Lúcia Bazan Bespalhok**, jornalista, mestre e doutora em Comunicação e Linguagens e professora da

Universidade Federal do Paraná (UFPR); Francisco das Chagas de Morais, educador e comunicador, mestre e doutor em Estudos da Linguagem e professor da Secretaria Estadual da Educação e da Cultura do Rio Grande do Norte, com atuação na Rede Potiguar de Televisão Educativa e Cultural (RPTV/RN); Felipe Harmata Marinho, jornalista, pós-graduado em Comunicação e Semiótica, mestre em Ciências Sociais Aplicadas, doutorando em Comunicação, repórter da BandNews em Curitiba (PR) e professor da Universidade Positivo (UP); e André Felipe Schlindwein, jornalista, mestre em Comunicação com atuação como produtor de programa na Rádio Univali FM e um dos criadores do Randomiza Podcast, além de ex-colaborador dos sites Vavel Brasil e Chelsea Brasil.

Com o conhecimento desses autores, pretendemos oferecer a você uma obra mais densa, que represente nossas experiências individuais e coletivas e nossas reflexões permanentes de quem trabalhou e trabalha com rádio. Temos certeza de que você vai gostar.

Boa leitura, bom estudo e boa formação – seja bem-vindo ao encantador mundo do rádio.

> Com a Flávia, divido – ou me somo a ela? – o trabalho na UFPR, e, de maneira muito especial, atuamos como professores do curso de especialização em Mídias na Educação, também da UFPR, na modalidade de ensino a distância (EaD), destinada a professores de escolas públicas.
>
> Com a Andrea e com o Francisco, dividi – ou me somei a eles? – por oito anos as atividadess na Rede Nacional de Comunicadores Solidários, vinculada à União Cristã Brasileira de Comunicação Social (UCBC) e à Pastoral da Criança, sob

minha coordenação. Nessa atividade, realizamos dezenas de cursos de rádio para comunicadores do Norte e do Nordeste do Brasil, com apoio dos Ministérios da Saúde e da Educação.

Por sua vez, o André é um desses profissionais indicados por amigos que trabalharam com ele e atestaram seu amplo conhecimento, especialmente no uso do *software* Adobe Audition. Já o Felipe eu conheci como aluno nos tempos de UP e sou um de seus ouvintes na rádio BandNews, além de dividirmos a experiência de ensinar os novos profissionais da comunicação.

Elson Faxina

Como aproveitar ao máximo este livro

Empregamos nesta obra recursos que visam enriquecer seu aprendizado, facilitar a compreensão dos conteúdos e tornar a leitura mais dinâmica. Conheça a seguir cada uma dessas ferramentas e saiba como elas estão distribuídas no decorrer deste livro para bem aproveitá-las.

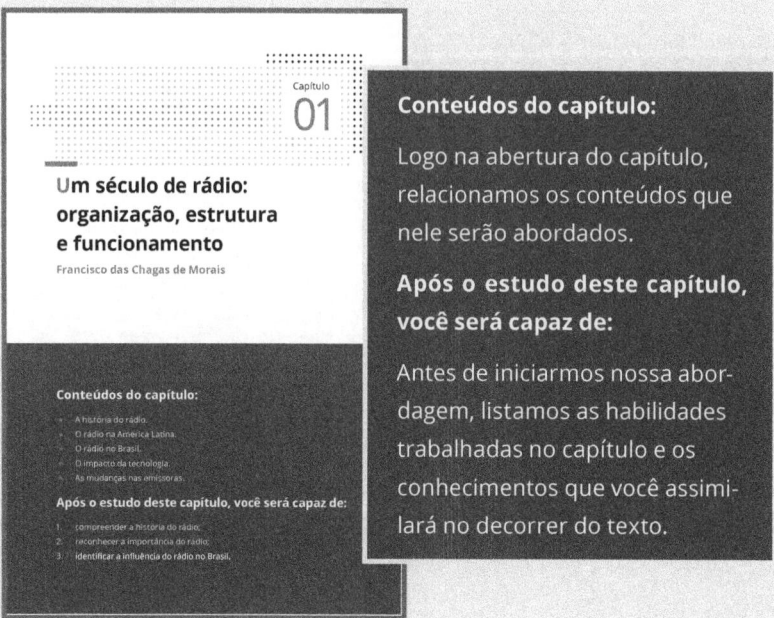

Conteúdos do capítulo:

Logo na abertura do capítulo, relacionamos os conteúdos que nele serão abordados.

Após o estudo deste capítulo, você será capaz de:

Antes de iniciarmos nossa abordagem, listamos as habilidades trabalhadas no capítulo e os conhecimentos que você assimilará no decorrer do texto.

Perguntas & respostas

Quem, de fato, inventou o rádio?

Podemos dizer que o rádio não surgiu como uma invenção repentina de um único pesquisador, mas como um processo coletivo de descobertas que culminou na transmissão da primeira vibração sonora sem fio. Para Ferraretto (2007), erroneamente se atribui a Marconi a invenção do rádio. Embora não se possa tirar o mérito desse industrial italiano, no aprimoramento e no desenvolvimento de equipamentos decisivos para a expansão da radiodifusão, o brasileiro Roberto Landell de Moura é considerado por muitos estudiosos como o verdadeiro pai do rádio, por suas descobertas terem se antecipado às de pesquisadores europeus.

1.2 Surge o rádio

No que se refere à transmissão do som a distância, com ou sem o uso de fio, embora as pesquisas viessem avançando bastante, até o início do século XX o rádio ainda não havia surgido como meio de comunicação. Somente em 1916, David Sarnoff, russo radicado nos Estados Unidos, esboçou a ideia de um meio de comunicação de massa utilizando as descobertas feitas e as invenções tecnológicas construídas até então. Por meio de um memorando, Sarnoff comunicou à diretoria da Marconi Company, empresa para a qual trabalhava, seu projeto de rádio, para além da comunicação bidirecional:

Perguntas & respostas

Nesta seção, respondemos a dúvidas frequentes relacionadas aos conteúdos do capítulo.

Além da organização interna da narrativa, outra preocupação no momento da edição deve ser com os conteúdos que foram gravados. **Afinal, editar é cortar, selecionar e descartar, ou seja, estabelecer uma ordem de prioridade pessoal do que foi coletado nas sonoras.** E o conteúdo escolhido de um entrevistado em relação ao que foi selecionado de outro também faz toda a diferença para o ouvinte.

Para entender melhor o que acabamos de tratar, vejamos como as falas de familiares enlutados em uma tragédia vão ter mais ou menos impacto de acordo com a montagem feita pelo repórter e/ou pelo editor.

Exemplificando

Imaginemos duas tragédias perfeitamente evitáveis ocorridas no início de 2019: o incêndio do alojamento do Flamengo, no Rio de Janeiro, e o rompimento da barragem de Brumadinho, em Minas Gerais (MG). Nesse caso, há quatro cenários possíveis de transmitir a notícia ao ouvinte:

1. Se o depoimento de um personagem sobre a morte de um familiar ter interrompido um sonho de família for veiculado após uma sonora fria de um representante da empresa responsável, ela terá um peso para o ouvinte.
2. Se esse depoimento for divulgado antes da fala do mesmo representante dizendo-se condoído com a situação, terá outro peso.
3. Se ele vier logo após o discurso de um repórter apenas apresentando o personagem, terá ainda outro valor.
4. Contudo, se o depoimento vier após uma narração desse repórter, tratando das perdas irreparáveis para as famílias, que dinheiro nenhum consegue repor, porque, mais do que

Exemplificando

Disponibilizamos, nesta seção, exemplos para ilustrar conceitos e operações descritos ao longo do capítulo a fim de demonstrar como as noções de análise podem ser aplicadas.

Edição em Rádio

Estudo de caso

Situação

O editor de uma rádio precisa editar um programa que contém músicas e efeitos sonoros entremeados de locução, ou seja, um texto que liga as músicas e os sons. O que o editor precisa fazer?

Solução

Inicialmente, o editor deve criar uma pasta com o nome do programa e inserir nela todas as sonoridades com as quais irá trabalhar, ou seja, a locução do texto, as músicas e os efeitos sonoros. Ele deve abrir o programa e usar o nome desta pasta para o projeto. Após isso, o editor deve começar pela locução. Normalmente, na hora de gravar, erros são cometidos pelo locutor ou pela locutora e algumas tentativas são feitas para se chegar à "locução ideal". Então, o primeiro passo é "limpar" a locução, ou seja, importá-la para o Adobe Audition, e eliminar todos os erros e imperfeições ocorridos no momento de sua gravação. O editor deve realizar essa tarefa guiando-se pelo texto-base que foi usado pelo locutor ou pela locutora para não excluir nenhuma parte indevidamente. Depois, ainda seguindo o roteiro do programa, o editor deve inserir as músicas e os efeitos sonoros. Nesse momento, é sempre muito importante ouvir o áudio muitas vezes para perceber se as junções estão adequadas, se nenhuma sonoridade está sobrepondo-se a outra de maneira indevida e se não há trechos de silêncios indesejados. Vale lembrar que o silêncio é parte integrante da linguagem radiofônica, mas ele deve ser usado

Estudo de caso

Nesta seção, relatamos situações reais ou fictícias que articulam a perspectiva teórica e o contexto prático da área de conhecimento ou do campo profissional em foco com o propósito de levá-lo a analisar tais problemáticas e a buscar soluções.

Nunca é demais alertar o profissional sobre o cuidado de não transformar o produto sonoro em uma pirotecnia de sons que, mais do que ajudar, atrapalha a própria história, o produto radiofônico que está sendo produzido. Para isso, exige-se do editor muita sensibilidade, muita atenção à história e um envolvimento completo com a narrativa, mais do que atuar como um simples operador de *software*.

Para saber mais

PORTCOM – Portal de Livre Acesso à Produção em Ciências da Comunicação. Disponível em: <http://www.portcom.intercom.org.br/>. Acesso em: 17 mar. 2020.

Recomendamos o portal de livre acesso à produção em ciências da comunicação. Trata-se de um repositório institucional que abriga a produção científica e o registro dos eventos promovidos pela Sociedade Brasileira de Estudos Interdisciplinares da Comunicação (Intercom).

Síntese

Neste capítulo, apresentamos um material conceitual sobre aspectos que envolvem a linguagem e a postura do comunicador no rádio. Para atuar nesse veículo, destacamos a necessidade de conhecimento, sensibilidade e empatia para além do domínio técnico.

Dessa maneira, o texto apresentado é um ponto de partida, uma espécie de guia que poderá orientar comunicadores do rádio em seus percursos profissionais, independentemente de sua atuação ser em uma emissora comercial, educativa ou *web* rádio.

Para saber mais

Sugerimos a leitura de diferentes conteúdos digitais e impressos para que você aprofunde sua aprendizagem e siga buscando conhecimento.

Síntese

Ao final de cada capítulo, relacionamos as principais informações nele abordadas a fim de que você avalie as conclusões a que chegou, confirmando-as ou redefinindo-as.

e de tempo. Como os primeiros pesquisadores empenhados nas descobertas que geraram a radiodifusão, continuar trabalhando com o rádio é a forma mais adequada de fazer sua história continuar.

Questões para revisão

1. Como surgiu o rádio massivo tal como o conhecemos hoje?
2. Por que alguns estudiosos chamam o padre gaúcho Roberto Landell de Moura de *pai do rádio*?
3. Sobre as características da época de ouro do rádio no Brasil, na década de 1940, analise as afirmativas a seguir e marque V para as verdadeiras e F para as falsas.
   ( ) As rádios deixaram as grandes cidades e foram para as regiões interioranas.
   ( ) As radionovelas da Rádio Nacional se tornaram famosas, como *Em busca da felicidade*, que permaneceu no ar de 1941 a 1943.
   ( ) Muitos atores, apresentadores e humoristas da Rádio Nacional tornaram-se conhecidos e consagrados nos programas de auditório, graças à enorme audiência da emissora.
   ( ) Os programas de auditório ocorriam em espaços físicos compostos de plateias presenciais, em que se transmitia a apresentação dos cantores participantes das competições. No entanto, com o surgimento da televisão, nenhum deles sobreviveu como cantor.

Questões para revisão

Ao realizar estas atividades, você poderá rever os principais conceitos analisados. Ao final do livro, disponibilizamos as respostas às questões para a verificação de sua aprendizagem.

v) No Departamento de jornalismo, as funções de pauteiro, repórter e editor continuam sendo desenvolvidas por profissionais específicos, isto é, toda rádio tem uma equipe formada pelo menos por três profissionais: pauteiro, repórter e editor

Assinale a alternativa que apresenta as afirmativas corretas:
a) I e III.
b) Apenas a I.
c) I e IV.
d) II, IV e V.
e) I, II, III e IV.

Questões para reflexão

Mãos à obra

1. Selecione uma rádio antiga de sua cidade, AM ou FM, com o objetivo de conhecer sua história, identificando as várias fases tecnológicas e de produção pelas quais ela passou, inclusive, explicando o que mudou no trabalho de edição em cada fase identificada.
   Siga o seguinte roteiro:
   • Defina a emissora que você vai pesquisar.
   • Elabore as perguntas que você quer fazer, com base no capítulo estudado.

Questões para reflexão

Ao propor estas questões, pretendemos estimular sua reflexão crítica sobre temas que ampliam a discussão dos conteúdos tratados no capítulo, contemplando ideias e experiências que podem ser compartilhadas com seus pares.

Capítulo
01

Um século de rádio: organização, estrutura e funcionamento

Francisco das Chagas de Morais

Conteúdos do capítulo:

- A história do rádio.
- O rádio na América Latina.
- O rádio no Brasil.
- O impacto da tecnologia.
- As mudanças nas emissoras.

Após o estudo deste capítulo, você será capaz de:

1. compreender a história do rádio;
2. reconhecer a importância do rádio;
3. identificar a influência do rádio no Brasil.

A história do rádio foi feita por muitos pesquisadores e inventores, passando por várias fases e descobertas até chegar ao atual meio de comunicação de massa. Neste capítulo, faremos um percurso histórico, interpretando processos nos quais se notabilizaram pesquisadores não só da Europa e dos Estados Unidos, mas também da América Latina, onde se destacaram as invenções do brasileiro Roberto Landell de Moura, considerado o "pai do rádio" pelos estudiosos.

Nesse contexto, evidenciaremos o momento em que o rádio surgiu como meio de comunicação de massa, nas proposições de David Sarnoff e nas realizações de Frank Conrad, expandindo-se pelo mundo por meio de companhias e emissoras. Mostraremos como o rádio chegou e se popularizou na América Latina, coincidindo com a industrialização tardia de nosso continente e verificaremos como deu os primeiros passos e se consolidou no Brasil, interiorizando-se, posteriormente, por meio de emissoras menores.

Ao percorrermos a história do rádio, demonstraremos como ele foi se estruturando, definindo formas de organização e de funcionamento de acordo com cada época e segundo o desenvolvimento tecnológico do setor. Buscaremos ainda relatar como os trabalhos de produção e de edição definiram os contornos e a linguagem próprios do meio radiofônico, determinando-os, sobretudo, pela necessidade de atender às demandas dos ouvintes.

1.1
Os inventores do rádio

O rádio não surgiu como uma invenção repentina de um único pesquisador ou empreendedor, mas como um processo de descobertas que culminou com a difusão da primeira vibração sonora sem fio. Quando Samuel F. B. Morse realizou a primeira transmissão de telégrafo com fio, em 1844, enviando uma mensagem composta por pulsos eletromagnéticos, ou quando Alexander Grahan Bell fez a primeira comunicação de sinais de áudio, com o primeiro telefone, em 1876, já havia um prenúncio ou uma visão do que viria a ser, mais tarde, o rádio tal como o conhecemos atualmente. Cada descoberta funcionou como deflagradora de novas hipóteses, acionando o conhecimento humano em busca de novos progressos tecnológicos, no universo da radiodifusão.

As pesquisas e as descobertas relacionadas à eletricidade e ao magnetismo, feitas por Benjamin Franklin e por Hans Christian Oersted, em função da transmissão de mensagens e da comunicação a distância, formaram a base necessária, segundo Ferraretto (2007), para o que viria a ser a telegrafia e a telefonia, tecnologias que pavimentaram epistemologicamente as vias que conduziram à invenção do rádio.

Em todas essas pesquisas, a descoberta mais definidora para a invenção do rádio foi a que revelou a existência das ondas eletromagnéticas, prenunciada pelo físico James Clerk Maxwell, que, em 1863, demonstrou "que o efeito combinado da eletricidade e do magnetismo manifesta-se no espaço, originando um campo o qual se propaga sob forma de vibração ondulatória com a velocidade da luz" (Ferraretto, 2007, p. 81).

Mais de 20 anos depois, a teoria de Maxwell foi confirmada por Heinrich Hertz, ficando essas vibrações ondulatórias conhecidas como *ondas hertzianas*. Essa descoberta possibilitou que, em 1894, Oliver Lodge demonstrasse a possibilidade de transmitir e receber ondas eletromagnéticas, tornando viável a radiotelegrafia. A invenção definitiva do rádio como meio de comunicação estava cada vez mais próxima. Por isso, de alguma maneira, todos esses pesquisadores devem ser considerados "pais do rádio".

Aliás, a afirmação de que o inventor do rádio foi Guglielmo Marconi não é unanimidade entre os estudiosos do assunto. Ferraretto (2007) é um deles, embora reconheça o mérito do industrial italiano no aprimoramento e no desenvolvimento de equipamentos decisivos para a expansão da radiodifusão. Como empreendedor dedicado à evolução da tecnologia do rádio, ele implementou a aparelhagem desenvolvida pelos pesquisadores da época com o uso dos instrumentos industriais de que dispunha, potencializando osciladores, antenas e outros equipamentos, e ampliando, por exemplo, o raio de alcance das transmissões feitas por meio das ondas hertzianas.

No conjunto dos pesquisadores que contribuíram para o processo de invenção do rádio figura o brasileiro Roberto Landell de Moura. Cientista e sacerdote, ele desenvolveu várias pesquisas que repercutiram em periódicos brasileiros do final do século XIX e no início do século XX. Suas pesquisas foram tão importantes que, em 1904, alguns de seus inventos foram reconhecidos pelo governo dos Estados Unidos, demonstrando sua importância para a radiodifusão.

O padre gaúcho Roberto Landell de Moura é considerado por vários estudiosos do meio radiofônico como o verdadeiro pai do "rádio". Isto porque foi ele quem conseguiu transmitir pela primeira vez na história a voz humana a distância, sem fios. Isto se deu em 1894, pelo menos um ano antes que o cientista italiano Guglielmo Marconi tivesse feito suas primeiras transmissões utilizando ondas eletromagnéticas. Toda história é respaldada pelos registros dos jornais da época indicando que Landell conseguiu sua proeza na capital paulista, transmitindo entre um ponto da Avenida Paulista e outro no Mirante de Santana (bairro da zona norte da capital). Outro fator importante é que Marconi fez seus experimentos e conseguiu transmitir por ondas os códigos do alfabeto criado por Morse, por isso reconhecido como o pai da radiotelegrafia, enquanto Landell é o pai da "radiofonia". (Hausman et al., 2010, p. 4)

Quem diria que, longe dos grandes centros industriais e científicos europeus, em um país de pouca visibilidade internacional e marcado pelas chagas ainda não cicatrizadas da escravidão recentemente abolida, no início de uma frágil república, um padre estava empenhado em pesquisar sobre as mais novas tecnologias que poderiam permitir a comunicação por meio da emissão do som a distância, produzindo conhecimentos importantes para a descoberta da radiodifusão. Talvez por isso mesmo, por ter menos chances de figurar na história, Landell, filho da América Latina, destacou-se como importante inventor capaz de empreender invenções superiores àquelas feitas por cientistas estrangeiros da época.

Perguntas & respostas

Quem, de fato, inventou o rádio?

Podemos dizer que o rádio não surgiu como uma invenção repentina de um único pesquisador, mas como um processo coletivo de descobertas que culminou na transmissão da primeira vibração sonora sem fio. Para Ferraretto (2007), erroneamente se atribui a Marconi a invenção do rádio. Embora não se possa tirar o mérito desse industrial italiano, no aprimoramento e no desenvolvimento de equipamentos decisivos para a expansão da radiodifusão, o brasileiro Roberto Landell de Moura é considerado por muitos estudiosos como o verdadeiro pai do rádio, por suas descobertas terem se antecipado às de pesquisadores europeus.

1.2
Surge o rádio

No que se refere à transmissão do som a distância, com ou sem o uso de fio, embora as pesquisas viessem avançando bastante, até o início do século XX o rádio ainda não havia surgido como meio de comunicação. Somente em 1916, David Sarnoff, russo radicado nos Estados Unidos, esboçou a ideia de um meio de comunicação de massa utilizando as descobertas feitas e as invenções tecnológicas construídas até então. Por meio de um memorando, Sarnoff comunicou à diretoria da Marconi Company, empresa para a qual trabalhava, seu projeto de rádio, para além da comunicação bidirecional:

Concebi um plano de desenvolvimento que poderia converter o rádio em um meio de entretenimento doméstico como o plano ou fonógrafo. A ideia consiste em levar a música aos lares por meio da transmissão sem fios. [...] Poder-se-ia instalar, por exemplo, um transmissor radiotelefônico com um alcance compreendido entre 40 e 80 quilômetros em um lugar determinado em que seria produzida música instrumental ou vocal ou de ambos os tipos [...] Ao receptor poder-se-ia dar a forma de uma singela caixa de música radiotelefônica, adaptando-a a vários comprimentos de onda de modo que seria possível passar de uma a outra apenas fazendo girar uma chave ou apertando um botão.

A caixa de música radiotelefônica possuiria válvulas amplificadoras e um alto-falante, tudo acondicionado na mesma caixa. Colocada sobre uma mesa na sala, fazendo-se girar a chave escutar-se-ia a música transmitida. O mesmo princípio pode ser estendido a muitos outros campos, como por exemplo escutar, em casa, conferências, que resultariam perfeitamente audíveis. Também poder-se-ia transmitir e receber simultaneamente acontecimentos de importância nacional. (Sarnoff, citado por Ferraretto, 2007, p. 88)

Dessa forma, estavam esboçados o que viriam a ser as futuras emissoras e os futuros aparelhos receptores de rádio.

Como podemos perceber, o memorando de Sarnoff mudou completamente a racionalidade que predominava nas pesquisas desenvolvidas até aquele momento, cuja finalidade era estabelecer comunicação entre dois sujeitos separados por uma longa distância, como no caso do telégrafo ou do telefone. Assim, irrompia, na proposta do russo, um projeto de comunicação multidirecional a distância, que poderia chegar a dezenas, centenas ou milhares de pessoas ao mesmo tempo, quanto mais se multiplicassem as "caixas radiotelefônicas". Portanto, ao condicionar sua proposta à radiotelefonia, seu projeto trouxe um potencial veículo de comunicação de massa. Porém, o modelo de rádio como meio de comunicação, esboçado por Sarnoff, ficou anos apenas em seu memorando.

Nesse período, havia uma enorme disputa pelas tecnologias relacionadas ao rádio, muitas delas patenteadas por algumas empresas que concentravam o direito de usá-las, como é o caso da Marconi Company, da General Eletric (GE) e da American Telegraph and Telephone Company, de Graham Bell.

Demonstrando a importância que a radiodifusão sonora ganhara como comunicação estratégica na Primeira Guerra Mundial, as forças armadas estadunidenses opunham-se ao monopólio estrangeiro e definiram mecanismos de controle das tecnologias de radiodifusão, tirando-as do domínio italiano. Assim, a Marconi Company não teve outra alternativa a não ser vender suas ações à Radio Corporation of America (RCA), criada em 1919.

No entanto, o projeto de rádio de Sarnoff continuava sem execução, mesmo depois de a companhia em que trabalhava ter se transformado na RCA. "Caberia a uma outra indústria, a Westinghouse

Eletric and Manufacturing Company, com a sua KDKA[1], tornar as possibilidades previstas por Sarnoff uma realidade" (Ferraretto, 2007, p. 89). Em 1920, enfim, o projeto de Sarnoff se concretizou graças a Frank Conrad, engenheiro da companhia Westinghouse, que, da garagem de sua casa, em Pittsburgh, no estado da Pensilvânia, protagonizou as primeiras transmissões de rádio, substituindo o fonógrafo por um microfone criado por ele mesmo.

Conrad foi além do projeto de rádio de Sarnoff, desenvolvendo os conceitos empresariais básicos utilizados pela indústria da radiodifusão. Ele descobriu pessoas que tinham construído seus próprios receptores de galena e passou a transmitir programas radiofônicos regularmente, atendendo ao primeiro público de que se tem notícia, formado por ouvintes que lhe escreviam ou telefonavam pedindo músicas e notícias.

O modelo de rádio idealizado por Sarnoff e aperfeiçoado e executado por Conrad possibilitou o surgimento de novas emissoras que se multiplicavam em todo os Estados Unidos. Diversas outras companhias de radiodifusão foram criadas a partir dessa época, como grandes corporações de repercussão local e internacional[2]. Dessa época em diante, os aperfeiçoamentos complementaram a revolucionária invenção. Nos Estados Unidos, o rádio se expandiu rapidamente, passando de 30 emissoras, em 1921, para 530 emissoras, em 1924 (Calabre, 2004).

---

1   Identificação da emissora pertencente à Westinghouse Eletric and Manufacturing Company. Trata-se da codificação usada para identificar as primeiras emissoras de rádio que ainda não eram empresas, tal como as conhecemos atualmente.
2   Sobre as diversas corporações de radiodifusão estadunidenses, recomendamos a leitura de Ferraretto (2007, p. 90-91).

Com o advento das emissoras de rádio, a linguagem radiofônica ganhou seus contornos por meio da prática e dos experimentos de comunicadores e de outros profissionais da área, ao lidarem com os gêneros e definirem os formatos, pensando-os e repensando-os na relação com a recepção, formada por diversos públicos, em diversos contextos e distintas culturas. A relação entre as tecnologias de radiodifusão e os formatos que os conteúdos a serem transmitidos deveriam tomar foi, certamente, decisiva para que se esboçassem as características peculiares da linguagem radiofônica, processo no qual os contextos sócio-históricos e culturais não podem ser esquecidos. O rádio nunca parou de se reinventar, aperfeiçoando suas características fundamentais de comunicação, das quais trataremos nos capítulos seguintes deste livro.

Cabe destacar, ainda, que Sarnoff não se limitou, no memorando, a descrever como se dariam os mecanismos de transmissão e de captação do som a distância. Ele detalhou elementos que remetem ao conteúdo que deveria ser transmitido: entretenimento e informação. O pesquisador tocou em questões essenciais que, ao longo do tempo, foram definidoras da linguagem própria do rádio como meio de comunicação de massa: o conteúdo e a forma.

Portanto, o rádio já nasceu com uma proposta de programação, o que em si implica a necessidade de edição, ou seja, de definir **o que** transmitir e **como** transmitir.

Definir os gêneros que serão trabalhados em uma emissora ou em um programa é o primeiro passo do trabalho de edição. Assim, edita-se em função dos gêneros, para concretizá-los em formatos, ou seja, para dar formas específicas ao material genérico, ainda bruto, com a finalidade de produzir determinados efeitos de sentido, em função do público que se pretende alcançar.

> Muita pesquisa e muito esforço foram realizados para determinar os tipos de programação que atraem diferentes públicos. O resultado desses esforços tem sido a identificação de formatos que atraem parcelas específicas da população. Um deles é o arranjo dos elementos da programação, em geral gravações musicais numa sequência que atrairá e manterá o segmento de público que uma emissora está procurando. (Hausman et al, 2010, p. 6)

Talvez isso ainda não estivesse tão claro para Sarnoff, em um momento em que tudo ainda era um projeto, uma previsão, mas não deixa de representar questões importantes quando se pensa qualquer programa ou programação de rádio até hoje: "O que vamos transmitir?". Essa pergunta, inevitavelmente, leva a outra: "Que forma daremos ao que pretendemos veicular como produto radiofônico?". As respostas a essas dúvidas é o que veremos nos capítulos seguintes desta obra.

Hausman et al (2010, p. 11) enfatizam a importância desse trabalho exaustivo e prazeroso, para qualquer emissora, desde o início dessa história:

> A produção de rádio é uma ferramenta de grande validade, um meio que ainda está se desenvolvendo rapidamente. É emocionante e cheio de oportunidades de carreira. A

produção – uso de elementos sonoros para criar um efeito ou passar uma mensagem – sempre foi e sempre será um elemento estratégico no rádio.

O fato é que essa "caixinha de surpresas" chamada *rádio* já passou pelas salas de muitas casas, saiu pelas ruas, entrou no transporte público, penetrou em milhões de carros particulares, ambientes de trabalho e, em cada situação, estabeleceu novas formas de emissão e de recepção, exigindo criatividade dos editores. Sua multiplicação deu origem ao público receptor, em função do qual o rádio historicamente vem se inventando e reinventando. Hoje, ele pega carona em "caixinhas" nas quais convivem várias plataformas midiáticas.

1.3
O rádio na América Latina

Se o rádio havia surgido com mais intensidade nos Estados Unidos do que na Europa – na época, o continente de maior referência econômica, política e cultural para o mundo –, era de se esperar que o impacto dessa criação tivesse sido quase nulo na América Latina. É bom lembrar que a América Latina é uma região formada por povos ameríndios colonizados e empobrecidos pela forma como os europeus usurparam suas terras, invadiram e violaram suas culturas, dizimando grande parte de suas populações.

Longe dos grandes centros industrializados do mundo, as nações latino-americanas viviam nessa época à margem das benesses tecnológicas dos chamados *países ricos*, relegados a ocupar o lugar de países pobres ou do denominado *Terceiro Mundo*, juntos com países da África e da Ásia.

Apesar disso, nesses países, em contradição com a pobreza extrema, havia uma elite concentradora das riquezas produzidas pelo sistema colonial e escravocrata, que vigorara por séculos, perpetuando-se em novas práticas políticas de dominação. Essa classe controlava a política, a economia e as instituições culturais locais, como as escolas e as universidades, tinha acesso aos bens culturais e industriais produzidos pelos países do continente europeu e, certamente, acompanhou o surgimento da radiodifusão, tendo acesso aos primeiros aparelhos de rádio, grandes móveis exibidos nas salas mais ricas, não só para captar as primeiras transmissões, mas também para ostentar poder econômico.

Por essas razões, inicialmente, na América Latina, o rádio não se disseminou nas classes populares, somente no meio das elites econômicas, políticas e culturais. Com a popularização da tecnologia e a crescente facilitação de acesso aos aparelhos receptores, por intermédio do aumento da oferta desse produto no mercado, as classes populares encontraram, na mídia radiofônica, o meio de informação mais adequado a sua cultura, sobretudo nas regiões com maiores índices de analfabetismo, onde predominava a comunicação oral.

A característica oral do rádio, com sua tendência a contar histórias utilizando linguagem simples e acessível, parece ter sido um **dos fatores de identificação que facilitou a aproximação entre esse** meio de comunicação e as populações não escolarizadas da América Latina. Apesar disso, coube a essas pessoas o papel de consumir as mensagens produzidas pelas rádios, que nasceram e continuaram sob o controle de empresas pertencentes às elites.

Curiosamente, o rádio chegou a esses países quase ao mesmo tempo que se disseminava na Europa e nos Estados Unidos, embora com algumas diferenças. Na América Latina, o aparecimento do rádio coincidiu com a vinda dos processos de industrialização tardia, por força da necessidade de expansão do sistema econômico capitalista que, para sobreviver, precisava de mão de obra, de matéria-prima e de consumidores dos países periféricos do mundo. Entretanto, como conseguir tudo isso, em países que viviam da agricultura arcaica, utilizando métodos tradicionais, formados por populações analfabetas, longe da racionalidade técnica que havia se formado com a **Revolução Industrial desde o final do século XVIII?**

Foi o rádio quem ajudou a criar a ambiência cultural favorável à inserção da racionalidade técnica industrial, sendo, ele próprio, ao mesmo tempo, a expressão tecnológica mais avançada do binômio **ciência-tecnologia e o difusor ideológico do modelo de industrialização** como projeto de modernização capitalista pensado para os países periféricos.

Nesse contexto, as grandes indústrias eletroeletrônicas **estadunidenses procuravam expandir-se para outros mercados**, em busca de novos consumidores, encontrando na América Latina um lugar propício para seu crescimento, desde que surgissem formas de popularização do rádio. Os próprios aparelhos receptores de rádio foram simplificados, diminuindo de tamanho, custando cada vez menos e adequando-se ao baixo poder aquisitivo das populações locais – estratégia fundamental para garantir o surgimento e a manutenção das emissoras como empresas radiofônicas. Porém, como mantê-las se não fossem criadas condições propícias ao surgimento de um público consumidor?

No Brasil, a chegada oficial do rádio foi precedida de um evento que retrata, no mínimo, o emblemático contexto a que nos referimos: a Exposição Internacional do Rio de Janeiro, realizada no dia 7 de setembro de 1922, na qual a companhia norte-americana Westinghouse realizou a primeira demonstração da radiodifusão sonora, comemorando o centenário da Independência do Brasil. O episódio causou forte repercussão pelas novidades tecnológicas de radiodifusão expostas, entre elas, dois transmissores de 500 watts fabricados e apresentados pela empresa estadunidense Western Eletric.

Durante o evento, alto-falantes instalados no local fizeram transmissões demonstrativas do rádio, potencializando o impacto da exposição nos participantes, ao presenciarem as difusões radiofônicas pela primeira vez. Roquette-Pinto, considerado o pai do rádio brasileiro, participou do evento junto com outros intelectuais e entusiastas locais, fundando, no ano seguinte (no dia 20 de abril de 1923), a Rádio Sociedade do Rio de Janeiro, considerada a primeira emissora de transmissão regular do país. Porém, Ferraretto (2007, p. 95) afirma que "A primeira destas associações a transmitir efetivamente, embora sem frequência ou continuidade, segundo registros, foi a Rádio Clube de Pernambuco, em Recife. No dia 6 de abril de 1919, jovens da elite recifense fundaram a entidade, em um velho sobrado do bairro de Santo Amaro".

À primeira transmissão não se sucederam imediatamente outras que pudessem garantir regularidade. Somente mais tarde a **Rádio Clube de Pernambuco se tornaria uma das mais importantes** emissoras da Região Nordeste e do país.

A outros países da América Latina, o rádio chegou em contextos semelhantes. A primeira transmissão da Argentina ocorreu no dia

27 de agosto de 1920, operada por estudantes de Medicina, desde a Universidade de Buenos Aires. No México, a primeira transmissão teria ocorrido em 1921, por ocasião da comemoração de uma data cívica do país, mas, em 1922, foram criadas emissoras de rádio em quase todo o território mexicano, mais especificamente na Cidade do México e em Chihuahua e Guadalajara, entre outras cidades. Em 1922, Cuba fundou sua primeira emissora, a Rádio Cubana, considerada por alguns historiadores como a primeira rádio da América Latina. O dia 19 de agosto de 1922 é tido como a data da primeira transmissão radiofônica chilena, desde a Universidade do Chile. Na Bolívia, no Equador e na Colômbia, 1929 é apontado como o ano das primeiras transmissões. Ao longo das décadas, o rádio latino-americano oscilou entre o público e o privado, servindo a instituições políticas e a elites econômicas, para referendar governos ou potencializar grandes conglomerados de comunicação. Contudo, há também experiências bem-sucedidas de rádios vinculadas a organizações da sociedade civil.

Na Bolívia, o surgimento das rádios mineiras, nos anos de 1940, marcou a história do veículo na América Latina. Foram emissoras adquiridas com recursos dos próprios trabalhadores mineiros, que tiravam parte de seus pequenos salários para mantê-las no ar, com uma função social de luta por melhores condições de vida e de trabalho, além de entretenimento para as comunidades onde viviam. Mais de 20 estações foram criadas, sendo a primeira delas a Rádio Sucre, fundada em 1947. O fato é considerado um marco por ser a primeira experiência de rádio de propriedade social de caráter coletivo do mundo. Alvis (2016, p. 89, tradução nossa) explica que

Além do importante papel das emissoras mineiras nos processos políticos que atravessaram o país, acompanhando as lutas operárias e de resistência a governos totalitários, militares, de fato, essas rádios se constituíram no mais significativo espaço da formação prática de um grande número de locutores e produtores de rádio, que por longo tempo alimentaram os meios de difusão de carácter comercial das grandes cidades. Um dos recursos da programação das rádios mineiras foi a introdução de emissões de auditório.

Na história do rádio latino-americano, não podemos esquecer a importância das emissoras confessionais, ou seja, ligadas às igrejas cristãs, católica ou protestantes. As rádios católicas atuam na América Latina desde, pelo menos, os anos de 1940, em duas linhas: evangelização e educação. No âmbito da evangelização, assumem uma postura catequética ou pastoral; com relação à educação, muitas delas desenvolveram programas de alfabetização e ensino a distância.

A pioneira nesse trabalho foi a Rádio Sutatenza, fundada em 1947 na cidade de Sutatenza, na Colômbia. Seu criador foi o Padre José Joaquin Salcedo, que, utilizando um pequeno transmissor e alguns receptores distribuídos em algumas comunidades rurais, iniciou um trabalho de alfabetização para camponeses, com a ajuda de uma professora local. A atividade se expandiu, chegou ao conhecimento da Organização das Nações Unidas (ONU), do Vaticano, da General Eletric e de outros organismos internacionais, de modo que muitos passaram a apoiar a experiência, levando a emissora a tornar-se uma das maiores cadeias de rádio da Colômbia, com uma superestrutura educativa, mobilizando milhares de líderes rurais voluntários em todo o país, unindo educação presencial e a distância por meio das Escolas Radiofônicas. Coordenado pela Acción Cultural Popular (ACPO), o projeto pretendia expandir-se para toda a América Latina e para outros países pobres do mundo.

No dia 10 de agosto de 1958, inspirada no modelo de Escolas Radiofônicas da Rádio Sutatenza, foi fundada a Emissora de Educação Rural de Natal, por iniciativa da Arquidiocese de Natal, no Rio Grande do Norte, em um contexto em que predominava altos índices de analfabetismo e de pobreza no estado. As escolas radiofônicas eram grupos de pessoas das comunidades rurais que se reuniam em uma casa ou em uma palhoça feita pelos próprios alunos ou em outro espaço existente, sob a coordenação de uma pessoa da própria comunidade que sabia ler e escrever, também chamada de *monitor*, para escutar as aulas transmitidas pela Rádio Rural. Terminada a aula radiofônica, que tinha duração de meia hora, continuava a aula presencial, seguindo o assunto abordado e as atividades propostas pelos professores. Os assuntos das aulas não se restringiam a conteúdos da escola tradicional, mas tratavam também de temas ligados à realidade dos camponeses, inclusive sobre suas condições de trabalho e de saúde, a dominação política em que viviam e as causas desses problemas.

Por meio de convênio assinado entre o Ministério da Educação (MEC) e a Conferência Nacional dos Bispos do Brasil (CNBB), em 1961, as Escolas Radiofônicas foram assumidas pelo Movimento de Educação de Base (MEB), com aulas radiofônicas transmitidas por todas as emissoras católicas das regiões Norte, Nordeste e

Centro-Oeste. Em uma carta enviada por uma monitora de escola radiofônica à equipe pedagógica da Rádio Rural, percebe-se quanto o veículo significou, em uma época em que as populações rurais não dispunham de escolas nem de meios de informação: "Em minha Escola o que há de mais grandioso é o Rádio. Na sala onde se instala a aula, foi-lhe reservado um lugar com todo zelo e carinho. Este rádio é uma música, um professor e uma Igreja, inspirando e instruindo o povo em nosso meio rural" (Morais, citada por Paiva, 2009, p. 55).

Tanto a Rádio Sutatenza como a Rádio Rural de Natal trabalharam em função de projetos de educação rural, gerados dentro da ONU e viabilizados pela Organização das Nações Unidas para a Educação, a Ciência e a Cultura (Unesco) no pós-guerra, tendo como parâmetro o modelo de desenvolvimento tecnológico na agricultura dos Estados Unidos.

Em Quito, Equador, 18 rádios católicas e populares da América Latina fundaram a Asociación Latinoamericana de Educación Radiofónica (Aler) em 1972, com a finalidade de melhorar a qualidade de seus programas educativos, tanto em termos técnicos quanto de participação dos ouvintes. A Aler realizava oficinas de capacitação para rádios de todos os países da América Latina, em uma perspectiva de democratização da comunicação, estimulando as emissoras filiadas a assumir a luta das populações mais pobres por melhores condições de saúde, trabalho e educação – enfim, a se organizarem politicamente por melhores condições de vida nas comunidades em que residiam.

O objetivo era trazer as vozes das pessoas que não tinham vez na sociedade para dentro dos programas das rádios, garantindo-lhes espaços para que opinassem sobre as diversas questões sociais que afetavam suas vidas, propondo e lutando por soluções adequadas. São famosas as cartilhas de rádio popular da Aler que tratam de como produzir programas de rádio utilizando formatos radiofônicos: *A entrevista, A notícia popular, Rádio-revista de educação popular, Audiodebate*, entre outros títulos.

    Esses dados que a história nos fornece são importantes para a definição de nossos objetos de pesquisa nesse campo, em que muita coisa ainda precisa ser mais bem compreendida mediante a produção de novos conhecimentos. São muitas as experiências e as histórias do rádio nos países latino-americanos. No entanto, como não pretendemos nem podemos esgotá-las, mencionamos apenas algumas, com o intuito de estimular o interesse pela pesquisa relacionada ao assunto.

Perguntas & respostas

Como o rádio chegou e se expandiu na América Latina?

Na América Latina, o rádio não se disseminou nas classes populares, somente no meio das elites econômicas, políticas e culturais. Com a popularização da tecnologia e a crescente facilitação de acesso aos aparelhos receptores, por intermédio do aumento da oferta desse produto no mercado, as classes populares encontraram, na mídia radiofônica, o meio de informação mais adequado a sua cultura, sobretudo nas regiões com maiores índices de analfabetismo, onde predominava a comunicação oral.

1.4
O rádio no Brasil

O rádio no Brasil começou com uma forte vocação educativa e cultural. Essa tendência não é resultado do acaso, uma vez que o perfil de seus principais protagonistas, quase todos cientistas, é de intelectuais ligados à universidade, no Rio de Janeiro. Seria quase natural que um cientista ou um educador pensasse, inicialmente, em desenvolver atividades educativas ao ter acesso a um meio de comunicação com as possibilidades e as potencialidades do rádio, tanto em termos de alcance quanto de recursos para a emissão de vários sons: voz, música e outros. Edgard Roquette-Pinto viu o rádio como uma oportunidade de educar as massas desafiado pela dificuldade de comunicação em um país gigante, com regiões isoladas e pessoas sem escola e sem outro meio de informação.

> As preocupações quantitativas conduzirão também ao nascimento da radiodifusão com objetivos educacionais; em 1923, funda-se a Rádio Sociedade do Rio de Janeiro, com fins "exclusivamente científicos, técnicos e artísticos e de pura educação popular" e programação de aulas, conferências e palestras sem recepção organizada. Roquete Pinto, seu fundador, vê na radiodifusão um meio para solucionar o problema educativo brasileiro, propondo em 1926 a fundação de uma rádio-escola em cada Estado, bem como a mobilização das pessoas instruídas das comunidades em "benefício da educação dos pobres".
> (Paiva, 2015, p. 103)

Movido por um forte idealismo e convencido dos êxitos que seu projeto educativo alcançaria com o uso do rádio, Roquette-Pinto reuniu intelectuais integrantes da Academia Brasileira de Ciências para implementar a proposta. Apesar de iniciar suas atividades precariamente, nos últimos meses de 1923, a Rádio Sociedade do Rio de Janeiro definiu uma programação formada por veiculação de notícias, conferências literárias, artísticas e científicas, música e poesia, além de números infantis. Ficou célebre a deslumbrada declaração de Roquette-Pinto (citado por Ferraretto, 2007, p. 97) diante das possibilidades que enxergava no rádio como tecnologia emergente: "O rádio é o jornal de quem não sabe ler; é o mestre de quem não pode ir à escola; é o divertimento gratuito do pobre; é o animador de novas esperanças; o consolador do enfermo; o guia dos sãos, desde que realizem com espírito altruísta e elevado".

Nos anos que se sucederam, Roquette-Pinto constatou que o rádio não seguiu o percurso educativo imaginado por ele. O surgimento de outras sociedades de radiodifusão servia ao entretenimento das elites do Rio de Janeiro, cidade que se modernizava velozmente.

Em 1932, a veiculação do primeiro anúncio cantado, ou seja, o primeiro *jingle* produzido no Brasil, mudaria a história do rádio brasileiro. Tratava-se de uma música criada pelo cartunista Antônio Nássara, para divulgar os produtos de uma padaria do Rio de Janeiro. Era o primeiro rompante da publicidade radiofônica em terras brasileiras, feita de forma criativa, de modo a chamar a atenção dos ouvintes.

Nesse mesmo ano, o governo federal autorizou a veiculação de anúncios pagos pelas rádios e iniciou as primeiras distribuições de concessões de canais para a instalação de emissoras particulares.

Assim, nascia e se fortalecia o rádio comercial, distanciando-se dos ideais vislumbrados pelo fundador da Rádio Sociedade. É dessa época o surgimento do Departamento Comercial nas emissoras.

A publicidade levada ao ar, até aquele momento, não tinha uma linguagem definida, específica, tal como tem atualmente. Ela sequer se chamava *publicidade*. Eram anúncios feitos no mesmo tom com que se davam as notícias ou se faziam comentários, sem a devida adequação. Os anúncios dos apoiadores dos programas eram mais agradecimentos do que propaganda. Por falta de noção de publicidade no contexto dos programas, era comum as emissoras terem intervalos intermitentes de silêncios entre um quadro e outro, mesmo estando no ar. Segundo Kennedy e Paula (2013, p. 14), "Foi num dos quadros do Programa de Casé que surgiu a primeira manifestação comercial, citando o anunciante: uma loja popular de utilidades domésticas".

Como podemos perceber, o rádio foi se definindo enquanto era construído, intuitivamente, nas relações que estabelecia com seu público. No começo, não se pensava em uma linguagem própria da mídia radiofônica. O rádio existia como possibilidade, como um meio de comunicação de massa muito poderoso, aberto a transmitir qualquer conteúdo, sem que se pensasse em uma forma específica: transmitiam-se discursos longos, conferências enfadonhas e programas de auditório. O importante era preencher o tempo. Tudo isso é absolutamente compreensível, se considerarmos que não havia outra referência de veículo de comunicação de massa com as características do rádio até aquele momento. Tudo era absolutamente novo e estava em construção.

Dizer que o rádio brasileiro começou nos anos 1920 não significa que já havia programas organizados com base em roteiros previamente elaborados. Das primeiras transmissões aos primeiros programas concebidos e organizados em roteiros, há um percurso de mais de uma década. O rádio brasileiro ainda estava aprendendo com a própria experiência de se fazer acontecer, baseado na prática, com todas as limitações que enfrentava, em uma realidade bem diferente da dos Estados Unidos, onde o rádio já atuava por meio de empresas organizadas, gozando de muitos investimentos. Aqui, buscavam-se caminhos para viabilizá-lo, pois ainda não havia uma audiência garantida por um público maior.

O final da década de 1930, foi o momento em que o rádio, no Brasil, saiu de uma fase de espontaneidade e improvisação – digamos assim – para um período mais organizado e profissional de produção, com a roteirização dos programas. A nova fase levaria o rádio a seu ápice, na década de 1940, quando passou a ser feito por equipes de produção, possibilitando um trabalho de edição permanente.

Essa década – 1940 – é considerada a época de ouro do rádio no Brasil. Muitos atores, apresentadores e humoristas da Rádio Nacional tornaram-se conhecidos e consagrados em programas de auditório graças à enorme audiência da emissora. As radionovelas que a estação veiculava também ficaram famosas, como *Em busca da felicidade*, que permaneceu no ar de 1941 a 1943. A produção das radionovelas requeria um complexo trabalho de sonoplastia, mobilizando inúmeros profissionais para providenciar as músicas e os efeitos sonoros exigidos para criar a ambientação adequada às narrativas.

Em função da produção, os estúdios eram grandes, para abrigar os atores, que se aglomeravam ao redor dos microfones para interpretar os personagens à medida que o texto era narrado; para que a orquestra, que tocava as trilhas sonoras ao vivo, fosse posicionada no mesmo espaço; e para que os sonoplastas produzissem os efeitos sonoros necessários à ambientação da narrativa, utilizando uma enorme quantidade de objetos (folhas de zinco, garrafas d'água, caixas e muitos outros materiais). Vale ressaltar que tudo era feito ao vivo. Muitos atores e atrizes do rádio ficaram famosos pela interpretação de personagens das radionovelas, sendo mais tarde absorvidos pela televisão, a partir da década de 1950.

Predominavam os programas de auditório, em espaços físicos compostos de plateias presenciais. A função do rádio era apenas transmitir a apresentação dos cantores participantes das competições. Muitos deles tornaram-se famosos no Brasil, como é o caso de Cauby Peixoto, Emilinha Borba, Dalva de Oliveira e Agnaldo Rayol, entre outros.

Com a Segunda Guerra Mundial, as pessoas queriam receber notícias do evento, e o rádio brasileiro foi buscar conhecimento nos Estados Unidos, onde o veículo já havia se desenvolvido bastante, a ponto de definir o formato noticioso, com programas informativos. Em 1941, inspirado naquelas experiências, entrou no ar o Repórter Esso, patrocinado pela Standard Oil Company of Brazil (Esso do Brasil), trazendo notícias produzidas pela United Press International. O programa se tornou referência de jornalismo no rádio brasileiro, funcionando como modelo noticioso para outras emissoras, que passaram a produzir seus noticiários, mesmo depois de terminada a Segunda Guerra Mundial.

A época áurea do rádio no Brasil foi um "ateliê" no processo dinâmico de produção, em função da existência de um público consumidor ávido por novidades. O combustível que abastecia a frenética produção radiofônica era a criatividade e o trabalho de produção, mobilizando editores e coordenadores que garantiam um produto sonoro final artisticamente harmonioso e economicamente vendável.

Nos anos de 1950, entrou em cena a televisão (TV) no Brasil, como um meio competitivo e atraente, trazendo à população a sedução da imagem. Diante da novidade, com a gradativa popularização da TV, o rádio precisou se reinventar para garantir sua audiência. Ele já não podia mais competir, por exemplo, com os programas de auditório transmitidos pela televisão. O público, agora, além de ouvir, queria ver os cantores, os personagens e os ambientes das novelas, o rosto dos apresentadores. Qual seria a saída para o rádio, se não reinventar a linguagem de seus programas?

Assim, o rádio começou a explorar mais as próprias características, utilizando seu diferencial como vantagem perante a televisão: a instantaneidade, a mobilidade e a portabilidade dos aparelhos receptores, entre outras. O veículo ganhou mais agilidade, criou as rádio-revistas e os noticiários de curta duração entremeados à programação durante o dia, enfim, redesenhou-se em função de segmentos específicos. Começou também a investir em transmissões esportivas, que se consolidariam com o surgimento de departamentos específicos de esporte nas emissoras nas décadas seguintes.

Antes, porém, a indústria fonográfica já havia trazido outras possibilidades ao rádio. Em vez da transmissão de programas de auditório, as rádios passaram a ter um grande acervo de discos, dos mais variados cantores, a sua disposição, para abastecer a produção de seus programas. Dessa forma, a relação com a música e com os artistas mudou. Os cantores e os músicos também passaram a ter outro tipo de vínculo com as emissoras, exigindo seus direitos autorais. Em função disso, criou-se, com o tempo, uma legislação específica, como veremos mais adiante.

A popularização do telefone fixo também modificou o jeito de fazer rádio, facilitando tanto a transmissão de informações para as emissoras, com entradas ao vivo de determinados locais, quanto a participação dos ouvintes, desde suas residências ou locais de trabalho, levando ao ar suas vozes sem que precisassem estar no estúdio, pedindo música ou emitindo opiniões sobre temas abordados nos programas. Foi o começo de uma interatividade que a TV ainda não tinha. Antes do telefone, a comunicação dos ouvintes com as emissoras se restringia às cartas enviadas pelos correios, geralmente pedindo e oferecendo músicas.

1.5
Equipamentos tecnológicos e seu impacto

Se o rádio foi abalado pela indústria fonográfica e pela popularização do telefone fixo, o que falar do impacto que as tecnologias digitais causaram no modo de fazer rádio, de maneira especial a partir da última década do século XX? Não só as tecnologias digitais representaram a ampliação das possibilidades de interatividade, mas também a utilização de equipamentos e suportes mudaram a configuração técnica das emissoras, exigindo novas competências e habilidades dos comunicadores. Gravadores a pilha, gravadores de rolo, transmissores valvulados, telefone fixo, máquinas de datilografia, papéis em cima da mesa de locução, tudo isso virou peça de museu, importantes para a preservação da história das rádios. Agora, basta um computador e um celular conectados à internet.

No estúdio, o próprio apresentador ou apresentadora do programa pode ler o roteiro na tela do computador, a sua frente, interagindo com ouvintes que com ele ou ela se comunicam por meio de textos escritos ou mensagens de voz, utilizando as redes sociais. O rádio se tornou potencialmente interativo e sequer se restringe mais à emissão de sinal por ondas. O ouvinte pode pautar os programas **com informações novas, instantaneamente, tornando-se também** coprodutor, de onde estiver, basta ter um celular conectado à rede mundial. Isso vale para qualquer emissora, seja de alcance nacional, seja rádio comunitária. Músicas e notícias podem ser pesquisadas, baixadas e inseridas na programação com um clique.

As possibilidades que as tecnologias digitais trouxeram para o **rádio não podem ser desperdiçadas nem usadas como justificativas para a acomodação dos comunicadores.** Pelo contrário, devem ser vistas como oportunidades para a realização de um trabalho dinâmico, bem planejado, constante, de muita produção, para o funcionamento de emissoras cada vez mais interativas e democráticas, nas quais todas as pessoas que dela se aproximem exercitem o direito de também se comunicarem e emitirem opinião, com liberdade de expressão e capacidade de diálogo.

Como veremos mais adiante, todo o método de produção jornalística em uma emissora foi transformado, abolindo certas fun**ções específicas e exigindo do profissional da área o domínio de** todo o processo produtivo, da apuração à apresentação, passando pela pauta, pela reportagem e pela edição, além de colaborar na atualização simultânea do portal da emissora. Tudo está sendo facilitado pela vertiginosa mudança tecnológica que presenciamos nas últimas décadas. Os antigos gravadores analógicos, pesados, foram substituídos por pequenos celulares, com muito mais qualidade e agilidade de processamento e operacionalidade.

Os programas de edição de áudio estão à disposição das emissoras como recursos acessíveis que podem estimular a criação de produtos inéditos, inovadores e inventivos na produção de programas e *podcasts*, utilizando os mais diversos recursos sonoros. Com as novas tecnologias, o limite é a criatividade, que, por sua vez, não tem limites.

Atualmente, indivíduos, instituições, comunidades e movimentos podem criar suas próprias *web* rádios, não como uma brincadeira sem propósito, mas como um canal de comunicação que pode reunir pessoas, discutir ideias e estimular práticas transformadoras da sociedade, gerando renda: essa é a economia criativa. O rádio pode muito!

Perguntas & respostas

Que características o rádio assume no Brasil?

O rádio brasileiro começou com uma forte vocação educativa e cultural. Roquette-Pinto viu o rádio como uma oportunidade de educar as massas desafiado pela dificuldade de comunicação em um país gigante, com regiões isoladas e pessoas sem escola e sem outro meio de informação. Nos anos que se sucederam, ele constatou que o rádio não seguiu o percurso educativo que imaginou. O surgimento de outras sociedades de radiodifusão servia ao entretenimento das elites do Rio de Janeiro, cidade que se modernizava velozmente.

1.6
As rádios interioranas

Até meados do século XX, as emissoras de rádio se concentravam nas capitais e em algumas grandes cidades brasileiras. Depois desse período, elas foram se interiorizando em cidades menores, porém importantes, por estas figurarem como polos de determinadas regiões. As grandes emissoras de alcance nacional passaram a dividir audiência com estações regionais, que tinham uma programação local. A música regional, os cantadores e os tocadores de viola, as notícias do lugar onde se vivia, os debates sobre questões da realidade próxima e as festas de determinadas comunidades ganharam repercussão nos programas dessas rádios, que conquistavam ouvintes e garantiam sustentabilidade por meio de anúncios pagos pelo comércio dos próprios municípios situados em seu entorno.

    Contudo, essas estações também tocavam músicas dos cantores brasileiros conhecidos da época e divulgavam notícias de repercussão nacional, ou seja, integravam as realidades interiorana e nacional, e até mesmo internacional, por meio da informação e do entretenimento. Nesse aspecto, as rádios de médio ou de pequeno porte, geralmente emissoras que operavam em **amplitude modulada (AM)**, muito contribuíram para dar unidade cultural ao Brasil, disponibilizando e socializando bens simbólicos indispensáveis à construção da identidade nacional, ao mesmo tempo que afirmavam as características regionais.

    Embora não contassem com recursos suficientes para custear uma estrutura de produção semelhante ao das grandes emissoras de alcance nacional, as rádios locais também tinham suas equipes de produção, compatíveis com as demandas da programação regional. Em cada lugar surgiram apresentadores de programas locais que se notabilizaram, desfrutando de prestígio perante a população. Atrações musicais, noticiários e até programas e auditório ficaram na memória dos ouvintes das rádios do interior. Por estarem próximas às realidades de suas audiências, essas estações passaram a prestar um enorme serviço de utilidade pública, divulgando avisos pessoais, notas de falecimento e outros comunicados da comunidade em que estavam. As pessoas também escreviam e telefonavam para as emissoras, pedindo e dedicando músicas.

A partir dos anos 1970, quando a televisão começou a se popularizar nas cidades do interior, as emissoras de médio porte sentiram imediatamente a perda de audiência, sobretudo em determinados horários, fato que impactou, consequentemente, seu faturamento financeiro, diminuindo a venda de comerciais. A escassez de recursos levou a uma crise do rádio AM, nas estações do interior, obrigando seus proprietários a se desfazerem delas, vendendo-as a quem podia mantê-las. Muitos políticos viram, na crise, uma oportunidade de comprar emissoras, mantendo-as no ar com um quadro de pessoal reduzido, o que comprometeu também a qualidade da produção e, consequentemente, impactou negativamente a programação. O objetivo maior era utilizá-las para fins políticos, sobretudo, em épocas de campanha eleitoral. Embora em crise, os profissionais do rádio se desdobraram para manter essas emissoras no ar usando a criatividade, em função do mínimo de qualidade da programação radiofônica. Uma saída foi se filiar a redes que possibilitavam o mínimo de atrações locais e a inserção do radiojornalismo e outros programas produzidos externamente. Com o passar das décadas, chegaram as rádios comerciais e as comunitárias, que operavam em **frequência modulada** (FM).

Por fim, a história do rádio no Brasil suscita ainda hoje algumas dúvidas, entre as quais: Como anda, atualmente, a situação das rádios situadas nas cidades do interior dos estados brasileiros? As rádios AM ainda predominam nessas regiões ou já migraram para a FM? Qual tem sido o papel das rádios nessas regiões?

1.7
Emissoras em mudança

Os tipos de emissoras têm a ver com o processo de aperfeiçoamento tecnológico pelo qual o rádio passou e continua passando. As rádios AM foram as que mais se proliferaram em todas as regiões do planeta, com ondas médias (OM) e ondas curtas (OC), ocupando a faixa de 550 kHz a 1.650 kHz (quilo-hertz), o que permite que o sinal chegue mais longe.

As OC, no entanto, chegam a distâncias ainda maiores, possibilitando, por exemplo, que uma rádio seja sintonizada em outros países, mais distantes, ultrapassando fronteiras. As emissoras que operavam em OM eram as mais populares na chamada *era de ouro do rádio* e até pouco tempo atrás, cujo sinal chegava com boa qualidade tanto no meio urbano quanto nas regiões rurais. Segundo Sousa (2010, p. 84), a "captação das variações de amplitude faz com que o receptor receba também ruídos naturais como raios, ignição de automóveis e outras interferências". Atualmente, reclama-se da interferência dos aparelhos de celular, do computador e das lâmpadas fluorescentes no sinal do rádio AM.

No Brasil, o rádio FM surgiu ainda nos anos 1960, quando foi regulamentado pelo governo federal. Até então, servia apenas para fazer a comunicação entre o estúdio e a antena de retransmissão da emissora. Contudo, a invenção do rádio FM é bem mais antiga, remontando ao ano 1933, quando Edwin Armstrong criou o rádio de frequência modulada, "que eliminava ruídos e permitia a transmissão de sons em alta fidelidade" (Sousa, 2010, p. 132), estereofônica, livre dos ruídos e das interferências constatados no rádio AM. As estações FM, no entanto, apresentam uma limitação que as AM não têm: seu alcance fica restrito a cerca de 100 quilômetros. Por isso, as emissoras FM geralmente têm suas programações voltadas para públicos urbanos, nas grandes cidades, por não alcançarem regiões rurais distantes, exceto quando estão localizadas em municípios de pequeno porte, com grande população vivendo na zona rural.

Com a digitalização do rádio e as novas políticas de distribuição de canais, o rádio FM será em breve o único modelo a permanecer no ar. Desde que foi assinado o Decreto n. 8.139, de 7 de novembro de 2013 (Brasil, 2013), a Agência Nacional de Telecomunicações (Anatel) vem adotando uma política de migração gradativa do rádio AM para o FM. Com isso, surge a dúvida: Em que esse fato mudará as características das programações das emissoras?

Somente uma análise atenta e pesquisas constantes poderão responder a essa questão. Em todo caso, as respostas estão nos processos de produção e de edição e na criatividade dos que fazem o rádio em sintonia com os mais diversos públicos, em função dos quais, em cada tempo, a mídia radiofônica muda de traje. Uma ligeira observação demonstra que muitas emissoras AM que se tornaram FM não seguiram a tradição de tocar apenas músicas como era recorrente neste tipo, mas adotaram grande parte da grade de programação daquele. Com isso, o rádio FM, como conhecemos até agora, pode estar mudando de configuração.

Passou o tempo em que, para ultrapassar as fronteiras de um país, as emissoras só dispunham das ondas curtas. Agora, o rádio não cavalga mais em um Rocinante[3], embora não perca sua índole quixotesca, mas circula em infovias e se faz presente nos espaços virtuais que desconhecem os limites newtonianos. O rádio se agrega a outras linguagens, podendo ser também um *podcast*, **desvinculando-se de emissoras oficiais, livre dos impérios econômicos, engajado em projetos sociais, atuando como aliado do meio ambiente, das iniciativas de economia solidária e do respeito à diversidade que nos faz mais humanos**. O rádio, agora, pode ser caseiro em sua universalidade, expandindo o local, com todas as vozes, com vez para todos. Quantas possibilidades! Tudo só depende da criatividade dos produtores e dos editores, pois o rádio é um convite à criatividade.

O rádio mudou muito nas duas últimas décadas e continua mudando, inclusive em suas formas de estruturação e de funcionamento interno, que dependem da proposta das emissoras, mas, na imensa maioria delas, os únicos departamentos existentes hoje são o de Administração, o Comercial e o de Jornalismo. Conforme a linha editorial da estação, são estruturados também os departamentos de Programação e de Esporte.

O fato é que setores antigamente obrigatórios, como a antiga discoteca e seu discotecário, só permanecem em algumas estações educativas, que desenvolvem pesquisa musical. A programação da

---

3   Nome do cavalo do personagem Dom Quixote de La Mancha, do romance de Miguel de Cervantes.

maioria das emissoras é definida em forma de *playlists*, que mudam de tempos em tempos, de acordo com o público. Na maioria dos casos, o trabalho técnico, antes feito pelo sonoplasta ou pelo operador de mesa, hoje é realizado pelo próprio repórter e apresentador. No Departamento de Jornalismo, as funções de pauteiro, repórter e editor, que antes exigiam profissionais específicos, passaram a ser realizadas, em grande parte, pela mesma pessoa, que muitas vezes também apresenta o noticiário.

O que não mudou e não mudará é o compromisso e a seriedade com o funcionamento interno da emissora. Tudo deve estar devidamente organizado e cada profissional deve desempenhar as atividades a ele atribuídas, que vão da produção de conteúdo à operação de equipamentos necessários à formatação do rádio.

Síntese

Neste capítulo, analisamos a história do rádio desde as descobertas que permitiram sua invenção até os dias atuais, quando o veículo passa por transformações significativas, sobretudo por causa da tecnologia.

Nesse sentido, pudemos constatar que a história do rádio não terminou. Em todo o mundo, sua evolução continua, pois ele está intimamente ligado aos processos culturais, mas sem perder aquilo que o faz vivo: o público. Ou seja, o rádio vive em função da recepção. Quanto mais dialoga com ela, mais vitalidade ele terá.

Também observamos que, na época em que vivemos, as tecnologias oferecem muitas possibilidades de criação. Na nova ambiência cultural, as emissoras estão se transformando, sem limites de espaço e de tempo. Como os primeiros pesquisadores empenhados nas descobertas que geraram a radiodifusão, continuar trabalhando com o rádio é a forma mais adequada de fazer sua história continuar.

Questões para revisão

1. Como surgiu o rádio massivo tal como o conhecemos hoje?

2. Por que alguns estudiosos chamam o padre gaúcho Roberto Landell de Moura de *pai do rádio*?

3. Sobre as características da época de ouro do rádio no Brasil, na década de 1940, analise as afirmativas a seguir e marque V para as verdadeiras e F para as falsas.
   ( ) As rádios deixaram as grandes cidades e foram para as regiões interioranas.
   ( ) As radionovelas da Rádio Nacional se tornaram famosas, como *Em busca da felicidade*, que permaneceu no ar de 1941 a 1943.
   ( ) Muitos atores, apresentadores e humoristas da Rádio Nacional tornaram-se conhecidos e consagrados nos programas de auditório, graças à enorme audiência da emissora.
   ( ) Os programas de auditório ocorriam em espaços físicos compostos de plateias presenciais, em que se transmitia a apresentação dos cantores participantes das competições. No entanto, com o surgimento da televisão, nenhum deles sobreviveu como cantor.

( ) Foi criado o Repórter Esso, programa inspirado em experiências desenvolvidas no Estados Unidos e patrocinado pela Standard Oil Company of Brazil (Esso do Brasil), trazendo notícias produzidas pela United Press International.

Assinale a alternativa que apresenta a sequência correta:

a) F, V, F, V, V.
b) F, V, V, F, V.
c) V, V, F, V, F.
d) V, F, F, V, F.
e) F, V, F, F, V.

4. Com relação aos impactos que as tecnologias digitais trouxeram para o rádio, analise as afirmativas a seguir e marque V para as verdadeiras e F para as falsas.

( ) As possibilidades de interatividade foram ampliadas e surgiram equipamentos e suportes que mudaram a configuração técnica das emissoras, exigindo novas competências e habilidades dos comunicadores.

( ) A qualidade do som melhorou e o alcance das emissoras foi ampliado, conquistas importantes para o setor.

( ) Importantes novidades apareceram, mas as gravações externas, especialmente as feitas por repórteres, ainda dependem de gravadores a pilha ou de telefone fixo.

( ) O apresentador ou a apresentadora pode ler o roteiro na tela do computador, interagindo com ouvintes por meio de textos escritos ou de mensagens de voz, utilizando as redes sociais.

( ) O ouvinte pode pautar o programa com informações novas, tornando-se coprodutor, basta ter um celular conectado à rede mundial.

Assinale a alternativa que apresenta a sequência correta:

a) F, V, V, F, V.
b) V, F, V, F, V.
c) F, V, F, V, F.
d) V, V, F, V, V.
e) V, V, F, F, V.

5. Analise as afirmativas a seguir.

I) O rádio mudou e continua mudando, inclusive em suas formas de estruturação e de funcionamento interno. Na imensa maioria das emissoras, os únicos departamentos existentes hoje são o de Administração, o Comercial e o de Jornalismo. Outras também mantêm os departamentos de **Programação e de Esporte**.

II) Setores antigamente obrigatórios, como a antiga discoteca e seu discotecário, não existem mais sequer em emissoras educativas, que desenvolvem pesquisa musical.

III) A programação musical da maioria das emissoras é definida em forma de *playlists*, que mudam de tempos em tempos, de acordo com o público.

IV) Em todas as emissoras, o trabalho técnico continua sendo realizado pelo sonoplasta ou pelo operador de mesa, deixando o repórter e o apresentador cumprirem apenas suas funções de comunicadores.

v) No Departamento de Jornalismo, as funções de pauteiro, repórter e editor continuam sendo desenvolvidas por profissionais específicos, isto é, toda rádio tem uma equipe formada pelo menos por três profissionais: pauteiro, repórter e editor

Assinale a alternativa que apresenta as afirmativas corretas:

a) I e III.
b) Apenas a I.
c) I e IV.
d) II, IV e V.
e) I, II, III e IV.

Questões para reflexão

Faça uma pesquisa sobre as emissoras de rádio da região em que você mora e responda às questões a seguir:

1. De que modo se iniciou e evoluiu o rádio nessa região?

2. Que tipos de emissoras de rádio são mais comuns e quais são suas características de programação?

3. A que pessoas, grupos, empresas ou instituições as emissoras estão diretamente ligadas? Quais são seus objetivos?

4. Que impactos a migração do rádio AM para o FM são percebidos nessas emissoras em termos de programação, audiência e sustentabilidade econômica?

5. As tecnologias digitais são utilizadas para proporcionar mais qualidade e dinamização ou se tornaram fatores de comodismo na programação dessas rádios? Explique.

Mãos à obra

Selecione uma rádio antiga de sua cidade, AM ou FM, com o objetivo de conhecer sua história, identificando as várias fases tecnológicas e de produção pelas quais ela passou, inclusive, explicando o que mudou no trabalho de edição em cada fase identificada.

Siga o seguinte roteiro:

- Defina a emissora que você vai pesquisar.
- Elabore as perguntas que você quer fazer, com base no capítulo estudado.
- Entre em contato com a emissora, buscando identificar seus produtores e locutores mais antigos e mais recentes.
- Agende entrevistas com, pelo menos, dois profissionais.
- Registre a entrevista e conte essa história por meio de um programa de rádio.

Capítulo

02

Linguagem radiofônica

Andrea Pinheiro | Elson Faxina

Conteúdos do capítulo:

- A comunicação no rádio.
- O rádio e as mídias.
- A linguagem radiofônica.
- As características da comunicação radiofônica.
- A interação com os ouvintes.

Após o estudo deste capítulo, você será capaz de:

1. reconhecer a importância da comunicação no rádio;
2. relacionar as características da linguagem radiofônica;
3. identificar a importância da interação entre comunicador e ouvintes.

Neste capítulo, abordaremos o rádio como um lugar de encontro e de conversa, com a finalidade de apresentar as características da linguagem radiofônica. O objetivo é mostrar que, para atuar no rádio, é necessário saber sobre o público com o qual se vai falar, ter sensibilidade para a promoção do diálogo e saber usar de forma equilibrada a palavra, os efeitos sonoros, a música e o silêncio.

Nesse contexto, veremos ainda questões que envolvem a estrutura narrativa e a montagem radiofônica como estratégias para estimular a empatia do ouvinte.

2.1
O lugar do rádio no rol das mídias

"Antes de se comunicar, saiba para quem você vai falar!"

Provavelmente, muitos de nós já ouvimos essa orientação na academia ou na vida profissional. Pois fazemos questão de repeti-la no início deste capítulo, com um acréscimo: "Conheça bem a pessoa com quem você quer dialogar; entenda bem seu público, seus desejos, seus sonhos, suas dúvidas e seu modo de pensar. Do contrário, você pode se dar mal, isto é, comunicar-se mal".

Esse alerta vem da certeza de que uma mesma história, um mesmo fato, deve ser contado de maneira diferente para cada pessoa, para cada público. Dificilmente entabularíamos uma conversa sobre religião, por exemplo, da mesma maneira com um ateu, um cristão, um muçulmano, um judeu, um hindu ou um seguidor de religião afro, não é mesmo? Aliás, nem sequer com seguidores das diferentes correntes do cristianismo teríamos a mesma conversa.

Claro que o conteúdo, a fé e o que pensamos não se alterariam diante de um interlocutor diferente, mas mudaríamos a forma de abordar o tema, focando em questões diferentes da fé e da prática religiosa para um ou para o outro, e assim por diante.

No rádio é exatamente assim: conforme o público, o comunicador faz uma adequação de sua linguagem. Mais do que isso, ele muda a linguagem geral do rádio, o modo de falar e de dialogar de acordo com as transformações da sociedade.

As pessoas mais antigas se lembram de como era a linguagem radiofônica até três ou quatro décadas atrás: muito formal, com vozes empostadas e formatos rígidos, porque obedecia às características do público de então. A sociedade era mais formal e, portanto, **a linguagem do rádio procurava adequar-se àquela realidade.** Era uma época em que o tempo corria em outra velocidade, por isso longos debates e extensas entrevistas caíam muito bem, pois estavam de acordo com o modo de viver daquele público.

Um bom comunicador deve estar sempre atento às mudanças, às vezes muito subjetivas, de seu tempo, para ir se adequando ao modo como as pessoas vivem, como se relacionam, que dúvidas elas têm em comum, seus sonhos e desejos, suas tristezas, entre outros sentimentos. Isso porque o modo de viver e de se organizar de uma sociedade altera as formas de cognição, de compreensão da realidade, de absorção do conhecimento. De acordo com cada **época, a sociedade pode tornar-se mais ou menos racional, mais ou menos emocional, mais ou menos empática. E isso altera completamente o modo de fazer jornalismo e, de maneira especial, o modo de fazer rádio e, portanto, o radiojornalismo.**

Hoje, essas mudanças são muito rápidas, abruptas, e por isso é preciso estar bem conectado ao público para perceber isso. Transformações no modo de viver em sociedade que levavam séculos ou até milênios no passado, hoje podem ocorrer em menos de uma década. E isso tem tudo a ver com as novas tecnologias da comunicação, às quais o rádio tem sabido adequar-se e moldar-se rapidamente.

Muitos autores têm se debruçado em estudos e pesquisas para entender o tempo em que estamos vivendo, especialmente em busca de constatar como as diferentes formas de cognição se manifestam e conquistam hegemonia social conforme cada etapa da evolução humana. A imensa maioria deles afirma que a época na qual vivemos hoje, que chamamos de *sociedade midiatizada* – ou *em processo de midiatização* –, reserva formas imensamente diferentes de narrar, compreender, relacionar e participar daquelas sociedades um pouco mais antigas. Esse período é fruto do desenvolvimento da humanidade, que vivenciou outros estágios, em que as formas de se relacionar, de compreender e de aprender eram outras.

Para Joel de Rosnay (2002), há uma enorme evolução na linha do tempo que nos permite dividir a humanidade em diferentes estágios, marcados por quatro grandes revoluções, no âmbito das tecnologias, que transformaram as formas de se relacionar e os modos de viver em sociedade. Podemos dizer que são revoluções que viraram a sociedade de cabeça para baixo.

Para o autor, a humanidade viveu durante milênios seu primeiro estágio, a **logosfera** (Rosnay, 2002), definido pela convivência familiar em pequenas comunidades, em que o aprendizado preponderante se dava pelos processos empáticos. "Essa é a fase da oralidade, da consolidação da aldeia, onde os anciãos, imbuídos de grande poder, surgiram como guardiães das tradições e educadores das novas gerações. O conhecimento era adquirido por processos empáticos, por meio do contato pessoal" (Faxina, 2018b, p. 24).

Passados milênios, atingimos o estágio da grafosfera, conforme Rosnay (2002). Trata-se do período marcado pelo início da escrita até a prensa de Gutemberg, que revolucionou a forma como a sociedade se organiza e adquire conhecimento.

> Com o alfabeto rompeu-se o poder dos anciãos, pois a memória da tribo podia, agora, ser armazenada e interpretada por outros. Ocorre aqui uma pluralização das tribos, com a incorporação de novos espaços de convivência e, portanto, de novas fontes do saber, como a religião e a comunidade rural, ao lado da família. (Faxina; Gomes, 2016, p. 34)

Isso fez com que a empatia começasse a perder espaço para a racionalidade como elemento cognitivo.

Séculos mais tarde, com o surgimento da Modernidade, chegamos à midiosfera, afirma Rosnay (2002). Foi o início da popularização da escrita e o surgimento das mídias tradicionais, quando ocorreu o apogeu da racionalidade, em que a empatia e a emoção perderam espaço nos processos cognitivos e de aquisição de conhecimento.

> Começa-se a ruir a hegemonia do conhecimento tribal, alicerçado na tradição, para dar espaço a novos conhecimentos, sedimentados nos processos racionais propiciados pela leitura

dos meios impressos, agora possível de individualização, e outras tecnologias da comunicação [...]. Como um dos ápices da evolução desse período de racionalidade efervescente vale citar a Revolução Francesa e suas insígnias: liberdade, igualdade, fraternidade. (Faxina; Gomes, 2016, p. 34-35)

Pouquíssimos séculos depois, chegamos ao quarto estágio, o da **ciberesfera**, marcado pelas comunicações digitais, fruto da vertiginosa evolução das tecnologias da comunicação – de maneira especial a robótica, a internet, a telefonia sem fio e as consequentes redes sociais.

Penso que essa mudança de paradigma e essa transição entre a sociedade industrial e a sociedade informacional são a causa de alguns dos grandes problemas que temos hoje, tanto sociológicos quanto socioeconômicos, políticos ou culturais. Diante dessas mudanças, devem-se fazer três coisas. Em primeiro lugar, entender; em segundo, experimentar; e em terceiro, aprender. (Rosnay, 2002, citado por Faxina; Gomes, 2016, p. 32-33)

O que Rosnay (2002) alerta é que cada um desses estágios da humanidade é marcado por complexidades específicas nos processos de inter-relação social, porque introduz mudanças no modo de ser da sociedade e dos indivíduos. Portanto, precisamos entender o momento em que ora vivemos.

Para outro pensador contemporâneo, Michel Maffesoli (1995), estamos vivendo hoje no **mundo imaginal**, no qual o conhecimento chega às pessoas mais por processos cognitivos emocionais e empáticos do que pelo processo cognitivo da racionalidade. O autor afirma que estamos presenciando o renascimento de um novo homem, o *Homo religiosus*. Trata-se, segundo ele, de uma variante do *Homo aestheticus*, que pouco tem a ver com o *Homo sapiens*, tão cultuado na Modernidade.

> Um indivíduo social e de uma sociedade que não repousa sobre uma distinção com o outro, nem tampouco em um contrato racional que me liga ao outro, mas em uma empatia que me torna, com o outro, participante de um conjunto mais amplo, totalmente contaminado por ideias coletivas, emoções comuns e imagens de todos os tipos. (Maffesoli, 1995, p. 107)

O que esses estágios vividos pela humanidade trazem de mais importante para esta obra é a noção clara de que é possível – ou melhor, necessário – acionar o campo cognitivo humano em três dimensões: (1) a razão, (2) a emoção e (3) a empatia. São três formas básicas de percepção, de cognição da realidade e de apreensão do conhecimento que nós humanos temos que precisam ser levadas em conta por quem faz rádio – de maneira especial, o editor.

Ao tratar da cultura do ouvir, própria do rádio, Baitello (2005, citado por Menezes, 2012, p. 30) explica a diferenciação entre o ver (próprio da imagem) e o ouvir (próprio das sonoridades): este está "mais vinculado ao universo do sentir, da paixão, do passivo, do receber e do aceitar. O ver, mais associado ao universo da ação, do fazer, da atividade, do atuar, do agir e do poder".

Para Menezes (2007), a cultura do ouvir gera um processo que desencadeia emoções por meio de imagens endógenas, isto é, aquelas que não aparecem prontas para serem simplesmente aceitas tal e qual são apresentadas. "Os sons provocam a criação de cenários mentais, geram imagens endógenas. As imagens endógenas, conforme análise de Hans Belting[1], não precisam de suportes, estão presentes em nossa vida interior tanto quando estamos acordados, como quando estamos dormindo e sonhando" (Belting; Camper, 2000, citados por Menezes, 2007, p. 98).

Para o autor, o processo de ouvir gera em nós ações interiores que exasperam nossas potencialidades, porque desafiam nossos sentidos na busca por compreender o que chega a nosso ouvido (Menezes, 2007). Ocorre que a falta da imagem, seja presencial, seja mediada por dispositivos tecnológicos, desafia nossa imaginação a criar, a construir e a estabelecer novas relações.

> Na cultura do ouvir somos desafiados a repotencializar a capacidade de vibração do corpo diante dos corpos dos outros, ampliar o leque da sensorialidade para além da visão. Ir além da racionalidade que tudo quer ver, para adentrar numa situação onde todo o corpo possa ser tocado pelas ondas de outros corpos, pelas palavras que reverberam, pela canção que excita, pelas vozes que vão além dos lugares comuns e tautologias midiáticas. (Menezes, 2012, p. 33)

---

[1] Historiador de arte alemão e um dos mais destacados teóricos da imagem e da arte contemporâneas. É professor de História da Arte nas Universidades de Heidelberg e de Munique e foi cofundador da Escola de Novas Mídias, em 1992, em Karlsruhe, na Alemanha.

É com base nessa compreensão do processo do ouvir, que em si traz um conjunto de elementos desafiadores para a imaginação, que é preciso pensar o radiojornalismo. Os profissionais devem, então, perguntar-se sempre: "Como aproximar o ouvinte do tema que vamos transmitir?". Uma das formas elementares é despertar nele, de imediato, a empatia para com o fato narrado, buscando estabelecer uma identificação – ou repulsa, se for o caso – que possibilite a ele concordar com a história contada por meio do formato escolhido. E isso pode ser acionado principalmente fazendo-se uso de personagens e histórias de vida que tenham proximidade com o ouvinte.

Aliado a isso, é possível acionar a emoção do ouvinte, por meio de uma narrativa envolvente e em perfeita sintonia com o fato e com ele próprio, lançando mão de um texto que aponte seus conflitos interiores, seus sonhos e seus desejos, fazendo uso de sonorizações adequadas.

Considerando-se esses elementos de proximidade com o ouvinte, de envolvê-lo na trama do fato narrado e da história contada, é possível levá-lo a pensar – a fazer uso da razão. Para isso, é preciso que o comunicador seja extremamente fiel aos fatos, citando informações, dados, estatísticas, posicionamentos distintos e contrapostos e argumentos convincentes que levem o ouvinte a pensar, raciocinar e adquirir conhecimentos novos, de forma a tirar suas próprias conclusões.

> Fato é que [...] são três formas de cognição, de compreensão, de posicionamento que tomamos diante de um fato, uma situação

ou alguém na vida, com base em determinado juízo de valor que formamos. E essas três percepções acompanham o ser humano em toda a sua história. Já tivemos momentos de predomínio de uma forma de cognição sobre outra. Hoje, a empatia, que no passado foi chave para a aquisição do conhecimento, voltou a ocupar lugar de destaque. (Faxina, 2018, p. 22-23)

A compreensão das especificidades do atual estágio por que passa a sociedade e das formas preponderantes de aquisição de conhecimento desenvolvidas pelos meios de comunicação são fundamentais para qualquer profissional da área, de maneira especial o editor de rádio. É com base nesse pensamento que podemos compreender melhor como opera a linguagem de cada veículo de comunicação – afinal, para isso, é preciso, antes, pensar qual é seu papel na sociedade.

Ocorre que cada meio de comunicação ocupa um lugar específico no processo de mediação social, que obedece a certos parâmetros da própria dinâmica das relações e das conexões pessoais, interpessoais e sociais presentes no conjunto da sociedade. Nesse sentido, a televisão, o rádio, o jornal, a revista e as redes sociais ocupam lugares distintos em suas respectivas funções de promover a mediação social. Ao tratar do papel do editor de audiovisual, Faxina (2018b, p. 34) define assim o lugar social do rádio:

É o lugar do diálogo, do amigo, do companheiro; portanto aciona inicialmente a empatia, para depois chegar ao emocional e ao racional. Não por outra razão, um radialista sempre se dirige a uma pessoa usando "você". Embora ele saiba que são muitos os seus ouvintes, fala sempre no singular. O rádio tem uma máxima: "Quem fala para um, fala para todos; quem fala para todos, não fala para ninguém".

Essa compreensão do campo cognitivo prioritário do rádio tem incidência direta sobre o radiojornalismo. Afinal, o exercício do jornalismo se sedimenta sobre a racionalidade. O autor lembra que o jornalismo nasceu no apogeu da razão e, por isso, "seu cerne, sua viga-mestre é a razão. Seu papel é informar, esclarecer, mudar visões e opiniões, provar com dados, debater, contrapor, argumentar. Vale afirmarmos que sem racionalidade não há jornalismo" (Faxina, 2018b, p. 35-36).

Logo, se fazer rádio é ter em mente inicialmente o campo empático e, em seguida, o emocional e para o jornalismo é preciso acionar necessariamente o campo racional, então fazer radiojornalismo é produzir uma narrativa que equilibre empatia e emoção com razão. Afinal, não basta que uma matéria jornalística crie identificação com o ouvinte, que o faça se emocionar, ela deve também levar-lhe informações que lhe possibilitam a reflexão.

Podemos, então, afirmar que fazer radiojornalismo é fazer pensar também com base na empatia e na emoção. Por isso, costumamos dizer que uma boa matéria jornalística, uma boa reportagem no rádio, deve ser humanizada, isto é, precisa ter boas histórias de vida, bons personagens. Veremos isso mais adiante nesta obra.

2.2
Características da linguagem do rádio

A linguagem radiofônica é uma recuperação da linguagem informal e cotidiana, salpicada com criatividade e muita imaginação.

> No mundo da imaginação há caminhos sem fim, cheios de imagens e surpresas, cheios de possibilidades inesgotáveis, cheios de invenções e movimentos. O olho da imaginação não tem limites de espaço e de tempo. Imaginação vem de magia. Magia é a arte de realizar coisas maravilhosas, transformações que vão além de qualquer lei natural. A imaginação no rádio tem um cúmplice: o ouvido. O que o ouvido sabe, em seguida conta à imaginação. Para que a imaginação se interesse, o ouvido tem que transmitir-lhe imagens. (Anunciação et al., 2002, p. 18)

E esta é justamente a principal característica da linguagem radiofônica: a capacidade de criar imagens com base na combinação do uso da palavra, da trilha sonora, dos efeitos sonoros e do silêncio.

> o rádio é uma espécie de manto sonoro envolvendo-nos em sua paisagem eletromagnética a nos instigar à escuta, no mais distante lugarejo da zona rural e nas cidades, nos ambientes mais íntimos e nos espaços públicos, no concerto de vozes, sons, ruídos e silêncios da agitação urbana e na interação melódica com os ritmos da vida rural. (Lima; Pierre; Pinheiro, 2002, p. 1)

O rádio é um lugar de encontro e de conversa: "Uma conversa que se projeta do estúdio para a rua, da rua para os lares, das casas para os estúdios, estabelecendo uma interação social potencialmente capaz de provocar o pensamento crítico e fortalecer os sonhos, sempre atuais e desafiadores, de transformação da realidade" (Lima; Pierre; Pinheiro, 2002, p. 2). Nesse encontro, o que une locutores e ouvintes é a linguagem radiofônica. Vigil (2000, p. 59-60, tradução nossa) considera que o rádio é composto de uma tríplice voz: "A voz humana, expressa em palavras; a voz da natureza, do ambiente, dos chamados efeitos sonoros e a voz do coração, dos sentimentos, que se expressa através da música".

Lima, Pierre e Pinheiro (2002, p. 2), por sua vez, defendem que o rádio

> tem a possibilidade de falar, recitar, cantar pra gente e com todos nós, a história e as histórias dos nossos dias, mobilizando emoções, despertando a imaginação, numa linguagem oral, intimista, dialogal, para além dos limites do espaço e do tempo, construindo e reconstruindo a vida partir de uma sonoridade tecida por uma infinidade de ritmos e tons.

Para Anunciação et al. (2002), a linguagem radiofônica é fundamentalmente descritiva, narrativa e sensual. Por isso, falar no rádio é, para os autores, uma arte que consiste em "usar palavras concretas, que transmitem uma imagem, que possam ser vistas, tocadas, sentidas, que tenham peso e medida. Palavras materiais que transmitam a realidade" (Anunciação et al., 2002, p. 18). Nesse sentido, entendemos a linguagem radiofônica como sendo "o conjunto de elementos sonoros que se difundem tanto para produzir estímulos sensoriais estéticos ou intelectuais, como para criar imagens" (Cabello, 1994, p. 147).

Perguntas & respostas

Qual é a principal característica da linguagem radiofônica?

A capacidade de criar imagens com base na combinação do uso da palavra, da trilha sonora, dos efeitos sonoros e do silêncio.

No rádio, é preciso equilibrar a forma e o conteúdo, o semântico e o estético, como pontua Balsebre (2005), para que a mensagem faça sentido para o ouvinte.

> O semântico é tudo que diz respeito ao sentido mais direto e manifesto dos signos de uma linguagem, transmite o primeiro nível de significação sobre o que se constitui o processo comunicativo. O estético é o aspecto da linguagem que trata mais da forma da composição da mensagem e se fundamenta na relação variável e afetiva que o sujeito da percepção mantém com os objetos da recepção. A mensagem estética é portadora de um segundo nível de significação, conotativo, afetivo, carregado de valores emocionais ou sensoriais. E a informação estética da mensagem inclui mais sobre nossa sensibilidade do que sobre nosso intelecto. (Balsebre, 2005, p. 328)

Se a construção da narrativa radiofônica precisa de um empenho considerável, fruto de um conhecimento acumulado tanto em anos de estudo quantos no próprio processo de produção criativa, não menos importante é a decisão interior de quem faz rádio em relação ao ouvinte.

> O radialista pode até ter uma bela voz, boas iniciativas, entender de técnica, ter cursado quatro anos de Jornalismo na universidade, feito pós-graduação, mas se não entra na magia do rádio, se não se entrega à experiência de comunicar, nunca chegará a ser um bom radialista. Será um trabalhador de rádio, mas não um comunicador; porque fala bem, mas não se comunica, não seduz. Quando a palavra que cria imagens, a música, os efeitos sonoros e o silêncio se misturam de forma adequada, não há atenção que escape. (Anunciação et al., 2002, p. 18)

Por isso, como lembram Anunciação et al. (2002), fazer rádio é seduzir o ouvinte – isto é, o radialista deve ter um ímpeto que o move em direção a seu público, um desejo de conquistá-lo, de estabelecer uma relação de amizade com ele.

2.3
Elementos da linguagem radiofônica

A linguagem radiofônica é composta por vários elementos que, organizados entre si, contribuem para favorecer o entendimento e estimular a imaginação do ouvinte. São eles: a palavra, a música, os efeitos sonoros e o silêncio.

∴ A palavra

Usar a linguagem oral de maneira apropriada é condição para o sucesso na comunicação radiofônica. Um dos segredos é saber dosar a quantidade e a qualidade das palavras utilizadas.

> Quer dizer, utilizar o menor número de palavras possível, sempre e quando a mensagem estiver completa. Diz o ditado que quem fala mais comunica menos. É necessário escrever para o rádio de tal maneira que o ouvinte capte a mensagem com o mínimo de esforço possível. Portanto, toda mensagem deve ser concreta, verdadeira, importante e atraente. (Anunciação et al., 2002, p. 19)

Para Balsebre (2005, p. 330), a palavra radiofônica é a integração do texto escrito e da improvisação verbal: "O locutor quando lê um texto, tenta reproduzir uma naturalidade, uma certa intimidade para eliminar o efeito distanciador. O texto escrito é um texto sonoro".

Portanto, a palavra no rádio deve ser:

- Clara – A clareza é essencial na comunicação radiofônica. Por isso, é preciso sempre usar frases curtas que expressem uma ideia (ou, no máximo, duas) e palavras do cotidiano dos ouvintes, em vez de termos difíceis. Há pessoas que acreditam que é papel do rádio elevar o vocabulário dos ouvintes, introduzindo palavras novas, pois isso ajudaria a elevar a cultura da população. Ora, desde quando falar difícil é sinônimo de cultura? Ter conhecimento e cultura é entender as situações complexas, e não falar de forma complicada. Balsebre (2005, p. 331) considera que **clareza** e **sonoridade** são essenciais na linguagem radiofônica:

> As vogais têm o poder de colorir a voz. As consoantes projetam as vogais e dão conteúdo. Se as vogais são os sons musicais da palavra, dando forma e cor a nossa voz, as consoantes são o seu significado. E na construção da mensagem, clareza e sonoridade são essenciais. O som da palavra define-se acusticamente pelo timbre, tom e intensidade e a cor da palavra é a dimensão resultante da inter-relação destes três elementos no âmbito perceptível. O som agudo excitará no ouvinte uma imagem auditiva luminosa e clara, o grave, mais obscura. A cor da palavra conota também relações espaciais.

Outras quatro características da palavra no rádio são apontadas pelos autores da cartilha *Viva a vida no rádio: dicas para comunicadores*, da União Cristã Brasileira de Comunicação Social (UCBC), muito utilizada na formação de radialistas no interior do Brasil pela Pastoral da Criança. Para eles, a palavra no rádio deve ser:

b) Simples
Em rádio, deve-se usar palavras fáceis. Não complique. Lembre-se que você tem que ser um artista da cultura oral. Sempre utilize a palavra concreta. Não abuse de palavras técnicas, abstratas, estrangeiras, pouco usuais.

c) Direta

Dizer as coisas sem rodeios, evitando abusar de comparações difíceis e a construção de frases rebuscadas. A maneira mais recomendável é escrever como se fala, colocando **sujeito + verbo + complemento**. Quando escrever para o rádio, primeiro escreva, depois leia em voz alta e, então, sinta se soa como linguagem oral.

d) Precisa

É preciso usar frases curtas para evitar monotonia. Uma frase curta tem menos de quinze palavras. Além disso, é bom usar palavras de poucas sílabas.

e) Amiga

A conversa radiofônica é íntima, se fala ao ouvido das pessoas. Não faça discurso. Converse com o ouvinte, falando sempre para uma pessoa, no singular. Nunca imagine falar para uma multidão, mesmo supondo que sejam muitos os seus ouvintes. Use sempre o **você** e não o **vocês**. Coloque do seu lado, imaginariamente, um amigo seu; olhe no seu rosto, descubra as suas inquietações. Fale diretamente com ele, não com a linguagem impessoal, mas com o jeito do coração. (Anunciação et al., 2002, p. 19, grifo do original)

Walter Alves (2005) chama a atenção para quatro aspectos que considera como regras básicas da profissão de radialista e que devem ser levados em conta no processo de produção de um programa de rádio. A proposição de Alves (2005) pode ser adaptada para pensarmos a questão da linguagem radiofônica. O autor utiliza a sigla Incra para sintetizar tais aspectos. Não se trata do órgão federal brasileiro destinado a promover a reforma agrária, embora possamos também usar a semelhança entre "democratizar o uso da terra" e "democratizar a palavra", fator fortemente presente no Incra proposto pelo autor. Vejamos os quatro aspectos propostos por Alves (2005):

1. **Inteligibilidade** – A informação transmitida no rádio deve ser compreensível, o que exige equilíbrio na formulação das ideias, por meio do uso de conceitos simples que possam ser compreendidos pela audiência – a qual, é importante lembrar, é bastante heterogênea. Equipamentos de gravação e de transmissão devem ter boa qualidade para não atrapalhar o entendimento da mensagem e a voz dos locutores deve ser o mais natural possível, sem imposições ou afetações.

2. **Correção** – A precisão na informação a ser transmitida é fundamental para a credibilidade do programa e da emissora, especialmente em tempos de veiculações excessivas de notícias falsas. Aliás, usar o rádio para esclarecer cada uma das *fake news* que ganham enorme espaço nas redes sociais é uma forma de mostrar o papel do veículo e seu compromisso com a verdade e a correção.

3. **Relevância** – "Uma informação é relevante quando consegue que o ouvinte se sinta como se fosse um ator dos fatos descritos. É necessário pescá-lo, conquistá-lo com coisas que sejam do seu interesse" (Alves, 2005, p. 308).

4. **Atratividade** – A atratividade é alcançada com apresentação ágil e formatos e recursos sonoros variados, usando-se de forma equilibrada uma multiplicidade de vozes, músicas e efeitos.

Perguntas & respostas

Por que no rádio o comunicador deve estar atento à linguagem que vai usar?

Porque tanto no rádio quanto na vida é importante usar a linguagem mais simples para ser compreendido pelo maior número de pessoas. O rádio não é espaço de erudição, mas de simplicidade. Se o objetivo é promover o diálogo com os ouvintes, deve-se usar uma linguagem clara e coloquial.

∴ A música

Além da palavra, o rádio também usa a música e outros sons na busca por transformar em imagem mental tudo o que as pessoas ouvem. Ou seja, é preciso levar o ouvinte a "ver" com o ouvido, a criar imagens mentais e a imaginar. "Na produção dessas imagens a música e os sons são dois preciosos e poderosos aliados. Os sons permitem que o ouvinte veja com sua imaginação o que desejamos descrever; e a música permite que ele sinta as emoções que queremos comunicar-lhe" (Anunciação et al., 2002, p. 19-20).

Segundo Balsebre (2005, p. 332), "a percepção das formas musicais produz uma multiplicidade de sensações e contribui para a criação de imagens auditivas". Para o autor, a música tem duas funções estéticas básicas: "**expressiva**, quando o movimento festivo da música cria 'clima' emocional e cria uma 'atmosfera' sonora; e **descritiva**, quando o movimento espacial que denota a música descreve uma paisagem, a cena de ação de um relato" (Balsebre, 2005, p. 333, grifo nosso).

A música na produção radiofônica tem as seguintes funções semânticas:

- **Tema** – É a música ou a trilha de curta duração que identifica um programa. Normalmente, é utilizada como vinhetas de abertura e de encerramento do programa e no início e no final de cada bloco. É comum ser acompanhada de uma narração com o nome do programa e também ser associada a um *slogan*, de modo a facilitar a memorização pelo ouvinte. "Logo que o ouvinte escutar as primeiras notas daquela **música**, se prepara para escutar com maior atenção o que segue. Por esta razão, a música tema tem que ser fixa" (Anunciação et al., 2002, p. 20, grifo do original). Em programas noticiosos, por exemplo, é comum haver uma trilha própria usada no início para apresentar as principais manchetes da edição. Algumas rádios têm ainda uma música tema que costuma ser tocada ao longo de toda a programação, chamada de *identificação da emissora*. Nesse caso, ela tem duração mais longa e vem acompanhada de uma narração com o nome e a frequência da estação, além de elementos marcantes de programas que ela apresenta.
- **Cortina musical ou vinheta** – É um espaço musical utilizado para separar quadros ou blocos internos de um programa.

Trata-se de uma produção de curta duração, normalmente de três a seis segundos, com som instrumental, às vezes trechos de uma música. Nos programas noticiosos, é comum usar a cortina ou a **vinheta** como BG[2] enquanto o locutor apresenta as notícias, assim como para dividir os temas internos do programa, como: agenda cultural, política, economia, esportes, entrevista, **participação do ouvinte, participação de comentaristas fixos,** entre outros.

- **Ambientação** – É a música utilizada para criar um "clima" adequado ao tema que está sendo tratado, reforçando algo que se quer destacar. "De acordo com a cena, a música pode ser alegre, agressiva, trágica, entre outras. A música ambiental ajuda o ouvinte a enxergar a cena" (Anunciação et al., 2002, p. 20).
- **Fundo musical** – Mais conhecida simplesmente como *BG*, "é a música que se escuta em segundo ou terceiro plano, como fundo das palavras. [...] é utilizado para ressaltar a emoção numa cena romântica, na leitura de textos informativos e na poesia" (Anunciação et al., 2002, p. 20).

Trabalhamos, aqui, a questão da musicalidade como um conjunto de sonoridades que possibilitam múltiplas sensações e contribuem para a criação de imagens auditivas, as quais, por sua vez, induzem imagens mentais.

---

2   Abreviação do termo inglês *background*, que significa "fundo".

∴ Os efeitos sonoros

Os efeitos sonoros são aqueles sons que cumprem várias funções na narrativa radiofônica, desde pontuar sensações e emoções e despertar a atenção até colaborar na ambientação de uma cena, um tema ou uma opinião. "Os efeitos sonoros consistem em descrever os ambientes, pintar a paisagem, incluir a cenografia do conto, fazer ver com o terceiro olho, o olho do espírito. Os efeitos sonoros vão direto à imaginação do ouvinte" (Vigil, 2000, p. 61, tradução nossa).

Já Balsebre (2005, p. 333) entende que "os efeitos sonoros representam a realidade referencial objetiva no rádio", para além da mera ambientação.

> O sentido conotativo do efeito sonoro será dado pela justaposição ou superposição deste com a palavra ou a música. É neste conjunto harmônico dos distintos sistemas expressivos da linguagem radiofônica que se constrói a especificidade significativa do meio. Por exemplo, o efeito sonoro da chuva pode tanto informar a condição do tempo, como estimular, pela associação de ideias, que o ouvinte construa uma imagem de um ambiente subjetivo intimista, solitário. Esta associação convencional se baseia na afetividade suscitada pelo som da chuva nas pessoas com base em arquétipos universais. Assim o efeito sonoro transmite, neste exemplo, um movimento afetivo e tem, então, uma função expressiva. (Balsebre, 2005, p. 334-335)

O sistema semiótico dos efeitos sonoros pode ser caracterizado, segundo Balsebre (2000, p. 125, tradução nossa), como sendo de quatro tipos, que "combinam os aspectos denotativos e conotativos":

1. **Ambientador ou descritivo** – Sons desse tipo dão a sensação de presença em um lugar e fazem parecer a cena perfeitamente localizada na realidade. São exemplos o barulho de rio e de pássaros, que nos transportam ao campo, de carros em uma cidade e de crianças em um recreio de escola, entre outros.

2. **Principal ou expressivo** – Trata-se de quando o som é personagem, isto é, ele sugere uma imagem que fala por si só, sem necessidade de outro tipo de apoio, como os barulhos de martelo sendo usado, de porta se abrindo ou do tique-taque de um relógio.

3. **Narrativo ou complementário** – É o efeito de som que ajuda a contar a história e a complementa, em momentos de transição temporal, conclusão de mensagem oral ou, ainda, na mudança de época, como o som de harpa, piano, entre outros instrumentos musicais, transportando-nos de uma data a outra, seja no passado, seja no futuro.

4. **Circunstancial ou incidental** – É aquele que reforça uma ação ou, ainda, potencializa a ação e/ou o lugar da cena, definido por sons incidentais, ruídos e até o silêncio, que possibilitam ao público "ver" o que ouve. Aqui entra, por exemplo, os sons inerentes aos personagens – respiração, batida cardíaca, riso e choro, ou seja, aqueles sons pronunciados sem texto.

O uso dos efeitos sonoros no rádio contribui para que a linguagem radiofônica seja ainda mais envolvente. Vale sempre explorar mais, experimentar novas possibilidades e avaliar os resultados obtidos.

∴ O silêncio

Pode parecer estranho, mas o silêncio é essencial na linguagem radiofônica. Ele deve ser usado no rádio como fazemos no dia a dia. Nós não emendamos uma fala na outra o tempo todo. Quando dialogamos com alguém, criamos, sem darmo-nos conta, silêncios importantes no processo de interação, especialmente quando provocados por uma espécie de pergunta e reflexão: "Você confia tanto assim nele? (pausa) Ora, essa não foi a primeira vez que ele [...]". Essa ligeira pausa permite ao ouvinte pensar, posicionar-se e interagir com a narrativa. O silêncio no rádio funciona, portanto, como "um elemento distanciador que proporciona a reflexão e contribui para o ouvinte adotar uma atitude ativa em sua interpretação da mensagem" (Balsebre, 2005, p. 334).

Por isso, quando falamos no rádio ou quando fazemos um comentário, por exemplo, precisamos estar atentos aos sons do silêncio.

> No ritmo da leitura e sua correta entonação, o silêncio marca um momento precioso. É quando o leitor radiofônico deve respirar. Além disso, ele é um descanso ao ouvido do ouvinte. Se o silêncio é bem localizado, ajuda a criar um clima de suspense,

emoção, expectativa e até de angústia. (Anunciação et al., 2002, p. 20-21)

Para Anunciação et al. (2002), existem dois tipos de silêncio no rádio: 1) o **absoluto** e 2) o **relativo**. O primeiro é definido pela ausência de som de curta duração. "Não se pode confundir o silêncio absoluto com o vazio radiofônico ou 'buraco'. O vazio é um espaço em branco, que se produz por uma interrupção na emissão. Ele acontece, em geral, por falha técnica" (Anunciação et al., 2002, p. 21). Já o segundo "é aquele que ilustra efeitos ou estados de ansiedade, por exemplo: soluço, ronco, suspiro, respiração. Há um silêncio de palavras, mas este não é absoluto, já que estamos escutando a ambientação da cena" (Anunciação et al., 2002, p. 21).

2.4
Estrutura narrativa no rádio

Independentemente do conteúdo, a estrutura de uma notícia, reportagem ou entrevista e de um comentário ou de outro produto jornalístico radiofônico deve provocar, de imediato, a empatia do ouvinte. Afinal, é assim que operam os diálogos que mantemos no dia a dia. Sem darmo-nos conta, estamos o tempo todo estimulando a atenção do outro quando queremos entabular, com ele, um diálogo, desde uma pergunta de nosso interesse ("E daí, tudo bem?" ou "Sabe quem encontrei ontem?"), passando por uma exclamação que lhe dê expectativa ("Você nem sabe o que me aconteceu, fulano!") e por uma afirmação que crie algum impacto nele e desperte seu interesse ("Cara, *tô* quebrado; trabalhei feito uma mula nesta semana!"

ou "Cicrano, mais uma decisão do governo *pra* nos ferrar!"), até uma pergunta que demonstre nosso interesse ou nossa empatia para com ele ("Que cara é essa, fulano?" ou "Como foi seu fim de semana?"); e assim por diante.

Como o rádio é o restabelecimento do contato pessoal e do diálogo – é uma conversa entre "dois amigos"' –, essa mesma dinâmica deve ser seguida para despertar o interesse do ouvinte, fazendo com que ele fique ligado e se sinta contemplado pela informação transmitida. Logo, é possível provocar a empatia do ouvinte com uma boa pergunta, uma afirmação curiosa ou alguma informação referente ao fato narrado para que chame sua atenção e crie com ele uma forma de relação.

Outro método muito utilizado no jornalismo é o que chamamos de *humanização da matéria*, isto é, ter personagens que vivenciaram ou vivenciam o tema retratado e que tenham uma boa história de vida. Afinal, se há uma coisa que é infalível na vida da imensa maioria de nós é gostar de saber da vida dos outros. O outro é sempre nosso parâmetro, para o bem e para o mal. Sem o outro, é como se não existíssemos.

Um bom exercício para entender essa proposta narrativa é compreender a lógica da piada. O que um bom contador de piada faz, ao começar sua narração, é provocar seus ouvintes criando uma situação inusitada ou adiantando a conclusão da história, sem, no entanto, revelar seu desfecho, o que só vai ocorrer no final, sempre na última frase, normalmente na última palavra.

É a mesma lógica da narrativa da imensa maioria dos filmes, das novelas ou dos livros de ficção. Tudo começa com um conflito, com algo que interrompe a normalidade da vida, criando uma situação de tensão, de expectativa, de dúvida, de curiosidade e de busca por compreender o que realmente aconteceu.

Na realidade, a piada – assim como os filmes, as novelas e as demais formas de dramatização – vale-se, invariavelmente, de uma estrutura milenar de contação de histórias conhecida como *narrativa em três atos*, exaustivamente utilizada no mundo cinematográfico.

Para Field (2001), um filme é uma história, e, por isso, sua estrutura narrativa deve ter sempre um início, um meio e um fim bem definidos. Para o autor de *Manual do roteiro* (Field, 2001), as partes que compõem o todo – a história – consistem em início (ato I: apresentação), meio (ato II: confrontação) e fim (ato III: resolução). A história tem, portanto, três atos e cada separação entre eles é chamada *de ponto de virada* (*plot point*), que é "um incidente, ou evento, que 'engancha' na ação e a reverte noutra direção. **Ele move a história adiante**" (Field, 2001, p. 101, grifo nosso).

Contudo, fazer rádio é diferente de fazer cinema, televisão ou audiovisual. Sim, é diferente, mas o que não se altera é a estrutura narrativa de uma boa história. Mas o que tem a ver jornalismo, ou melhor, radiojornalismo, com história? Quase tudo. Quando narramos um fato, estamos contando uma história, por mais estranho que isso possa parecer. Afinal, algo ocorreu, ocorre ou ocorrerá. Aliás, a conversa, o diálogo que estabelecemos com o outro, é uma forma de contar histórias.

No rádio, é isso que ocorre. Ouça um bom comentário feito no rádio e veja como ele se estrutura. Tomemos como exemplo o **comentário econômico feito por Mauro Halfeld, na rede CBN**[3] de

---

3   Sigla de *Central Brasileira de Notícias*.

rádio. Ele sempre começa com uma dúvida que lhe foi enviada por um ouvinte, o qual, após narrar a própria situação, pergunta: O que devo fazer? Eis aí o **ato I**, que se encerra com o primeiro ponto de virada. Em seguida, começa o **ato II**, com o comentarista detalhando o contexto atual, problematizando a economia brasileira com foco no tema específico do ouvinte – é o desenrolar da história, do conflito, daquilo que causa dúvida ao ouvinte. Por fim, ocorre o segundo ponto de virada, com a costumeira frase do comentarista: "O que eu faria!?". Inicia-se, então, o **ato III**, com as respostas e sugestões de ação, isto é, o desfecho da história.

Se observarmos uma boa reportagem, a estrutura narrativa também será mais ou menos a mesma. Começa-se falando sobre o que aconteceu, está acontecendo ou vai acontecer, ou, então, com a história de um bom personagem, que vive ou viveu determinada situação.

Vejamos agora o exemplo de uma pessoa que comprou um imóvel para morar e não consegue mais pagar a prestação por estar desempregada. Está dado o ato I, com a apresentação de um personagem e seu enorme problema. Aliás, um problema que gera, naturalmente, uma enorme empatia em grande parte dos ouvintes. Em seguida, o jornalista vai ter de detalhar a situação do personagem, mostrar o impasse do desemprego no país do qual ele é vítima, as dificuldades de honrar as contas, o lado do banco financiador, além de ouvir um advogado para dizer os direitos e os deveres do personagem, entre outras ações: eis o ato II. E, por fim, define-se o que fez ou o que fará o personagem, quais suas alternativas, ou seja, o desfecho da história, o ato III. Temos aí uma história que gera empatia e emoção e oferece reflexões sobre os direitos e os deveres que temos ao financiar um imóvel, além dos dramas que o desemprego gera na sociedade.

Resguardada a especificidade de cada formato radiofônico, a estrutura narrativa em três atos é sempre recomendada, especialmente para quem está iniciando na profissão. Depois, com a experiência, o tempo e a criatividade, cada profissional define seu jeito próprio de despertar a empatia de seu ouvinte para que ele se interesse por refletir sobre tais fatos e compreender seu papel na sociedade.

Mais adiante, nesta obra, trataremos especificamente de cada formato jornalístico no rádio e as estruturas narrativas recomendadas em cada um deles, como é o caso da pirâmide invertida, usada na produção de um texto ou de uma reportagem. Serão sempre dicas, jamais receitas prontas, afinal, em se tratando de comunicação, tudo está em permanente construção. Nunca é demais recordar: um bom profissional de rádio nunca está pronto – ele deve aprender a cada novo desafio que surge em seu caminho.

Perguntas & respostas

Qual é a melhor estrutura narrativa a ser usada no rádio?

Quando alguém narra um fato no rádio, está contando uma história, por isso recomenda-se que se siga a estrutura narrativa clássica em três atos. O ato I é referente ao início, à apresentação do fato. O ato II, o meio, referente ao detalhamento do fato. E o ato III, é o momento de se apresentar a solução, ou seja, o desfecho do fato.

2.5
A montagem radiofônica

No cinema, diz-se que a montagem é a história, e toda história deve ter, de maneira muito clara, um começo, um meio e um fim. De modo semelhante, a montagem no rádio deve dar conta de refletir essa narrativa da forma como ela foi concebida, da maneira mais fiel à realidade e de modo a envolver o ouvinte e tocar sua mente, sua pele e seu coração.

A maior parte do material necessário para contar os fatos jornalísticos no rádio são conseguidos por meio do esforço profissional para garimpar e apurar as informações, levantar os dados, os históricos e as histórias de vida, contextualizar os fatos, entrevistar pessoas, entre outras atividades. No entanto, muitos outros elementos importantes da comunicação radiofônica podem ser incluídos depois: sons, trilhas e efeitos sonoros, por exemplo, quando necessários, são providenciados quase sempre após o trabalho de campo.

Mas há ainda outro elemento essencial da linguagem radiofônica que é agregado depois que todos os dados e todas as sonoras[4] necessários são obtidos: produzir um texto que dê conta de informar adequadamente o ouvinte, ou seja, montar uma história que corresponda ao que se propõe comunicar. E saber montar uma história, um comentário, uma reportagem ou mesmo a mais simples notícia não é algo tão simples – exige profissionalismo.

---

4   *Sonoras* são entrevistas gravadas com as fontes consultadas na elaboração da reportagem ou de outros formatos radiofônicos, ou seja, outras vozes que não sejam a do repórter.

A forma como a história é montada, como é estruturada uma informação, vai definir se ela será bem aceita ou não. Afinal, a ordem como um fato é contado indica como ele será recebido. Por isso, ter a sensibilidade para saber como construir uma narrativa que una palavras (do jornalista e dos entrevistados) a toda a sonorização é uma arte que compete especialmente ao editor. Como veremos mais adiante, esse trabalho pode ser feito por outro profissional da emissora, mas, nos últimos anos, ele tem sido feito quase sempre pelo próprio repórter.

Além da organização interna da narrativa, outra preocupação no momento da edição deve ser com os conteúdos que foram gravados. Afinal, editar é cortar, selecionar e descartar, ou seja, estabelecer uma ordem de prioridade pessoal do que foi coletado nas sonoras. E o conteúdo escolhido de um entrevistado em relação ao que foi selecionado de outro também faz toda a diferença para o ouvinte.

Para entender melhor o que acabamos de tratar, vejamos como as falas de familiares enlutados em uma tragédia vão ter mais ou menos impacto de acordo com a montagem feita pelo repórter e/ou pelo editor.

Exemplificando

Imaginemos duas tragédias perfeitamente evitáveis ocorridas no início de 2019: o incêndio do alojamento do Flamengo, no Rio de Janeiro, e o rompimento da barragem de Brumadinho, em Minas Gerais (MG). Nesse caso, há quatro cenários possíveis de transmitir a notícia ao ouvinte:

1. Se o depoimento de um personagem sobre a morte de um familiar ter interrompido um sonho de família for veiculado após uma sonora fria de um representante da empresa responsável, ela terá um peso para o ouvinte.
2. Se esse depoimento for divulgado antes da fala do mesmo representante dizendo-se condoído com a situação, terá outro peso.
3. Se ele vier logo após o discurso de um repórter apenas apresentando o personagem, terá ainda outro valor.
4. Contudo, se o depoimento vier após uma narração desse repórter, tratando das perdas irreparáveis para as famílias, que dinheiro nenhum consegue repor, porque, mais do que a perda de alguém querido, há a perda do próprio sentido de viver de quem ficou, e, já no finalzinho dessa narração, começar a entrar uma sonorização que faça os ouvintes sentirem essa dor, preparando-os para o que vem logo a seguir, haverá então um peso à altura da dor de quem ficou, digamos, à deriva da própria vida, em contraponto aos representantes das empresas que, nesses casos, falavam mais de ações que não fizeram e das que passariam a fazer. Em outras palavras, falavam das empresas, e não da vida das pessoas envolvidas na tragédia. Alguém poderá argumentar que isso seria uma apelação sentimental. Ora, seria dar à vida o que é da vida e dar ao fato o que o fato realmente provocou.

Das muitas possibilidades disponíveis, trouxemos aqui quatro montagens distintas para um mesmo fato, mas poderíamos trazer outras tantas possíveis, afinal, com o conhecimento acumulado que temos hoje, podemos contar os fatos no rádio em toda a sua complexidade. E com as tecnologias de que dispomos para fazer rádio, podemos operar verdadeiros milagres narrativos, fazer, literalmente, o sertão virar mar[5].

Hoje, as disponibilidades para fazer um rádio envolvente, criativo e comprometido com a sociedade são muitas; o que não pode faltar é vontade do profissional e criatividade para produzir conteúdos com emoção, com a dimensão que a linguagem oral exige e merece.

Diante da possibilidade tecnológica de fazer cortes e edições no material sonoro e ainda inserir outros sons que não estavam presentes na gravação original, Balsebre (2005, p. 334) destaca a montagem radiofônica como uma dimensão importante quando se trata de produção de conteúdos sonoros. "A montagem radiofônica cria um conceito de real: a realidade radiofônica. E as características da percepção radiofônica farão com que esta realidade radiofônica seja 'mais real' que o 'real'".

Agora que aprendemos que palavra, música, efeitos sonoros, silêncio e montagem são fundamentais na elaboração de uma mensagem sonora, podemos concluir que o segredo para fazer rádio, portanto, é não pensar apenas no texto, mas no contexto desse texto, ou seja, tudo o que acontece se dá em um lugar determinado, em um ambiente específico e com carga emocional característica.

Portanto, é preciso pensar em qual é ou quais são os sons desse lugar, desse ambiente, e, ainda mais, qual é o sentimento que se

---

5   Conforme a música *Sobradinho*, de Sá e Guarabyra (1977).

quer despertar no público ao "transportá-lo" para esse cenário. A sonoplastia, portanto, cria essa atmosfera sentimental enquanto o texto é contado, juntando a informação do texto (conteúdo) com a emoção dos sons (forma). A sonoplastia é hoje o *design* sonoro, uma grafia feita de sons para transmitir uma mensagem ao ouvinte.

Ao editar-se um produto radiofônico, portanto, é preciso pensar nestes cinco enunciados – palavra, música, efeitos sonoros, silêncio e montagem – e se perguntar o tempo todo, em cada momento da história, em cada sonora e em cada fala, se todos eles estão presentes ou se os ausentes fazem falta para tornar mais completa a história contada, deixando-a mais envolvente e sedutora.

Nunca é demais alertar o profissional sobre o cuidado de não transformar o produto sonoro em uma pirotecnia de sons que, mais do que ajudar, atrapalha a própria história, o produto radiofônico que está sendo produzido. Para isso, exige-se do editor muita sensibilidade, muita atenção à história e um envolvimento completo com a narrativa, mais do que atuar como um simples operador de *software*.

Para saber mais

PORTCOM – Portal de Livre Acesso à Produção em Ciências da Comunicação. Disponível em: <http://www.portcom.intercom.org.br/>. Acesso em: 17 mar. 2020.

Recomendamos o portal de livre acesso à produção em ciências da comunicação. Trata-se de um repositório institucional que abriga a produção científica e o registro dos eventos promovidos pela Sociedade Brasileira de Estudos Interdisciplinares da Comunicação (Intercom).

Síntese

Neste capítulo, apresentamos um material conceitual sobre aspectos que envolvem a linguagem e a postura do comunicador no rádio. Para atuar nesse veículo, destacamos a necessidade de conhecimento, sensibilidade e empatia para além do domínio técnico.

Dessa maneira, o texto apresentado é um ponto de partida, uma espécie de guia que poderá orientar comunicadores do rádio em seus percursos profissionais, independentemente de sua atuação ser em uma emissora comercial, educativa ou *web* rádio.

Questões para revisão

1. Quais elementos compõem a linguagem radiofônica?
2. O que é necessário para apresentar os fatos jornalísticos no rádio?
3. Sobre a palavra na linguagem radiofônica, analise as afirmativas a seguir e marque V para verdadeiras e F para as falsas.
    - ( ) Deve-se usar palavras complexas no rádio como forma de aumentar o vocabulário do ouvinte.
    - ( ) Deve-se colocar poucas ideias em um só parágrafo e evitar uso de palavras que sejam difíceis para o ouvinte entender.
    - ( ) No rádio, fala-se para muitas pessoas ao mesmo tempo; assim, o ideal é aproveitar para fazer discursos.
    - ( ) Ao produzir conteúdos para o rádio, é preciso levar em consideração aspectos como inteligibilidade, correção, relevância e atratividade.

( ) Recomenda-se usar o dicionário para escolher palavras difíceis e provar que o comunicador é muito instruído.

Assinale a alternativa que apresenta a sequência correta:

a) F, V, V, F, V.
b) F, V, F, V, F.
c) V, F, F, V, V.
d) V, V, F, V, F.
e) F, F, V, V, V.

4. Analise as afirmativas a seguir e assinale a alternativa incorreta:
   a) O silêncio é um elemento da linguagem radiofônica.
   b) O silêncio no rádio pode ser de dois tipos: absoluto e relativo.
   c) O silêncio absoluto não tem significação negativa, de vazio, de interrupção.
   d) O silêncio absoluto também pode ser entendido como vazio radiofônico ou "buraco".
   e) O silêncio deve ser usado no rádio.

5. Analise as afirmativas a seguir e assinale a opção correta:
   a) Os efeitos sonoros necessitam de palavras para adquirir valor emocional.
   b) Os efeitos sonoros podem ser caracterizados como ambientadores ou descritivos.
   c) O sistema semiótico dos efeitos sonoros combina aspectos denotativos e conotativos.
   d) O efeito principal é o som que ajuda a contar a história.
   e) O efeito sonoro incidental não é relevante e, por isso, não deve ser considerado na produção sonora.

Questões para reflexão

1. Qual é a importância de se conhecer os estágios vividos pela humanidade (logosfera, grafosfera, midiosfera e ciberesfera) para quem atua em rádio e, de maneira especial, para quem faz o trabalho de edição?

2. O que significa afirmar que o rádio é um lugar do encontro que une locutor e ouvintes por meio da conversa que se projeta do estúdio para a rua e para os lares e de lá para o estúdio, estabelecendo uma interação social dialógica?

3. Quais são as principais características da linguagem radiofônica que um jornalista precisa levar em conta no momento de fazer uma produção para o rádio, de forma a cumprir com sua missão de bem informar e, ao mesmo tempo, despertar o interesse do ouvinte?

4. Reflita sobre um fato que esteja ocorrendo hoje e imagine como você o contaria por meio da estrutura narrativa em três atos.

5. Na velocidade com que se tem de produzir informação para o rádio, como garantir que o esforço profissional de selecionar os fatos mais importantes, apurar as informações necessárias, levantar os dados, os históricos e os personagens envolvidos, entrevistar as pessoas pertinentes e editar e produzir uma narrativa adequada e contextualizada ocorra rigorosamente em respeito à ética jornalística?

Capítulo
03

Linha editorial e programação radiofônica

Elson Faxina

Conteúdos do capítulo:

- A segmentação no rádio.
- A linha editorial.
- A programação radiofônica.
- Os formatos jornalísticos
- A pesquisa de opinião.

Após o estudo deste capítulo, você será capaz de:

1. reconhecer os formatos jornalísticos mais importantes para o rádio;
2. compreender a importância da segmentação no rádio;
3. identificar linha ou política editorial de uma estação de rádio.

Neste capítulo, trataremos da programação radiofônica, começando pela definição do público-alvo por meio da segmentação e da política editorial da emissora. Em seguida, abordaremos a programação radiofônica em si, definida com base em um conjunto de gêneros e de formatos radiofônicos.

Também analisaremos os formatos jornalísticos mais usados na radiodifusão brasileira, dando algumas dicas que consideramos básicas e importantes para quem tem a função de editar materiais jornalísticos. Esse conhecimento é importante para que o editor tenha claro a dimensão de seu trabalho e as opções de que dispõe para contribuir na construção de uma programação e de programas atraentes, que envolvam e conquistem a audiência.

Desejamos, com isso, fornecer ao editor de rádio a dimensão de seu ofício e encorajá-lo no trabalho de produzir rádio com foco na informação, sem esquecer que o veículo deve ocupar a posição de amigo do ouvinte, envolvendo-o, fazendo-o participar e emocionar-se, além de despertar empatia e capacidade crítica para atuar na sociedade.

3.1
Segmentação no rádio

A segmentação faz parte do processo de evolução do rádio e, hoje, é uma das bases para sua sobrevivência. Na realidade, trata-se de um fenômeno que começou nos anos 1970, com o surgimento das emissoras de frequência modulada (FM), e ganhou grande destaque a partir dos anos 2000. Mas, o que é mesmo *segmentação no rádio*? Em síntese, é a definição do público preferencial da emissora e, em consequência, do estilo de programação voltada a satisfazer essa população.

Diferentemente de muitos países, no Brasil existe uma gama enorme de emissoras com uma programação definida como mais popular, o que as torna cada vez mais parecidas, com programações idênticas, oferecendo uma verdadeira salada musical. Soma-se a isso um conteúdo rotineiro, igualmente parecido: horóscopo, fofocas, receitas, resumos de novelas, conselhos sentimentais, entre outros.

Claro que essas emissoras, mais populares e em maior número, têm sua audiência, digamos, garantida. No entanto, esse "mais do mesmo", ou seja, o fato de muitas rádios produzirem conteúdos semelhantes, acaba por fazer com que muitas delas dividam a mesma audiência, deixando de lado um grande público que não se identifica com esse estilo de programação e, por isso, vai para a internet em busca de algo um pouco (ou muito) diferente.

Essa é a importância de termos um conjunto de emissoras mais abrangente, que alcance a maior parte do público de rádio potencial. Foi assim que surgiram, nas duas últimas décadas, pelo menos duas redes de rádios com foco exclusivo em notícias: a Central Brasileira de Notícias (CBN) e a BandNews FM. A primeira está vinculada ao Grupo Globo; a segunda, à Rede Bandeirantes de Comunicação.

Embora estejam dentro de um mesmo segmento, disputando um mesmo público, ambas buscam segmentar sua programação em busca de um público ainda mais específico. E fazem isso de diferentes modos: na edição das reportagens, emendando narração com sonoras (CBN) ou separando-as com trilha característica da emissora (BandNews); na apresentação dos boletins, com trilhas de tons e ritmos específicos; no ritmo das entrevistas e dos comentários; nos tipos de quadros distribuídos ao longo da programação; na postura dos âncoras, entre outras inovações. Essas são apenas algumas delas.

Fato é que, cada vez mais, as emissoras estão procurando segmentar-se em busca de novos públicos, com base na construção de uma identidade própria, que fidelize os ouvintes conquistados.

> A identidade de uma emissora precisa ser uma combinação de tudo que a rádio representa para os seus ouvintes, sintetizada em um ou dois elementos altamente identificáveis. Uma identidade é a única coisa que, quando as pessoas veem, ouvem ou pensam no nome da emissora, proporciona essencialmente uma imagem instantânea da própria rádio. A identidade da emissora pode ser obtida principalmente por meio do que é oferecido aos ouvintes em termos de programação. (Warren, 2005, p. 97, citado por Ferraretto, 2014, p. 41)

A segmentação, portanto, determina um perfil, uma identidade um tipo de rádio que será colocado no ar. Essa definição interfere em todo o corpo da emissora, a começar por seu faturamento, em caso de ser privada. É baseado em seu segmento que o Departamento Comercial mapeará os potenciais patrocinadores para seu público, resultando disso, muitas vezes, o desenvolvimento de projetos diferenciados para a própria programação da emissora.

Para Ferraretto (2014, p. 48-49, grifo do original), vários critérios são utilizados para definir o corte na audiência total feito por uma emissora em busca de seu público-alvo específico:

Em centros de grande e médio porte, levam-se em consideração, de modo genérico, (1) **aspectos geográficos**, (2) **demográficos** e (3) **socioeconômicos**, ou seja, particularidades em relação aos seus ouvintes em potencial como idade, sexo, local de domicílio, classe de renda, instrução, ocupação, *status*, mobilidade social... A esses fatores, somam-se possibilidades oferecidas por outras opções de segmentação citadas por Riches (1991, p. 19-21), que se baseiam em dados mais específicos do público-alvo e, necessariamente, devem ser coletados com base em pesquisas.

Seja qual for, a segmentação traz para o jornalismo uma seleção quase natural dos temas que valem uma reportagem, uma entrevista curta ou mais longa e assim por diante. Afinal, antes de a emissora definir o que será noticiado, ela deve pensar, obrigatoriamente, em seu público. É para ele que será dirigida a produção jornalística.

Perguntas & respostas

O que é segmentação no rádio?

Trata-se da definição do público preferencial de uma emissora e, como consequência, do estilo de programação voltada a satisfazê-lo. É um fenômeno que começou nos anos 1970, com o surgimento das rádios FM, e tornou-se quase uma obrigatoriedade a partir dos anos 2000, especialmente em cidades nas quais existem várias emissoras.

3.2
Linha ou política editorial

Assim como ocorre com a definição de seu público, é em decorrência da segmentação que uma emissora determina sua linha ou política editorial, bem mais atinente à produção jornalística própria, realizada pela direção. É por meio dela que a diretoria da rádio define a política, a lógica pela qual a empresa jornalística enxerga o mundo, conforme argumenta Pena (2005), para quem a linha editorial de uma rádio explicita os valores que influenciam decisivamente a construção de sua mensagem.

É na linha editorial que se definem as orientações gerais para a programação de uma emissora, de maneira especial nas áreas musical, informativa e comercial. Para o jornalismo, ela deve descrever de forma bem clara, por exemplo, o que merece e o que não merece ser noticiado, qual é a hierarquia de divulgação dos fatos, como o texto deve ser redigido, quais termos podem e quais não podem ser usados, entre outras diretrizes. Algo muito comum, e até já internalizado por muitos jornalistas, é usar, quando se trata de uma ação do Movimento dos Agricultores Rurais Sem Terra (MST), o verbo "invadir", e não "ocupar" as terras. O uso de um termo e não de outro dá, claramente, um significado diferente para a ação. A rigor, mesmo que indiretamente, a linha editorial orienta quais temas devem ser noticiados, quais podem e quais não podem ser veiculados, assim como quais merecem maior espaço e quais têm espaço mínimo; quais fontes devem ser ouvidas e quais não podem ser ouvidas e, se forem, apenas quando abordarem certas coisas. Isso ocorre porque a política editorial:

Constitui-se em um conjunto de parâmetros de trabalho norteadores da atividade da empresa de comunicação. A política editorial é definida com base:
- no posicionamento ideológico da empresa;
- na estrutura e nas possibilidades econômicas da emissora;
- em uma ideia do que o público deseja em termos de programação;
- no senso comum do que é socialmente aceito. (Ferraretto, 2014, p. 188)

Ferraretto (2014) ressalta que esses elementos devem respeitar determinações legais e parâmetros éticos próprios da radiodifusão, como os códigos de ética das instituições envolvidas, a exemplo da Federação Nacional dos Jornalistas Profissionais (Fena), da Associação Brasileira de Emissoras de Rádio e Televisão (Abert) e do Conselho Nacional de Autorregulamentação Publicitária (Conar), especialmente na legislação vigente, que trata de calúnia, difamação e injúria.

Na maioria das vezes, o peso maior é o interesse da própria emissora. A respeito, Luiz Amaral (1982, p. 137) observa que tal posicionamento se manifesta, entre outros fatores, "no valor atribuído a determinadas matérias; no silêncio em torno de acontecimentos e pessoas; e nos comentários menores". Obviamente, tais práticas vão de encontro ao desenvolvimento de uma consciência cidadã, mas são ainda correntes em um país com altas taxas de corrupção e frequentes casos de aproximação de interesses entre setores políticos e o grande capital, neste último incluindo-se alguns conglomerados de comunicação. (Ferraretto, 2014, p. 188-189)

Para Venancio (2009, p. 222), a linha editorial funciona como um **valor-notícia**, mas não "um valor-notícia dos fatos a serem abordados (ou seja, um valor-notícia de seleção), mas sim um valor-notícia da forma de realizar a pauta (ou seja, um valor-notícia de construção)".

Se, por um lado, a existência de uma linha editorial funciona como um limitador para a produção jornalística de uma emissora, por outro ela pode – e deve – estabelecer fronteiras claras e objetivas para favorecer toda a produção jornalística com base na liberdade de imprensa, em um país que a defende abertamente, como o Brasil. Para isso, um diálogo franco, em busca apenas do bem comum e do respeito aos códigos de ética que regem profissionais e diretores da emissora, pode ajudá-los a fazer ajustes necessários à política editorial, caso sejam necessários. Para isso, reiteramos, é preciso dialogar, entender as necessidades gerenciais e de sobrevivência de uma emissora e buscar, sem artifícios quixotescos, mas profundamente arraigado nos valores democráticos de liberdade de informação, o estabelecimento de acordos possíveis, que conciliem todo os interesses. Afinal, com muita sabedoria e parcimônia, é possível realizar uma produção jornalística séria, sem rompantes narcísicos, que dê à emissora maior confiabilidade e, portanto, legitimidade, o que também costuma resultar em bons faturamentos.

Nesse sentido, uma dica aos profissionais do jornalismo é que, como funcionários, ajudem a construir, junto com seus diretores, uma linha editorial para as emissoras em que trabalham que reflita os valores éticos do bom jornalismo, e não seus interesses pessoais.

O que é preciso estar explicitado, portanto, são as decisões que serão obedecidas por todos os profissionais do jornalismo que por ali passarem, mesmo após o fim de seus períodos como funcionários da emissora. É preciso trabalhar mais para construir parâmetros que devam ser levados em conta por todos, para o bem da própria sociedade.

∴ O jornalismo na linha editorial

Para ajudar no processo de construir a linha editorial de uma emissora em estreita relação com a profissão de jornalista, elencamos a seguir uma série de questões que devem estar explicitadas nessa política, especialmente na parte que tange à produção jornalística. Vale recordar aquelas questões mais comuns, como a obediência às leis em vigor no país; o respeito aos valores morais universais e culturais do país; a difusão de informação que não tenha propósito difamatório, manipulador e que respeite a honra, a dignidade e a reputação individuais e coletivas; o respeito ao devido processo legal, evitando condenações antecipadas de pessoa acusada ou ainda na condição de ré; entre outras situações.

É preciso definir na linha editorial também o que caracteriza uma informação de fato, cuidando para que ajustes de contas ou ressentimentos pessoais não interfiram na divulgação ou na omissão de notícias, além de garantir a pluralidade de fontes e os contrapontos, especialmente em situações de natureza militar, política, ideológica ou partidária que, costumeiramente, prestam-se a campanhas de manipulação e de desinformação.

Deve-se ter também muito cuidado com afirmações que induzam o pensamento do ouvinte para algo que, rigorosamente, não corresponde à verdade. Um exemplo é quando usamos a palavra *confissão* sem se tratar de uma afirmação do réu, feita por ele ou por seu defensor, que não resulte de um depoimento prestado em audiência formal do tribunal. Quando se trata de uma afirmação oriunda da polícia, da acusação ou mesmo quando foi dita à imprensa, devemos informar que tal pessoa *disse*, *relatou*, *declarou*, *explicou*, entre outros verbos de elocução. Devemos evitar a utilização de termos como *admitiu* e *reconheceu*, além dos subjetivos *diz-se* ou *sabe-se*. Os substantivos *assassino*, *ladrão* e *bandido* só podem ser usados após decisão judicial. Além de essas palavras não manterem a fidelidade aos fatos, veiculá-las após uma negligente investigação jornalística poderá render uma punição de difamação e custar caro à emissora e ao profissional envolvido.

Outro cuidado que se deve tomar é que os depoimentos da defesa e da acusação devem ter igual tratamento, tanto do ponto de vista do formato utilizado quanto da duração. Afinal, todo fato, toda história, tem sempre mais do que uma versão.

É preciso ainda primar pelo respeito à privacidade. Para isso, deve-se evitar a divulgação de fatos da vida pessoal, familiar e afetiva. A citação de hábitos sexuais, de consumo de drogas, lícitas ou não, de modos de se vestir, entre outros aspectos, costumam levar o ouvinte a um julgamento antecipado, podendo inclusive ensejar uma tentativa de indução da decisão judicial. A utilização de palavras obscenas ou de blasfêmias e insultos, ou mesmo de qualquer outro tipo de provocação à pessoa citada, poderá ser entendida da mesma maneira.

A política editorial deverá ainda orientar seus profissionais para que não se utilizem de meios ilegais para entrar em espaços particulares em busca de provas ou de fazer uso de recursos técnicos para espiar o interior de ambientes. Da mesma forma, não poderão ser gravadas conversas sem o consentimento do interlocutor, uma vez que tal procedimento é privativo das instituições de investigação mediante decisão judicial.

Outro tipo de diretriz que deve ser explicitada é que todo menor de idade, em conflito com a lei ou em condição de vulnerabilidade, não pode ser identificado. Igualmente, a cor da pele do suspeito de um crime nunca deve merecer relevância noticiosa, salvo quando fizerem parte do fato óbvias implicações raciais.

Outra determinação é que ninguém deve ser qualificado por sua origem étnica, racial e social, por sua idade, confissão religiosa e orientações sexuais ou por ser portadora de necessidades especiais físicas ou mentais. Em situações dessas naturezas, é preciso cuidar com o uso de estereótipos e preconceitos de linguagem que possam ferir a sensibilidade de pessoas que nelas se enquadrem.

Como se pode notar, essas instruções praticamente são questões já definidas legalmente que sequer necessitariam ser retomadas. Porém, uma boa linha editorial deve também reiterar esses preceitos universais tanto para orientar quem desconhece a lei quanto para proteger a própria emissora e seus profissionais. Nunca é demais lembrar que a repetição é desnecessária, mas a reiteração é primordial no processo de internalização de um conhecimento.

A imagem de uma emissora é construída ao longo de sua existência, no entanto, basta um erro para comprometê-la. Por isso, devem estar explicitadas na linha editorial da emissora as seguintes diretrizes:

- Nenhuma notícia deve ser difundida sem a devida confirmação e a absoluta confiança na fonte de origem.
- Deve-se dar o direito de anonimato a uma fonte, sempre que o fato justificá-lo e após excluída a possibilidade de ela ser falsa.
- Em caso de erro, deve ser feita uma retratação com destaque e justificativa proporcionais à informação original. Note que uma retratação bem feita aumenta a credibilidade da emissora, por passar a ideia clara de que todo o restante do que fora noticiado está correto. Além disso, evita que a estação seja obrigada, pela justiça, a fazer um desmentido, com consequências nocivas à credibilidade da rádio.

Perguntas & respostas

O que é e como se define a linha editorial de uma emissora?

A linha editorial ou política é estabelecida pela direção da emissora e refere-se à programação da rádio, em resposta à segmentação, decidida também pela direção. É por meio dela que se estabelece a política, a lógica pela qual a empresa enxerga o mundo. A linha editorial de uma rádio explicita os valores que influenciam decisivamente a construção de sua mensagem, orientando, no caso do jornalismo, por exemplo, o que vale e o que não vale ser noticiado, o modo como cada texto será redigido, quais termos podem ou não ser usados, qual a hierarquia que cada tema terá na edição final, entre outras diretrizes.

∴ Normas e condutas

A boa prática jornalística implica a observação de algumas normas e condutas recomendadas ao profissional da área. O editor, como normalmente chefia um grupo de trabalho – especialmente quando se trata de um editor-chefe –, deve estar atento a isso e cumprir um papel de orientador dos demais profissionais para a rigorosa observação dessas questões. Entre elas, destacamos:

- Evitar a tomada de posição de carácter político, com apoio declarado a uma figura ou a um agrupamento partidário, bem como em campanhas publicitárias que, por sua natureza, comprometam a imagem de isenção e de imparcialidade da emissora.
- No caso de o jornalista, no uso de seus direitos como cidadão, pertencer a uma organização política ou de outra natureza, deverá assumir publicamente essa ligação e colocar-se à disposição, no exercício da profissão, para ouvir e difundir posicionamentos contrários.
- Na situação anterior, o profissional não deve produzir matérias jornalísticas referentes aos temas relacionados à organização a que pertence nem a eventuais adversários. No entanto, ele poderá constituir-se como fonte de dados, com a vantagem de poder disponibilizar para divulgação o maior número de informações e perspectivas que garantam uma abordagem séria e imparcial.
- Evitar, sempre por meio do diálogo, que pressões ou orientações de ordem institucional, política, econômica, militar, cultural, desportiva, religiosa, sindical ou de qualquer outra natureza condicionem ou instrumentalizem seu trabalho jornalístico.

- Evitar a divulgação como material jornalístico, de forma explícita ou oculta, de informações com características publicitárias ou propagandísticas que poderão se constituir em empecilho ao trabalho jornalístico imparcial.
- Respeitar integralmente a relevância dos fatos devidamente investigados, com honestidade intelectual e defesa do interesse público.
- Tomar o devido cuidado para que seu envolvimento pessoal com o fato e a história não interfiram em sua narração, sem que isso impeça uma cuidadosa observação pessoal.
- Ter sempre em mente que o mais importante na produção jornalística é o fato, bem como as pessoas que o protagonizam, e não quem o narra. O jornalista deve ser sempre um espectador da cena, do acontecimento, e não seu ator.
- Embora seja quase impossível, pela própria condição humana, o jornalista deve sempre buscar manter uma atitude isenta, imparcial e crítica durante os processos de produção e de veiculação de determinado fato.
- Os poderes políticos e econômicos estabelecidos e as organizações sociais das mais diferentes ordens deverão ser tratados como instituições geradoras de informações, mas sem exclusividade, e nunca serem tratados de maneira preconceituosa, ressentida ou hostil.
- Usar como único critério para agendar e realizar uma matéria jornalística sua condição de serviço e indiscutível interesse público.
- Respeitar sempre o princípio do contraditório, ou seja, as partes envolvidas devem ser sempre ouvidas e confrontadas. Em

caso de uma delas recusar-se a manifestar-se ou houver outro impedimento de força maior, o fato deve ser citado na própria matéria ou em seguida a sua veiculação.

- Citar na matéria jornalística a fonte de informações utilizadas que sejam de outros órgãos ou fornecidas por agências de notícias.
- *Releases* e outras formas de dados que chegam à emissora devem ser usados como fontes, cuja matéria será investigada com vistas à obtenção de mais informações, e jamais ser levadas ao ar como se fossem produzidas pela própria redação.
- Jamais aceitar presentes, convites, viagens ou qualquer outra benesse que possa condicionar de alguma maneira a independência de informar. Caso isso seja necessário, como uma viagem para conhecer um fato ou uma experiência importante, é fundamental que isso seja citado na própria matéria.
- Em caso de brindes que chegam à redação, ainda que destinados ao editor ou a outro profissional com responsabilidade sobre uma equipe de trabalho, o melhor a fazer é um sorteio entre todos os membros da redação, a fim de não gerar, ainda que subjetivamente, um compromisso pessoal de quem o recebeu com quem o deu. Há redações, inclusive de grandes veículos de comunicação, que colocam limites de valor aos presentes que podem ser recebidos pelos jornalistas que ali trabalham.

Além dessas normas e condutas, é muito importante que cada emissora acrescente outras que considerar essenciais, de maneira especial aquelas que obedeçam às características próprias de sua linha editorial, de sua região e do perfil de seus ouvintes, para que sejam rigorosamente observadas por todos os profissionais que nela atuam.

∴ **Jornalismo declaratório**

A existência de fatos palpáveis e observáveis deve ser um critério rigoroso para que haja, de fato, um acontecimento divulgável. Nesse sentido, é preciso evitar ao máximo a prática de um jornalismo declaratório, que tem tomado conta de parte da produção jornalística brasileira contemporânea. Por isso, a declaração não deve ser tomada como valor-notícia per si; ela só será válida se houver materialidade sobre o fato ao qual ela se refira e quando for posta à prova.

Em artigo no Portal Imprensa, Paixão (2017) afirma que

> Quanto mais o jornalismo se limita a dar aspas dos lados envolvidos no fato, sem ir a campo e sem cruzar diferentes informações, para descobrir a verdade, mais ele se afasta da essência da profissão. É o que chamamos de "jornalismo declaratório", prática que vem ganhando força, seja por culpa do cenário adverso em nossas redações, com cortes sucessivos de gastos, passaralhos[1], acúmulo de funções, menos idas a campo; seja devido a interesses que estão por trás da publicação de determinado fato. Por exemplo: muitas vezes um veículo jornalístico alinhado a um grupo político (embora venda-se como "apartidário") aposta na divulgação de uma denúncia bombástica contra um partido ou político adversário, sendo que esta denúncia está baseada apenas em declarações, sem cobrar do repórter a investigação a fundo dessas aspas, antes de divulgá-las. Diz estar fazendo jornalismo investigativo, mas, de fato, não está.

---

1   Processo de dispensa em massa de funcionários em uma empresa.

Para evitar essa prática, o profissional não deve divulgar, como fato jornalístico, declarações que sejam interpretações, muitas vezes interesseiras, a respeito de eventuais acontecimentos, quando não absolutamente inexistentes, embora pareçam críveis. Convicções não são fatos jornalísticos, por mais que possam acalentar certos desejos aparentes de justiça, e não basta que sejam proferidas por uma autoridade para ganhar *status* de episódio jornalístico. Contudo, elas poderão tornar-se dignas de serem noticiadas após serem postas à prova e se subsistirem a um rigoroso processo de investigação jornalística.

Duvidar é o verbo essencial da prática jornalística ética. E isso significa duvidar de todos, autoridades ou não. No entanto, a dúvida deve levar o jornalista a investigar as informações para certificar-se de que o que foi dito tem procedência e, portanto, é um fato jornalístico. "O ceticismo é uma qualidade do jornalista. Ele deve desconfiar do que ouve e vê. Muitas vezes, a notícia não está na forma como se apresenta, mas escondida em declarações e fatos aparentemente irrelevantes" (Barbeiro; Lima, 2001, p. 42).

Veículos brasileiros de comunicação têm dado vazão a inúmeros casos emblemáticos de jornalismo declaratório, inclusive mencionando-os à exaustão como jornalismo investigativo. Poderíamos fazer aqui uma longa análise de vários episódios da importante Operação Lava Jato, que descambaram para declarações sem uma única prova material, com grande prejuízo ao Estado democrático de direito, mas preferimos citar outro caso, pelo erro grosseiro incorrido por vários e importantes veículos nacionais de comunicação. Trata-se do episódio que ficou conhecido como *teoria do abraço corporativo*, desenvolvida pela suposta Confraria Britânica do Abraço Corporativo (CBAC), que estaria sendo trazida para o Brasil por um igualmente suposto consultor de recursos humanos de nome Ary Itnem.

O assunto, com entrevistas com o consultor Ary Itnem, mereceu bons espaços na mídia nacional, destacando como a teoria do abraço corporativo poderia combater uma verdadeira doença que afeta empresas no Brasil e no mundo, chamada por ele próprio nas entrevistas de "inércia do afastamento" (Rosenfeld; Costa, 2006). Segundo a teoria, esse problema é um subproduto da falta de comunicação provocada pelo uso excessivo de novas tecnologias nas corporações, prejudicando o saudável diálogo interpessoal. Nesse contexto, o consultor propunha, por exemplo, promover o abraço no ambiente corporativo, para melhorar o clima entre os funcionários e, em decorrência, a produtividade.

Tudo crível a um jornalismo que se sustenta na declaração. A notícia passaria como verdadeira não fosse uma criação do jornalista Ricardo Kauffman, que, em 2009, produziu o documentário *O abraço corporativo*[2], em que expôs a farsa, engolida pelo "flamante" jornalismo declaratório brasileiro. Vale conferir o documentário e entender, inclusive, que Kauffman deixou pistas para o jornalismo, desde que minimamente interessado em checar a informação, deparar-se com a farsa. A começar pelo nome do personagem fictício: *Ary Itnem* é "mentira" escrita de trás para frente. Outra pista estava no *site* da suposta organização, a CBAC, que apresentava várias inconsistências, citando inclusive o registro no cartório que deixava claro que a tal companhia inexistia.

---

2   Ver seção "Para saber mais".

Paixão (2017) destaca que praticamente todos os dias vemos variados exemplos desse "mau jornalismo" na imprensa brasileira e dirige sua crítica também aos cursos universitários de jornalismo, alegando que nem todos os alunos mostram-se animados a ir a campo e fazer uma apuração profunda sobre determinado evento.

> Não são poucos os estudantes que optam pela entrevista por e-mail, por WhatsApp, Facebook ou telefone, mesmo tendo a chance de conversar presencialmente com a fonte (o que é essencial para observar "as entrelinhas" do entrevistado), ou por pegar aspas de um amigo ou conhecido (caminho mais fácil). Pior ainda os que fazem a terrível pergunta: "precisa mesmo entrevistar?". Sim, eles existem! (Paixão, 2017)

Existem os maus alunos e muitos profissionais que, acossados pelo volume de produção e premidos pelo tempo ou simplesmente por não achar essencial, deixam de checar dados e informações, aceitando como fato tudo o que lhes é apresentado com aparência de verdade.

> O problema principal do jornalismo declaratório é que o material oferecido aos leitores resulta sempre de um critério centralizado de escolhas, induzindo-os a acreditar que se trata de um resumo das opiniões dos entrevistados, quando na verdade se trata de composições fortemente influenciadas pelas intenções de quem edita. (Costa, 2009)

Costa (2009) chama a atenção para a importância da figura do editor. Afinal, em última instância, é ele quem deve garantir que tudo o que será veiculado seja fruto de uma profunda checagem, que a edição respeite o equilíbrio de forças internas entre os contrapontos e que a redação seja clara, de fácil compreensão e o mais isenta possível. Contudo, a isenção, mais do que uma condição exigida, é uma busca diária e permanente de todo jornalista que, queira ou não, é portador de um conjunto de valores que o impede de ser totalmente isento e de agir com absoluta imparcialidade.

Exemplificando

Conhecendo a história estampada no documentário *O abraço corporativo*, conforme relatamos neste capítulo, o que um editor deve fazer para se precaver como profissional e, consequentemente, o veículo em que trabalha, de erros graves como esse?

A princípio, é preciso tomar a decisão de não publicar o que dizem sem que sejam apresentadas provas. O editor deve exigir que seu repórter pesquise e apure as informações e não julgue evidências como fatos. Se, por alguma razão, for necessário publicar algum depoimento dessa natureza, o profissional deve deixar bem claro qual foi pessoa entrevistada e que a emissora ou o programa não conseguiu confirmar sua declaração. O editor, então, deve assumir o compromisso de que fará isso e voltará ao assunto. Na confirmação, cabe a ele prestar muita atenção ao conjunto da fala e no *release* que chegou a ele e buscar os furos, as incongruências e as incoerências do relato. Deve-se checar tudo antes de decidir se algo vai ao ar ou não. Na dúvida, é melhor postergar a veiculação do suposto fato do que cometer erros.

∴ Objetivo

Uma das questões mais importantes na comunicação é ter um objetivo bem claro. Aliás, a política editorial de um veículo de comunicação é a explicitação do objetivo que ele tem, o qual deve sempre levar em conta o público – os ouvintes, no caso do rádio. Trata-se de definir o que se espera obter com a divulgação de uma informação, ou seja, qual é a atitude desejada do receptor.

Isso pode parecer estranho. Afinal, dá a entender que há um plano para o ouvinte, como "fazer sua cabeça", manipulá-lo, mudar seu comportamento e sua visão de mundo, entre outros. Pois é isso mesmo. Ninguém faz comunicação sem um objetivo claro. Nós, por exemplo, vivemos tentando convencer os outros como somos. Em determinadas situações, como na busca por conquistar a pessoa amada, lançamos mão de vários artifícios, de forma a dar visibilidade a nossas virtudes, e não a nossas debilidades. Ter um objetivo claro quando nos relacionamos com os outros é fundamental. Também é preciso que esse objetivo seja humano, respeitador e ético, jamais mentiroso ou nefasto.

Sem objetivo, um governo ou uma pessoa não chega a lugar algum. É o mesmo que dizer que, sem um propósito bem definido, uma comunicação não atingirá ninguém. E, para deixar bem claro, vale lembrar que o objetivo aqui abordado está relacionado ao público, isto é, refere-se ao que se deseja que o ouvinte saiba, mude ou transforme após ouvir a notícia.

Cabe reiterar que é essencial que esse objetivo seja profundamente ético, que fortaleça a cidadania e desperte a solidariedade, em nome de uma sociedade mais humana, na qual impere a democracia política, econômica, social e cultural, a fim de formar cidadãos autônomos, conscientes e bem informados, e não pessoas alienadas e manipuladas a serviço de interesses escusos.

∴ Procedimentos técnicos

A linha editorial pode incluir ainda, em um item chamado de *transitório*, orientações sobre os diversos procedimentos técnicos a serem respeitados para garantir uma boa imagem à emissora. Isso significa definir, por exemplo:

- duração média de cada notícia, reportagem, entrevista ou comentário, entre outros;
- horário, duração e número de notícias em um boletim ou em um radiojornal;
- postura do repórter, apresentador ou âncora;
- abrangência dos fatos que deverão ser noticiados.

Dizemos *transitórios* porque são itens mutáveis, de acordo com o programa, o boletim, o radiojornal, que precisam de procedimentos técnicos específicos.

3.3
Programação de rádio

Com base nessas reflexões, podemos agora tratar diretamente do rádio como espaço de veiculação jornalística. Vamos, então, analisar como se constitui uma emissora por meio de sua programação. Fazendo uso de um conto do poeta potiguar Francisco Morais que fala de uma árvore que produzia, ao mesmo tempo, todos os tipos de frutas, Anunciação et al. (2002, p. 27) interrogam:

Você já pensou se existisse uma árvore assim, que desse todo tipo de frutas? Todos os sabores em uma só planta: uns doces, outros amargos, alguns suaves ou azedos? Que maravilha! Você poderia escolher o que mais lhe agradasse ou fazer misturas. Se o rádio fosse uma árvore, ele seria assim. [...] O rádio faz aparecer tudo que a cabeça da gente pode pensar, imaginar: todas as cores, todos os cheiros, todos os cenários, todas as épocas e tudo que cabe em nossa criatividade.

Em seguida os autores lembram que uma programação radiofônica é composta de músicas, notícias, reportagens, comentários, conselhos, variedades, entretenimento e muitas outras atrações.

Claro que cada rádio tem uma linha editorial, como já vimos. Umas têm mais notícias, outras, mais músicas, outras ainda, mais esportes ou variedades. E, entre as que tocam mais música, estão as que seguem determinada linha musical: sertaneja, pop, música popular brasileira (MPB), *rock* e assim por diante. Essa definição de linha editorial está sempre em sintonia com o público que a emissora decidiu atingir. Chamamos a isso, como vimos, de *segmentação da rádio*.

Contudo, além de definir sua linha de atuação (seu segmento), uma rádio precisa ter uma ótima produção. Nesse sentido, ela deve ser como uma boa árvore, que dá bons frutos porque tem troncos fortes. Isso quer dizer que, para os programas serem bem realizados, **é necessário caprichar muito na produção, com profissionalismo e seriedade, e dar atenção especial à emoção, à criatividade, ao gosto e à imaginação**. Com isso, ótimos resultados serão obtidos: as mensagens vão chegar muito bem ao ouvinte, atingindo seu coração. Afinal, ao falar no rádio, o desejo do locutor ou do profissional é passar pelo ouvido de cada pessoa para chegar a seu coração. E grande parte desse trabalho compete ao editor, a pessoa responsável por finalizar o material que irá ao ar. Por isso, ele precisa conhecer formas de trabalhar com o rádio para chegar ao íntimo dos ouvintes, a começar por compreender sua programação.

Toda a programação de uma rádio se divide em gêneros e formatos. No passado, essas duas categorias eram mais bem definidas. Cada gênero era composto por muitos formatos radiofônicos, que eram realizados de uma maneira muito parecida em todas as emissoras. Por exemplo, o gênero jornalístico era composto dos formatos notícias, reportagens, boletins e jornal, entre outros. Eram todos dedicados exclusivamente a transmitir uma informação e apresentados separadamente dos outros formatos, isto é, interrompia-se um programa para transmitir uma notícia ou um jornal.

No entanto, com sua evolução, o rádio ganhou outra dinâmica, como veremos mais adiante. Agora, é importante conhecer o que são os gêneros e os formatos radiofônicos que permitem a realização de uma programação bem dinâmica.

∴ Gêneros radiofônicos

Para deixar mais claro o que são *gêneros radiofônicos*, podemos dividir os programas de rádio em três grupos – retomando a imagem da árvore, podemos dizer que são seus três troncos, isto é, os três tipos de programa que existem (Anunciação et al., 2002):

1. **Informativos ou jornalísticos** – São produtos ou programas que tratam de acontecimentos ou divulgam notícias, informações,

reportagens, entrevistas, debates, opiniões e comentários. Normalmente, são produzidos e apresentados por jornalistas.

2. **Dramatizados** – São produtos ou programas que apresentam alguma forma de contação de história: "são as novelas, os pequenos teatros, as encenações; tudo aquilo que a gente faz representando. Tem muita gente que faz bons programas no rádio com imitações, personificações" (Anunciação et al., 2002, p. 28), além das histórias que são contadas. Não devemos pensar que drama em rádio é coisa antiga, uma vez que as histórias de vida e os personagens que estão em *spots*, campanhas e outros formatos radiofônicos, que tanto sucesso fazem, são formas de dramatização.

3. **Musicais** – Representam uma das principais formas de definição da identidade de uma emissora. "Os musicais são aqueles programas onde a música é o mais importante: programas de samba, de Música Popular Brasileira, de música sertaneja, clássica e outras" (Anunciação et al., 2002, p. 28). Além disso, os musicais são uma forma de identificação de programas, em forma de vinhetas, por exemplo, ao longo da programação de uma emissora.

Esses três gêneros mais gerais são uma maneira de dividir os programas de rádio. Entretanto, eles também podem ser divididos de outras formas, como fazem muitos outros autores. Escolhemos essa porque ela é simples e completa para o foco desta obra.

∴ Formatos radiofônicos

Chamamos de *formatos radiofônicos* os diferentes tipos de programa ou de espaços narrativos quase sempre vinculados a um ou a mais gêneros. Seguindo com a imagem do rádio como uma árvore, Anunciação et al. (2002) comparam os gêneros aos troncos, e os formatos, aos galhos e frutos. Para os autores, ouvir os diferentes formatos no rádio é como saborear os frutos dessa árvore.

> Se subirmos pelo tronco dos **informativos** podemos achar galhos e frutos como as notícias, notas, reportagens, entrevistas, debates, comentários, editoriais. Estas são formas concretas de fazer 'informativos' ou 'jornalísticos'. Por isso, chamamos de **formatos**. São os frutos que encontramos lá em cima da árvore e que dão um sabor especial ao rádio. (Anunciação et al., 2002, p. 28, grifo do original)

Seguindo essa mesma metáfora, os autores destacam a importância de se saber contar uma história, fazer imitações e usar sonorizações para que o ouvinte se interesse em acompanhar o que está sendo transmitido. Nesse ponto, além de tratar especificamente dos programas dramatizados, Anunciação et al. (2002, p. 28, grifo do original) lembram que esses recursos podem ser utilizados também em todo tipo de programa: "No tronco dos **dramatizados** podemos encontrar histórias, casos e informações que a gente transforma em radioteatro, contos, sociodrama, imitações, personagens, humor... para que o nosso programa seja bem atrativo".

Já com a música, seja lá qual for o estilo, é possível fazer ótimos programas e muitas coisas lindas – por exemplo, pequenas mensagens cantadas e *jingles*, além de sonorizar um produto radiofônico, criam um ambiente emocional para o que está sendo transmitido. No momento de sonorizar uma reportagem, por exemplo, a música cai como uma luva – sejam as cantadas, que possam complementar uma informação e descrever uma situação, sejam as instrumentais, para ajudar a criar o ambiente emocional necessário.

Vamos observar melhor alguns formatos e seus gêneros para que possamos compreender como aproveitar o rádio da melhor maneira possível. Vejamos o Quadro 3.1.

Quadro 3.1 – Gêneros e formatos radiofônicos

Informativos	Dramatizações	Musicais
• Notas • Notícias • Reportagens • Boletins • Campanhas (Spots) • Comentários • Editoriais • Debates • Documentários • Enquetes • Entrevistas • Flashes • Informes simples • Jornais • etc.	• Acontecimentos • Adaptação de histórias, contos, lendas, mitos... • Campanhas (Spots) • Causos • Enquetes • Novelas • Personagens – Personificação • Piadas • Radioteatros • Recital de poesias • Série de dois personagens • Sociodramas • etc.	• Programas musicais: Sertanejo, Samba, Pop, Rock, Romântico, MPB, Pagode, Axé, Forró, Brega, Tropicália, Jovem Guarda, Latino-americano, Religioso... • Paradas de Sucesso • Musicais Ao Vivo • Serestas • Desafios e Repentes • Campanhas • Jingles – propaganda cantada • Paródias • Shows de Calouros • etc.

Fonte: Anunciação et al., 2002, p. 29.

Ao apresentarem esse quadro, os autores reforçam que essa "lista não acaba mais, porque a criatividade humana é infinita. Ficamos por aqui, mas esta lista pode ainda ser complementada. Ela serve apenas para termos uma ideia das possibilidades que o rádio cria" (Anunciação et al., 2002, p. 29).

∴ Programa dinâmico

Um programa radiofônico é um espaço que normalmente está vinculado a um gênero e usa diversos formatos. Contudo, seus produtores não devem ficar amarrados a padrões. Quase sempre, o melhor a fazer é uma boa mistura de gêneros e formatos, tornando o programa mais dinâmico e atraente, que chegue ao coração do ouvinte, sendo necessário, para isso, criar empatia, emocionar e transmitir boas mensagens.

Afinal, como seria se todas as frutas tivessem gosto de goiaba? Logo enjoaríamos delas e não teria mais graça saboreá-las. Se no rádio só houvesse uma forma de fazer as coisas, o efeito seria o mesmo, e logo os ouvintes estariam cansados. É como se fosse oferecida a mesma fruta o dia inteiro para eles. Os ouvintes enjoariam, ou seja, desligariam o aparelho ou mudariam de estação. Por isso, o melhor mesmo é misturar os gostos, os sabores, as opiniões e as experiências. No rádio, isso deve ser feito com criatividade, intuição e emoção, e um pouco de lógica, para não criar um programa sem pé nem cabeça, que mais confunda do que favoreça os ouvintes.

Um bom programa de rádio deve ter sempre novidades para oferecer a seu público. É possível, então, iniciar o programa com uma história, um fato que esteja chamando a atenção do público, uma encenação, uma mensagem ou uma carta do ouvinte e, a partir daí, puxar o assunto principal, sempre com boas músicas, comentários e entrevistas. Não se pode ter medo de errar. Muitas vezes, é preciso ousar, sair da zona de conforto, para fazer uma bela comunicação, inovar e criar. Afinal, uma boa atração de rádio se faz com criatividade, pesquisa, produção e determinação.

Um tipo de programa muito utilizado no rádio, por exemplo, é a revista, que pode usar diversos gêneros e formatos ao mesmo tempo. Surgem aí os gêneros e os formatos que chamamos de *híbridos*.

Perguntas & respostas

É preciso conhecer o que são gêneros e formatos no rádio para usá-los tal como eles devem ser, respeitando rigorosamente suas especificidades?

Não. Deve-se conhecer o que são gêneros e formatos no rádio, como são feitos e como se expressam na programação da emissora. Contudo, não é necessário ficar amarrado a padrões ao realizar-se um programa. Quase sempre, o melhor é fazer uma boa mistura de gêneros e formatos, deixando uma atração mais dinâmica e atraente, que chegue ao coração do ouvinte. E, para isso, um bom programa deve criar empatia, emocionar e transmitir boas mensagens.

3.4
Produtos jornalísticos no rádio

Como o foco desta obra é o editor, vamos centrar nossas forças nos formatos jornalísticos. Assim, analisaremos os principais deles, aqueles que povoam a programação das emissoras, e ver quais desafios eles apresentam.

∴ Nota

A **nota** no rádio é uma informação breve sobre um fato extremamente atual, que ajuda a dar um tom de instantaneidade à programação radiofônica. Ela é sempre narrada pelo repórter ou pelo apresentador do radiojornal ou do programa que está no ar, sem a presença da voz de um entrevistado.

Embora possa ser sobre um fato já concluído, a nota é muito útil para dar as primeiras informações a respeito de algo que acaba de acontecer, seja iniciando um fato, seja concluindo-o. Vejamos dois exemplos de fatos históricos: 1) Jânio Quadros acaba de renunciar ao cargo de presidente do Brasil; 2) O Congresso Nacional acaba de aprovar o texto final da nova Constituição Federal brasileira.

Para Barbosa Filho (2009, p. 90), as características principais da nota "são o tempo de irradiação, sempre curto, com quarenta segundos de duração, e as mensagens transmitidas mediante frases diretas, quase telegráficas".

∴ Notícia

A **notícia** é o relato um pouco maior de um fato que ocorreu, está ocorrendo ou ocorrerá e que seja de importância para a sociedade. O interesse social está sempre associado à novidade e à atualidade, ao extraordinário e ao espetacular ou ao fato de tratar-se de uma figura pública ou uma autoridade. Entretanto, depende, também, dos interesses políticos e econômicos da empresa de comunicação ou, ainda, da ideologia, da concepção de vida e da compreensão da sociedade pelo próprio jornalista.

O fato, no entanto, deverá ser considerado importante quando for de interesse do público, por trazer algo novo a ele, alterar seu cotidiano, servir de orientação pessoal ou profissional e ampliar seu conhecimento, entre outros benefícios. Por isso, a notícia deve ser vista como um instrumento de transformação da realidade, por meio da qual é possível gerar uma ação concreta, por exemplo, a mobilização da sociedade para resolver seus problemas.

Com duração em torno de um minuto a um minuto e meio, a notícia também é narrada unicamente pelo repórter ou pelo apresentador, sem a presença da voz de um entrevistado. Nesse caso, trata-se de um texto corrido, mas ela pode ser redigida também de forma manchetada, para ser apresentada por dois locutores.

A notícia pode ser apresentada durante o radiojornal, que reúne as principais notícias do dia ou da semana em boletins informativos que vão ao ar em horários estabelecidos – por exemplo, de meia em meia hora ou de hora em hora, em edição extraordinária ou mesmo ao longo da programação normal da emissora. Nesse caso, a informação entra no ar a qualquer momento, como a nota, interrompendo a atração, quando se trata de um fato urgente.

Muitas vezes, o repórter apresenta uma notícia no local em que o fato está ocorrendo, de um evento ou de uma ocorrência, sem nenhuma entrevista, mostrando a instantaneidade do rádio. Nesse contexto, ao chegar ao local, é importante conversar com as pessoas, especialmente as responsáveis pela realização do evento ou que o presenciaram, para obter todas as informações. Em seguida, o repórter redige a informação para, na maioria das vezes, entrar ao vivo na programação.

É muito comum o repórter entrar ao vivo sem um texto previamente redigido. Nesse caso, convém anotar uma relação de informações em tópicos e, na sequência, indicar que pretende fazer uma fala mais livre, um pouco improvisada. Isso ajuda, inclusive, no caso de um diálogo com o apresentador que estiver no estúdio.

Embora o mais comum seja a entrada ao vivo, uma notícia pode também ser gravada para entrar em determinados horários ao longo da programação.

∴ Reportagem

Uma **reportagem** pode ser entendida como uma notícia mais detalhada, aprofundada, fazendo uso de diversas vozes, isto é, apresentando vários entrevistados. Ela nasce de um fato que necessita de maior aprofundamento, especialmente porque envolve mais de um ponto de vista. Feita pelo repórter, a reportagem é fundamental na programação radiofônica porque traz veracidade sobre o evento, **dando legitimidade à emissora**. Por isso, muitos cuidados devem ser tomados durante sua gravação, para não ser tendencioso, prejudicando uma informação mais democrática.

Feita ao vivo ou gravada e editada, a reportagem radiofônica tem, em média, de dois a três minutos e é considerada a essência do jornalismo. Para Barbosa Filho (2009, p. 92), ela engloba as diversas variáveis do acontecimento, de forma a "ampliar o caráter minimalista do jornalismo e oportunizar aos ouvintes, leitores, telespectadores ou internautas uma noção mais aprofundada a respeito do fato narrado".

Uma boa reportagem deve ter, no mínimo, um bom especialista no tema e um personagem que o viveu ou o vive, a fim de humanizar a matéria. Toda a estrutura da reportagem, as informações, os dados e as contradições serão dadas pelo repórter, ocupando uma média de 70% a 80% do tempo da reportagem. O restante é ocupado pelas fontes ouvidas (especialista e personagem) que, em falas que não devem passar de 20 segundos (exceto em casos excepcionais), dão suas versões. O especialista é quem analisa, comenta e dá opinião a respeito do assunto; já o personagem fala de sua relação pessoal ou familiar com o tema. Pode haver ainda a fonte que é testemunha, porque viu o que aconteceu, no caso de um acidente ou de uma briga, por exemplo. Nesses três casos, trata-se de fontes diretas, mas pode haver também o que chamamos de *fonte indireta*, ou seja, a pessoa que soube do fato por meio de outros. Nesse caso, é importante checar ainda mais, para verificar a veracidade do que a fonte diz.

Embora tenha se tornado comum muitos profissionais fazer reportagens quase exclusivamente por telefone, essa prática deve ser evitada em nome de um jornalismo ético, que mantenha um profundo compromisso com os ouvintes. Muitas questões podem ser mais bem aprofundadas no local de ocorrência dos fatos reportados.

∴ **Reportagem especial**

A **reportagem especial**, também conhecida como *grande reportagem*, é um formato mais ampliado, com maior discussão e aprofundamento, e costuma ter, em média, cinco minutos. Embora siga, de alguma maneira, a mesma estrutura da reportagem, ela deve ter múltiplas vozes, diversos pontos de vista e apresentar conflitos internos e contrapontos com argumentos fortes, que sustentem a atenção do ouvinte. Do ponto de vista da edição, costuma-se fazer uso de sonorizações como forma de criar uma espécie de separação dos blocos informativos internos. Muitos chamam esse recurso de *paginação da reportagem*, de maneira que fique mais fácil acompanhá-la e entendê-la, facilitada pelos miniblocos informativos que a sustentam.

Nesse caso, a presença de mais de um personagem ajuda a manter a atenção do ouvinte pelo processo de empatia que as histórias de vida trazem. Para isso, o repórter deve construir um bom fio condutor para a reportagem, que dê unidade a todas essas informações.

Lembrando que a grande reportagem se situa entre a reportagem e o documentário radiofônico (que veremos mais adiante). Ferraretto (2014) destaca a importância e o cuidado que a edição deve ter com a sonoplastia. Para ele, os efeitos sonoros

> devem ser usados com parcimônia e dentro do ocorrido efetivamente no ambiente dos acontecimentos. O uso de trilhas musicais segue também ideia semelhante: instrumentais auxiliam na pontuação e criam climas, enquanto a letra em si pode acrescentar informação. Mesmo assim, na narrativa, predomina a palavra do repórter. (Ferraretto, 2014, p. 169)

Nesse mesmo sentido, Meditsch (2001, p. 179) alerta que, no jornalismo,

> existe um princípio ético que limita a manipulação da realidade referente. Como os sons da realidade a que se refere o

jornalismo não podem ser criados artificialmente, o mundo que o rádio informativo transmite será sempre mais pobre, no sentido formal, do que aquele construído pela arte radiofônica, com a mesma linguagem.

Aqui está uma das diferenças narrativas da reportagem para o documentário: a primeira fala desde o jornalismo e, apesar de abrir espaço para o jornalismo interpretativo, não há como romper as margens para além da fidelidade aos fatos; enquanto isso, o documentário, embora deva guardar fidelidade aos fatos, sedimenta-se em uma maior liberdade de criação, abrindo-se para outras possibilidades interpretativas e para incursões narrativas mais subjetivas.

∴ Comentário e editorial

O **comentário** é uma análise séria de uma realidade, um fato, uma situação, uma instituição, um movimento social ou um problema, entre outros. Engana-se quem pensa que, para fazer um comentário, basta ligar o microfone e começar a falar. Na realidade, fazer um bom comentário depende de planejamento e muito trabalho, que começam com a definição de duas premissas-chave: a primeira, claro, é sobre o que se quer falar, "pois é fundamental que a ideia central do comentário seja bem clara. Para facilitar a escolha do tema principal que você quer desenvolver, escreva as ideias que tem sobre o assunto em frases curtas. Releia procurando descobrir a mais importante, a que mais chamará a atenção do ouvinte" (Anunciação et al., 2002, p. 30).

Já a segunda premissa diz respeito ao ouvinte, isto é, para quem se vai falar:

> Ou melhor: quem quero convencer com o meu comentário? O objetivo do comentário é formar opinião sobre determinado tema. Então, não faz sentido se dirigir para quem já pensa como você. O comentário quer convencer quem pensa diferente, quem não tem opinião formada ou está indeciso. Outra dica fundamental é que não importa se você vai falar para o intelectual ou para a dona de casa; a linguagem do rádio é universal, isto é, a mais clara e simples possível. (Anunciação et al., 2002, p. 31)

Um comentário costuma durar, no máximo, de dois a três minutos e, para ser bem objetivo, claro e incisivo, deve ser escrito, se não, a chance de perder tempo com rodeios, dispersando o tema e cansando o ouvinte, é enorme.

Para elaborar um bom comentário, é importante seguir três passos, a fim de definir a estrutura de sua narrativa. Neste ponto, vale lembrar do que vimos no capítulo anterior, sobre o comentário de Mauro Halfeld, na Central Brasileira de Notícias (CBN). A mesma estrutura, em três atos, convém ser seguida por quem quer fazer um bom comentário. No primeiro ato, o comentarista relata um fato, uma dúvida, um caso; no segundo, ele analisa esse fato, trazendo seus conhecimentos e os de outras pessoas, dados, estatísticas e histórias de vida, provocando reflexões; e no terceiro, o comentarista conclui sua ideia e toma uma posição – aliás, esse é o único momento em que ele emite seu ponto de vista, e sempre com base na análise feita anteriormente. Portanto, relatar, analisar e propor solução são os três momentos de um bom comentário.

No rádio e, portanto, no comentário, tão importante quanto a frase inicial é o desenrolar da história e seu fechamento. É preciso contar o fato e acrescentar outros dados e outras informações, experiências e realidades que eram semelhantes e mudaram com base em certas decisões, ou seja, trazer novidades que possam ajudar a entender o evento e a pensar em soluções práticas. Por fim, após manifestar sua opinião, fundamentado nas informações trazidas por ele mesmo, o comentarista deve trabalhar com esmero a frase de encerramento do comentário. De preferência, criando uma imagem que se fixe na cabeça do ouvinte.

Nesse sentido, tratando de como iniciar um comentário de maneira menos expositiva, mas criando uma narrativa própria sobre ele, que desperte o interesse de seu público, Anunciação et al. (2002, p. 31) recomendam que o comentário "Fisgue a dona de casa, o pedreiro, a professora etc., de tal forma que eles parem o que estão fazendo para ouvi-lo". E, para isso, explicam que existem duas formas de iniciar um bom comentário:

> Compare uma entrada expositiva: "A insegurança aumenta a cada dia...", e uma narrativa interessante: "Quando José da Silva começou a atravessar a ponte solitária, não sabia o que o esperava do outro lado...". Se o peixe vai à isca porque tem fome, a segunda entrada fisga a nossa atenção porque somos curiosos, queremos saber o final da história, somos pegos pela empatia com o outro. Por outro lado, não gostamos de rotina,

estamos cansados de saber que a insegurança e a violência aumentam a cada dia. (Anunciação et al., 2002, p. 31)

O comentário pode tanto ser exibido em separado ao longo da programação quanto ser usado para iniciar um debate ou fechar um noticiário, ou como quadro de uma rádio-revista, entre outros usos. Para quem quer fazer rádio e programas que formem cidadãos participantes, e não ouvintes passivos, o comentário é um instrumento poderoso. Contudo, assim como uma faca de cozinha, que é essencial para preparar os alimentos, mas vira uma arma perigosa quando mal usada, o comentário deve ser usado com cuidado.

O comentário e o **editorial** têm a mesma estrutura narrativa e a mesma construção, com a única diferença de que o primeiro expressa a opinião do comunicador, e o segundo, a opinião do meio de comunicação – nesse caso, a própria rádio.

∴ Entrevista

A **entrevista** é a base da busca por informação no rádio. Ela está presente, por exemplo, em uma reportagem, além de em vários outros formatos jornalísticos. No entanto, como formato específico, a entrevista é um diálogo temático, pautado em perguntas e respostas, entre duas ou mais pessoas, com o objetivo de informar, discutir e esclarecer um assunto, um fato ou um acontecimento. Além de esclarecer dúvidas da população, a entrevista também serve para que uma pessoa ou um grupo expresse suas opiniões.

Há, basicamente, dois tipos de entrevista: 1) a **individual**, em que há apenas um entrevistador que faz perguntas a um entrevistado; e

2) a coletiva, em que as perguntas são feitas por vários entrevistadores a um só entrevistado. Nos dois tipos pode haver a participação do ouvinte, especialmente quando a entrevista é feita ao vivo, mas o mais comum é haver perguntas gravadas e editadas para dinamizar a entrevista. Ou, então, questões feitas pelo telefone ou por e-mail ou WhatsApp para um produtor, que as sintetiza, inclui nelas o nome da pessoa e as entrega ao entrevistador, que irá formulá-las ao entrevistado.

Uma boa entrevista começa com a seleção de um tema de interesse do público. Vale ressaltar: interesse público não é aquilo que o público gosta de ouvir, mas o que ele precisa saber, ouvir e conhecer. Aqui também surgem duas possibilidades de entrevista: 1) o assunto de interesse público é exposto e, em seguida, um entrevistado trata dele; 2) uma pessoa, pela função social que exerce, tem a dizer algo sobre um assunto que seja de interesse público, caso em que se define antes o tema (ou os temas) que será tratado. Em qualquer um dos dois casos, é necessário buscar informações confiáveis tanto sobre o assunto quanto sobre o entrevistado.

Como em todo o processo comunicacional, é importante ter claro o objetivo da entrevista (o que se deseja com ela) e sua duração. Em função dessas decisões, deverão ser elaboradas perguntas objetivas e claras, sem fugir do tema, e questões que polemizem o tema, para que a entrevista não se torne uma "conversa de compadres", como se fosse um jogral, um jogo de baralho marcado. Devem ser perguntas de interesse do público, afinal, o entrevistador deve saber que, ali, ele representa os ouvintes, e não ele mesmo.

A entrevista pode ser realizada no ambiente do entrevistado, no estúdio ou por telefone, ao vivo ou gravada. Em caso de gravação, de preferência que ela vá ao ar integralmente. Se for necessário editá-la, deve-se evitar

> que sejam feitos cortes de respostas importantes que venham a prejudicar a informação central da entrevista; tenha cuidado para não cortar a resposta sem a conclusão do entrevistado ou cortar partes que possam alterar a opinião dele; a edição só deve ser feita nas respostas mais longas, repetidas e menos importantes; [...]. (Anunciação et al., 2002, p. 36)

Alguns cuidados podem ajudar a desenvolver uma boa entrevista: iniciá-la com a apresentação do tema, destacando sua relação com a vida do ouvinte; explicitar o vínculo entre o entrevistado e o assunto; reapresentar o tema e o entrevistado ao longo da entrevista, no máximo a cada quatro ou cinco minutos; prestar atenção nas respostas do entrevistado para não desviar o foco e evitar que se faça alguma questão já respondida ou que possa surgir uma pergunta não programada, com base em uma resposta; fazer um questionamento por vez; evitar perguntas fechadas, às quais o entrevistado responda somente "sim" ou "não"; caso alguma resposta não fique clara, solicitar que entrevistado dê exemplos que possam esclarecê-la; não dar opinião própria sobre as respostas; ao final, agradecer a participação do entrevistado e, caso seja necessário, pedir que ele deixe telefone e endereço para que o ouvinte possa buscar mais informações; e, por fim, elaborar um resumo, explicando quem foi o entrevistado, de qual tema tratou, e, se for o caso, destacar uma ou duas – no máximo três – afirmações importantes que ele apresentou.

Outro detalhe muito importante em uma entrevista é quando a resposta fica truncada e o entrevistador percebe que o público pode não tê-la entendido. Nesse caso, jamais se deve dizer ao entrevistado: "Explique melhor para quem está nos ouvindo entender". Isso passa a ideia de que o entrevistador entendeu tudo, mas seu público não é tão inteligente quanto ele e, por isso, precisa de uma melhor explicação. Por isso, cabe ao entrevistador assumir a dúvida e pedir mais esclarecimentos. Isso criará mais empatia entre ele e seus ouvintes.

Por fim, é importante arquivar o material gravado com indicações como tema, nome do entrevistado, data, duração, entre outras formas de classificação, pois esse material poderá ser reaproveitado em alguma nova ocasião. Além disso, é bom manter um arquivo com todos os dados do entrevistado para uma nova oportunidade de consultá-lo.

∴ Debate

O **debate** (ou **mesa-redonda**) é outro formato muito usado em rádio, especialmente durante períodos eleitorais ou quando temas de interesse geral movimentam posições contraditórias na sociedade, como as reformas trabalhista, da Previdência ou a tributária. Diferentemente da entrevista coletiva, o entrevistador é único e ocupa a função de moderador, e os convidados são, no mínimo, duas pessoas com posições contrárias. Nesse cenário, compete ao moderador formular perguntas e cuidar para que todos os entrevistados tenham direitos iguais a dar suas respostas.

Normalmente um debate tem regras claras, pactuadas anteriormente, com definição de temas, de tempos e de sequência de respostas, entre outras. Essas regras podem ser definidas pela própria emissora e enviadas antes aos convidados ou, em muitos casos – e o mais interessante –, ser formuladas pela emissora com a participação de representantes dos debatedores. Em debates eleitorais, é exatamente isso que ocorre.

∴ Quadro

O **quadro** se apresenta como um miniprograma temático com narrativa muito livre e quase sempre feita por um especialista no assunto. Os temas mais comuns são relacionados a culinária, turismo, viagem, meio ambiente, filhos, psicologia e saúde, entre outros. Alguns preferem fazê-lo em forma de bate-papo com um convidado; outros, respondendo a dúvidas dos ouvintes; outros, ainda, baseados em situações do momento.

Assim como o comentário, o quadro, que também costuma ter, no máximo, de dois a três minutos, é um formato importante para dinamizar a programação da emissora. Também pode ser exibido separadamente ou dentro de um jornal ou de outro programa.

∴ Crônica

A **crônica** é um formato usado em algumas emissoras que transita entre o jornalismo e a literatura. Ela tem origem no jornalismo impresso e ajuda a dar leveza à programação, por permitir certos devaneios, com pitadas de humor, sobre temas às vezes áridos e de difícil tratamento por parte do público. Melo (1992, p. 27) afirma que a crônica no rádio é "cingida à estrutura da crônica para o jornal: trata-se de um texto escrito para ser lido, cuja emissão combina a entonação do locutor e os recursos de sonoplastia, criando ambientação especial para sensibilizar o ouvinte".

Boletim

Em muitas rádios, o **boletim** é tomado em dois sentidos:

Ele é uma notícia, mas feita pelo repórter no local do acontecimento e, normalmente, ao vivo. Nesse caso, o boletim é muito parecido com o *stand-up*, com a entrada ao vivo ou, ainda, com o *link* feito para a televisão. Em outras emissoras, provavelmente na maioria delas, trata-se um pequeno programa jornalístico de curta duração, em torno de cinco minutos – no máximo dez –, com várias edições ao longo da programação, quase sempre de meia em meia hora ou, no máximo, de hora em hora.

O boletim, como pequeno noticiário, "é distribuído ao longo da programação e constituído por notas e notícias e, às vezes, por pequenas entrevistas e reportagens" (Barbosa Filho, 2009, p. 92). Diferentemente do radiojornal, o boletim é mais ágil, com menos tempo para aprofundar o tema e dedicado quase que exclusivamente à difusão do que chamamos de *lide*[3] no jornalismo impresso.

---

3 Técnica pela qual a informação básica sobre o conteúdo de uma notícia deve ser colocada já em seu primeiro parágrafo, como veremos no próximo capítulo.

∴ Jornal

O **jornal**, ou *radiojornal*, é um programa jornalístico de média ou de longa duração, normalmente de 30 minutos ou mais, contendo notas, notícias e reportagens. Pode apresentar ainda entrevistas, comentários, quadros e crônicas, de acordo com o formato estabelecido. Por ter maior duração, ele é dividido em blocos, normalmente por temas ou editorias ou, ainda, pela geografia: informações locais, regionais, estaduais, nacionais, internacionais. Tudo depende do formato definido.

Sua estrutura consta de uma escalada, feita com as manchetes das principais informações do dia para abrir a edição, e de passagem de bloco, quando as manchetes são referentes a informações importantes ainda pendentes, sendo a última delas a que virá no bloco seguinte.

No jornal, observa-se uma grande participação do editor responsável, paginando o programa de forma a dar-lhe equilíbrio informativo e manter o interesse do ouvinte. Nesse caso, espalhar notas e notícias ao longo do jornal dá um toque de agilidade e instantaneidade, as vezes quebradas por reportagens editadas, cujos temas são importantes, porém atemporais.

Recomenda-se, por exemplo, que duas reportagens ou duas entrevistas não sejam apresentadas em sequência, mas intercaladas por notas, notícias ou comentários. No caso de reportagens, é sugerido sempre deixar-se uma informação para a "nota-pé", como um serviço ao ouvinte, informando o local, o dia e a hora do evento – onde e quando se vacinar, por exemplo. A nota-pé ajuda a dar uma dinâmica ao jornal, mantendo os apresentadores como os condutores do programa e evitando que não se saia de um tema finalizado por outra pessoa, no caso, o repórter.

Para a produção de um bom jornal, é importante elaborar, com antecedência, um espelho[4], no qual constem os assuntos que serão tratados e em qual formato: nota, notícia, reportagem, entrevista, comentário, entre outros.

∴ Rádio-revista

A **rádio-revista** é um programa dinâmico, com formatos híbridos e uma estrutura mais leve, que se presta um pouco ao entretenimento com informação. É destinada a aprofundar temas ou debater fatos ou notícias importantes para informar e fornecer reflexões ao ouvinte, intercalando a discussão com músicas, curiosidades e quadros sobre os mais variados temas. Trata-se de um programa rico em formatos, "uma espécie de almanaque radiofônico, onde pode ter de tudo um pouco: entrevistas, enquetes, sociodramas, cartas, histórias, boletins, balcão de empregos, comentários, notícias [...]" (Anunciação et al., 2002, p. 52-53).

A rádio-revista é dividida em blocos (intercalados com comerciais ou mesmo músicas), com um público-alvo determinado (jovens, mulheres, indivíduos de certa classe social ou faixa etária, entre outros) e tema específico (esporte, música, religião, cultura etc.). Normalmente, tem mais de um locutor, conta com a participação dos

---

4   Ver modelo de espelho no próximo capítulo.

ouvintes, apresenta entradas ao vivo de repórteres e entrevistados e tem duração variada, geralmente de uma a duas horas.

Assim como no jornal, é importante fazer com antecedência um espelho do programa, isto é, elencar quais são os assuntos, como serão tratados e quais os recursos necessários. Uma rádio-revista de qualidade depende muito de uma boa equipe de produção, que prepare o material com antecedência, confirme os convidados, providencie o que for necessário, entre outras atividades inerentes ao formato. Tudo deve estar pré-produzido. Às vezes, deve-se contar até mesmo com alguns blocos gravados, e tudo deve ser devidamente anotado no *script*[5] (também chamado de *roteiro*) do programa, cujas cópias devem ser entregues uma para cada apresentador, operador e produtor.

O ideal de uma rádio-revista é ser apresentada ao vivo, mas o programa também pode ser gravado, especialmente quando for de curta duração (de meia hora, por exemplo).

Não é preciso que a rádio-revista tenha um formato fixo, pois tudo depende da criatividade e da sintonia que se tem com o público ouvinte. Aliás, trata-se de um programa que não precisa seguir o mesmo esquema todos os dias. Às vezes, por exemplo, será mais importante começá-la com uma notícia (quando há um fato novo e marcante) ou com uma música (quando for uma data comemorativa, como o aniversário da cidade).

---

5   Ver modelo no próximo capítulo.

∴ **Documentário**

O **documentário** radiofônico é um formato que permite um aprofundamento maior sobre um tema, fazendo uso de vários recursos sonoros e de múltiplas narrativas. Em muitos casos, ele se parece com uma reportagem especial, mas é muito mais livre para incluir narrativas que, inclusive, não guardem muita proximidade com o jornalismo, como as dramatizações, por exemplo.

Para Ortriwano (1985, p. 92-93), trata-se de um formato especial com dois tipos de conteúdo: o ocasional, diretamente ligado à "ocorrência de um fato que mereça, por sua importância, um tratamento especial ou pela comemoração de uma data de importância histórica. [...] pode também ser apresentado com periodicidade fixa, escolhendo-se fatos importantes para serem analisados em cada uma de suas edições".

Um bom documentário deve estar, portanto, alicerçado em um fato, em uma história vivenciada por personagens, e valer-se de especialistas que possam ajudar a contar essa história por diversos ângulos. Para isso, o repórter deve construir uma boa estrutura narrativa, fundamentada nas dimensões sociais e culturais, levando-se em conta algumas questões, como:

- Construir uma história com um começo, durante o qual se estabelece um conflito[6] que desperte a curiosidade do ouvinte; um meio, com informações e reflexões, porém mantendo um certo suspense, mistério; e um fim, com um desfecho que satisfaça a curiosidade inicial do ouvinte.
- Ter personagens que vivenciam ou vivenciaram determinado conflito, intercalado com explicações de um especialista que ajudem a entender a relação conflitual estabelecida.
- Dispor de sonorizações que ajudem o público a visualizar a cena, o lugar do conflito, com sua ambientação e o estado emocional desejado.
- Apresentar um texto bem construído, com conteúdo, reflexões, novidades e emoções.
- Contar com uma narração que crie no público empatia com a história narrada, que emocione e faça os ouvintes refletir.

É importante destacar também que um bom profissional deve estar sempre atento ao fato, às histórias e aos entrevistados para construir uma narrativa própria em cada documentário. O bom documentarista não é aquele que cria uma estrutura narrativa fixa e encaixa nela os fatos, as histórias e os depoimentos, mas aquele que busca em cada tema a originalidade narrativa que nele está entranhada.

---

6   Quando falamos em *conflito*, não significa necessariamente uma briga, uma contenda, mas algo que interrompe a normalidade das coisas, que destoa da maioria das situações. Por exemplo, em meio à falta de solidariedade e ao individualismo, uma pessoa que doa seu tempo e até parte de seu salário para ajudar uma família necessitada ou uma causa justa representa uma quebra na normalidade da vida social, ou seja, um conflito.

∴ Enquete

A **enquete** é um pequeno formato utilizado em vários tipos de programas (noticiários, debates, entrevistas, rádio-revistas, entre outros), para abrir uma reportagem, um comentário ou um programa. Ela é importante para iniciar a discussão de um tema e levantar opiniões, ou para que o povo participe dos programas e apresente soluções para um problema, além de motivar e aprofundar um tema.

Trata-se de uma série de entrevistas curtíssimas com base em uma pergunta (ou no máximo duas) clara e direta sobre um assunto, feita a várias pessoas. Normalmente, ela é realizada em ruas movimentadas, mas também pode ser feita por telefone.

Cada resposta deve ser sempre curta, de preferência com uma única frase, e a pergunta é feita apenas no começo, antes da primeira resposta. Para obter o resultado, é preciso definir claramente qual é o objetivo que se quer atingir com a enquete. Em seguida, elabora-se uma pergunta cujo sentido seja bem compreendido pelas pessoas, que, normalmente, são escolhidas aleatoriamente e seus nomes quase sempre são omitidos.

É importante lembrar que enquete não é pesquisa científica, portanto, não tem valor estatístico. Ou seja, não significa que a população pensa semelhantemente à maioria dos que responderam à questão. É importante que o apresentador faça uma introdução antes de divulgar a enquete e que, ao final, faça um comentário sobre ela, um resumo. Ele pode também pedir que o próprio ouvinte dê sua opinião.

∴ *Spot*

O *spot* é um produto radiofônico muito utilizado em campanhas sociais, que busca mudar a atitude do ouvinte em relação a algum assunto. Saúde, meio ambiente, educação, cuidados com a criança e o idoso, violência contra a mulher e combate aos preconceitos são alguns temas que sempre merecem atenção, com o objetivo de construir-se uma sociedade mais solidária e mais humana.

Nesse sentido, o *spot* é uma produção curta e impactante, feita com um objetivo claro: promover uma discussão. Na publicidade, ele é utilizado para fomentar uma ideia, uma imagem institucional ou um produto. Barbosa Filho (2009) ressalta que o *spot* surgiu como uma peça publicitária e comercial específica para o rádio, popularmente conhecida como *anúncio radiofônico*.

Como muitas rádios têm parte de sua programação em rede, o *spot* costuma ter um tempo definido. A maioria deles dura 30 segundos, que é o tempo suficiente para vender uma boa ideia ou um bom produto. No entanto, também há *spots* com outros tempos definidos, como 15, 45 e 60 segundos.

Funcionando como um produto publicitário, o *spot* utiliza o recurso da reiteração, sendo divulgado várias vezes durante a programação da emissora, em um período também definido de tempo: não convém ficar mais de um mês no ar. Se ele for muito importante, é melhor divulgá-lo em novas temporadas.

Um bom *spot* começa com um bom tema e pela definição clara de seu objetivo, isto é, o que se pretende "vender" ou difundir. E convém ressaltar: o objetivo de um produto de comunicação está relacionado ao ouvinte. Portanto, trata-se de definir qual é a atitude que se espera do público após ele ouvir o *spot*.

Lembra-se do que vimos sobre a necessidade de se elaborar uma comunicação que crie empatia entre o público, que o emocione e o faça pensar e refletir? Pois, então, o *spot* deve, em um curto espaço de tempo, fazer tudo isto: ter começo, meio e fim bem definidos. Por isso, o mais comum é ele começar com uma boa e breve história (uma pergunta ou uma provocação) com o objetivo de despertar a empatia do ouvinte e fazê-lo entender que o assunto é de seu interesse. Assim, estará concluído o ato I. Em seguida, é o momento de apresentarem-se dados e informações sobre o tema que confirmem o problema levantado. Esse é o ato II. E, por fim, o ato III: o desfecho da história, isto é, o que o ouvinte deve fazer em casos semelhantes ao narrado, qual deve ser sua atitude. Chamamos a isso de *o desaguadouro da campanha*. E então entra a assinatura da peça, ou seja, quem é o responsável pelo *spot*: uma instituição ou a própria emissora.

Para gravar o *spot*, sugerimos que se busque uma voz que combine com a mensagem. Se houver alguma forma de dramatização de história de vida, é válido procurar pessoas que consigam interpretar bem um papel, isto é, um ator ou uma atriz. No caso da narração, deve-se evitar a voz empostada, que mais cria distância do que aproxima o público. Assim, é preferível a voz de alguém que se envolva com o tema, que consiga provocar o ouvinte e fazê-lo pensar.

No momento da edição, não se pode esquecer de uma boa sonorização. Como já vimos, é possível utilizar dois tipos de sons, além da voz: 1) a trilha sonora, que vai definir o estado emocional com que o público ouvirá o *spot*; e 2) os sons incidentais, caso o texto exija. Ou seja, se a história requerer o som de uma criança rindo ou chorando, de uma porta batendo ou de pessoas andando, entre outros, tudo deverá ser indicado por meio do som incidental. Isso fará o público "ver" a história e, portanto, senti-la, e não apenas ouvi-la.

∴ Vinheta

A **vinheta** é uma produção de curtíssima duração, utilizada para identificar um programa ou uma emissora, para separar blocos internos de um programa ou para apresentar um tema ou um quadro (como saúde, política, economia, alimentação, hora certa etc.). Ela pode ser usada várias vezes durante um programa.

A estrutura da vinheta é formada, geralmente, por um texto curto, normalmente com uma ou duas palavras, associado a um efeito sonoro ou mesmo a uma música.

Ao criar um programa – um radiojornal, por exemplo –, deve-se definir qual será a linguagem utilizada, qual será a estrutura geral, quais serão os temas e os quadros, quantos blocos haverá, entre outras características. É nesse momento que entrarão as vinhetas fazendo uma espécie de paginação do programa. É isto mesmo: ao escutar uma vinheta, o ouvinte deve ter a sensação de que o programa virou a página de um livro, de uma revista ou de um jornal. Ou seja, mudou de assunto.

As vinhetas são utilizadas nas seguintes situações:

- **Para abrir um programa** – Nesse caso, ela terá em torno de cinco segundos, para programas curtos, ou de 20 segundos, para programas longos. O ideal mesmo é uma vinheta que não ultrapasse muito de 10 segundos. Por exemplo: "Começa agora o programa X [nome do programa]".
- **Para encerrar um programa** – Por exemplo: "Você acaba de ouvir o programa X [nome do programa]. Um programa [ideia síntese do que ele é]. Produção de Y e Z [nomes dos profissionais envolvidos]. Nós voltamos [dia], neste mesmo horário. Até lá".
- **Para entrar em um intervalo comercial e para voltar dele** – Por exemplo: "Você está ouvindo o programa X [nome do programa]"; "Voltamos a apresentar o programa X [nome do programa]".
- **Para identificar comentários ou quadros** – Por exemplo: "Receita"; "Política"; "Economia"; "Saúde"; "Educação"; "Meio ambiente"; entre outros temas abordados pelo programa.

A vinheta exige um texto curto e criativo para apresentar o programa. Se for um quadro ou um comentário, normalmente usam-se uma ou duas palavras. Além disso, uma boa vinheta deve ter trilha própria. Em caso de impossibilidade, pode-se escolher uma música adequada, geralmente instrumental, para não interferir na locução, e selecionar uma voz forte, mas suave.

Uma dica que pode ajudar na elaboração de uma boa vinheta é ouvir as vinhetas produzidas e veiculadas em diferentes programas e rádios. Elas fornecerem referências importantes para o momento da criação.

Preste atenção!

Uma das melhores formas de aprendizado em comunicação é a desconstrução de produtos comunicacionais já produzidos e de sucesso. Por isso, de tempos em tempos, recomendamos que você ouça uma boa reportagem ou um bom comentário, quadro, documentário, programa ou qualquer outro produto de rádio. Ouça-o várias vezes e busque entender qual foi a estrutura narrativa utilizada, a história contada, a abertura escolhida, o desenrolar do enredo e seu encerramento, o texto adotado, a narração definida, os recursos sonoros empregados. Preste atenção em tudo. Perceba aquilo que o fez se emocionar e se identificar com o tema, que o ajudou a reter a informação e tudo mais que achar interessante. Reflita sobre isso e veja como você pode usar esses conhecimentos em suas produções e descartar aquilo que o incomodou ou sequer chamou sua atenção.

3.5
Piloto e pesquisa de opinião

É importante reconhecer que um programa não deve ir para o ar sem ser testado antes, sem ser analisado e criticado para ser refeito, normalmente, mais de uma vez. A ideia de colocar um programa no ar e corrigir seus problemas depois costuma custar caro. Cria-se logo uma antipatia, uma sensação para o ouvinte de que tudo está bagunçado, que a atração não lhe causa interesse.

A melhor maneira de evitar isso é realizar um **piloto**, ou seja, produzir um programa para ir ao ar, mas utilizá-lo apenas como parte do processo de criação. Claro que nada impede que ele seja completamente refeito (ou parte dele) e depois colocado no ar.

Para criar um programa e realizar um bom piloto, alguns passos são recomendados. O ideal mesmo seria dispor de uma pesquisa para identificar os problemas e as ausências de programas segundo o público da emissora. Isso daria elementos essenciais para criar ou mesmo remodelar uma atração. Contudo, se isso não for possível, deve-se começar estabelecendo-se bem o público-alvo, ou seja, o perfil do ouvinte que se quer atingir. Sem isso, o perigo de descarte da proposta é grande.

O segundo passo é definir claramente a ideia do programa, sua proposta. Para isso, é importante ouvir atrações semelhantes à que se propõe produzir. Nesse sentido, se possível, é recomendado ouvir todos os programas parecidos e perceber qual será o diferencial escolhido. Trabalhar bem esses aspectos e focar nele é importante. Feita essa parte, é hora de colocar no papel qual é o perfil do programa. Para isso, recomendamos ao criador da atração responder às seguintes questões:

- Quais são os objetivos do programa? Não se deve esquecer que os objetivos devem ser definidos com relação ao ouvinte, isto é, o que se quer mudar nele com o programa.
- O que se pretende com o programa, qual será o foco principal entre informar, formar e entreter?
- Qual será o assunto central e quais serão as temáticas abordadas?
- Qual será o formato e a linguagem adotados?
- Qual será a estrutura do programa: blocos, intervalos e formatos complementares, entre outras características?

- Qual será a estrutura necessária de pessoal e de equipamentos?
- Qual será a duração do programa e em qual horário ele será apresentado?

Após ter claras as respostas a essas perguntas, o profissional estará pronto para começar o processo de criação. Essa é a hora de pensar e estruturar bem o programa piloto, criando conteúdos de qualidade, com a linguagem adequada, colocar tudo em um espelho e iniciar a produção. Quando tudo o que for relacionado à produção extra estiver pronto, será a hora de fechar o *script* (roteiro) para gravar.

Uma vez gravado o programa, é importante que todos os envolvidos o ouçam juntos. Se possível, convém criar uma espécie de grupo focal, em que se convidam pessoas mais ou menos com o perfil dos futuros ouvintes e apresenta-se a elas o piloto, procurando saber o que eles acharam, do que gostaram e do que não gostaram e que sugestões podem dar para melhorar a atração.

Um grupo focal bem escolhido pode fornecer um bom retorno sobre o que se deve manter e o que deve ser retirado do programa. Aliás, a realização de grupos focais, de tempos em tempos, para avaliar uma atração é uma maneira importante de readequá-la ao público, de não perder o foco definido e de não permitir que ela envelheça e perca audiência.

Para saber mais

O ABRAÇO corporativo. Direção: Ricardo Kauffman e César Cavalcanti. Brasil, 2009. 75 min. Documentário. Disponível em: <https://vimeo.com/73639203>. Acesso em: 6 abr. 2020.

Documentário produzido pelo jornalista Ricardo Kauffman, sobrea *teoria do abraço corporativo*, desenvolvida pela suposta Confraria Britânica do Abraço Corporativo (CBAC), que estaria sendo trazida para o Brasil por um igualmente suposto consultor de recursos humanos de nome *Ary Itnem*.

Síntese

Procuramos tratar, neste capítulo, de tudo que envolve uma programação radiofônica, a começar pela definição do público de uma emissora e de sua política editorial. Em seguida, analisamos a programação em si, definida com base em um conjunto de gêneros e de formatos radiofônicos.

Por fim, dedicamos especial atenção aos diferentes formatos jornalísticos, para que o editor tenha claro o leque de opções de que dispõe para ajudar a construir uma programação atraente, que envolva e conquiste a audiência.

Nossa preocupação foi informar o conteúdo específico de cada formato, entre os mais usados na radiodifusão brasileira, e dar algumas dicas que consideramos básicas e importantes para um editor. Esperamos com isso ter passado a dimensão do ofício de editor, o que seguiremos fazendo no próximo capítulo, ao tratarmos das funções e das responsabilidades profissionais no campo do jornalismo radiofônico. Nosso foco principal é a figura do editor, cuja tarefa também pode ser desenvolvida por outros profissionais da redação, como o próprio repórter, o diretor ou o produtor de um programa.

Questões para revisão

1. Paixão (2017) afirma que o jornalismo declaratório vem ganhando força no jornalismo brasileiro e aponta algumas possíveis causas desse fenômeno. Cite algumas delas.

2. Como definir uma reportagem no rádio?

3. Sobre as normas e as condutas éticas de um jornalista, analise as afirmativas a seguir e marque V para as verdadeiras e F para as falsas.
   ( ) Caso o jornalista pertença a uma organização política ou de outra natureza, embora isso seja seu direito de cidadão, não deverá assumi-lo publicamente, pois poderá ser designado a produzir qualquer tipo de matéria, além de que o ouvinte nada tem a ver com isso.
   ( ) O jornalista deve respeitar integralmente a relevância dos fatos devidamente investigados, com honestidade intelectual e defesa do interesse público.
   ( ) O jornalista deve respeitar sempre o princípio do contraditório. As partes envolvidas devem ser sempre ouvidas e confrontadas.
   ( ) Caso o jornalista receba *releases* e outras informações sem garantia de veracidade, deve ignorá-los integralmente. Porém, caso ache que são verdadeiros, deve aproveitá-los e divulgá-los, respeitando exatamente o que a fonte enviou.
   ( ) O jornalista deve citar na matéria jornalística a fonte de informações utilizadas que sejam de outros órgãos ou fornecidas por agências de notícias.

Assinale a alternativa que apresenta a sequência correta:

a) F, V, V, V, F.
b) V, F, F, V, F.
c) F, V, V, F, V,
d) V, F, V, F, V.
e) F, F, V, V, F.

4. Para o jornalista profissional, o ceticismo e a dúvida devem ser vistos como:
   a) qualidades profissionais, porque todas as fontes não merecem crédito por estarem sempre interessadas em fazer uma comunicação de autodefesa.
   b) qualidades profissionais, porque é preciso duvidar das informações que lhe são repassadas, a fim de apurar todos os fatos.
   c) nocivos ao jornalismo, por divulgarem sempre a dúvida, e nunca a verdade.
   d) nocivos ao jornalismo, porque levam o profissional a ser um eterno amargurado com as coisas que acontecem a sua volta.
   e) características que nada têm a ver com a profissão.

5. Sobre as preocupações que o editor-chefe (ou o diretor ou produtor do programa) deve ter ao colocar um radiojornal no ar, analise as afirmativas a seguir e marque V para as verdadeiras e F para as falsas.
   ( ) Fechar o *script* seguindo a estrutura já definida do jornal, como divisão em blocos, redação da escalada e passagens

de bloco, notas, notícias e cabeças das matérias e respectivas informações técnicas, entre outras.

( ) Seguir o *script* rigorosamente, sem alteração, quando o jornal já estiver no ar.

( ) Repaginar o jornal, se necessário, em busca do equilíbrio informativo para manter o interesse do ouvinte.

( ) Alterar o jornal, caso haja fatos novos e urgentes.

( ) Coordenar todas as equipes de trabalho, especialmente a técnica e a de produção, para que a apresentação do jornal flua bem, inclusive atendendo a demandas que possam vir dos apresentadores.

Assinale a alternativa que apresenta a sequência correta:

a) V, F, V, V, V.
b) V, V, F, V, V.
c) V, V, F, V, V.
d) F, V, V, F, F.
e) V, F, F, F, V.

Questões para reflexão

1. O que é a segmentação do rádio e por que ela é importante para a emissora e seus ouvintes?

2. Embora nem sempre escrita, a linha editorial de uma emissora de rádio é importante norteador da produção jornalística de seus profissionais. Qual seria sua atitude ao chegar numa

emissora em que essas orientações não estejam explicitadas num documento?

3. Quais são as principais normas e condutas de um jornalista no processo de produção radiofônica e de convivência com seus pares na mesma emissora?

4. O que é "jornalismo declaratório" e por que essa prática não é recomendada a nenhum jornalista e nenhum veículo de comunicação?

5. O que são gêneros e formatos radiofônicos, como eles eram utilizados antes e como vêm sendo utilizados hoje no rádio?

Capítulo

04

Funções e responsabilidades profissionais no rádio

Elson Faxina | Felipe Harmata Marinho

Conteúdos do capítulo:

- As funções no rádio.
- O trabalho em equipe.
- O papel do editor.
- A estrutura do jornal.
- O texto no rádio.

Após o estudo deste capítulo, você será capaz de:

1. identificar as principais funções exercidas no rádio;
2. compreender a importância da edição para uma rádio;
3. reconhecer o processo de produção jornalística.

Neste capítulo, apresentaremos informações e proporemos algumas reflexões sobre as funções desempenhadas na rádio por profissionais do jornalismo, com foco preferencial na figura do editor. Essa atividade, no entanto, nem sempre é desempenhada exatamente por um editor ou mesmo por um editor-chefe em uma emissora, mas, muitas vezes, por um repórter, um redator, um diretor ou um produtor de determinado programa. No entanto, qualquer que seja o responsável pela edição, ele desempenhará papel semelhante ao do editor.

Procuraremos, então, concentrar nossas discussões nas atividades e nas responsabilidades do editor, que vão desde a seleção de conteúdo até a responsabilidade final por tudo o que vai ao ar, passando pela coordenação de equipes e pelo processo de edição em si. Focaremos no processo de produção jornalística de emissoras, digamos, mais tradicionais e de emissoras dedicadas exclusivamente à produção jornalística, conhecidas como *hard news*.

4.1
Trabalho em equipe

O trabalho em rádio é, na maioria das vezes, feito em equipe. Quando se trata de jornalismo nesse veículo, o trabalho em equipe vira quase uma obrigação. Como já vimos, é muito comum um profissional desempenhar diversas funções ao mesmo tempo. No jornalismo radiofônico, é habitual, inclusive, o repórter ser seu próprio pauteiro e editar a matéria que ele mesmo produziu. Claro que isso ocorre sempre com chances de perda de qualidade informativa, além de submeter o profissional a um nível de estresse muitas vezes prejudicial a sua saúde.

Contudo, quando esse trabalho é feito por uma equipe de profissionais, como deve ser sempre, exige-se uma boa organização para que um não fique "batendo cabeça" com o outro, evitando, por exemplo, que dois jornalistas estejam cuidando de uma mesma pauta.

Uma equipe, digamos, completa de profissionais de rádio desempenha principalmente as funções elencadas a seguir.

∴ O pauteiro

O **pauteiro** é o jornalista que busca e seleciona assuntos que poderão gerar reportagens ou entrevistas. Para Barbeiro e Lima (2001, p. 59), "o pauteiro é o 'pensador' por excelência, aquele que na imensidão dos acontecimentos capta o que pode ser transformado em reportagem". Ele é o responsável por quase todas as reportagens e entrevistas que vão ao ar e como elas vão ao ar em uma emissora, afinal, é ele quem propõe o tema e dá todas as informações necessárias para o repórter produzir a matéria jornalística.

O ideal é que o pauteiro seja um profissional com muitos contatos com pessoas e instituições que possam gerar ou ser fontes de notícias. Ter proximidade estreita com as assessorias de comunicação ou de imprensa também é fundamental. É comum ele receber, cotidianamente, sugestões de pautas de ouvintes e materiais de divulgação de eventos em forma de *releases*, enviados por profissionais dessas assessorias. Seu papel, portanto, é, inicialmente, avaliar se de fato a sugestão vale divulgação e se é de interesse público, especialmente do ouvinte da rádio, para então virar uma pauta. Nesse caso, é fundamental que ele use a sugestão recebida, mas amplie o olhar sobre a proposta, sempre que isso for possível, incluindo outros dados e outras informações e até mesmo outras fontes a serem ouvidas.

Um bom pauteiro não poderá perder de vista que uma pauta deve atender a dois ganchos[1]: 1) o factual e 2) o interesse social. Dos dois, o segundo é o mais importante e pode justificar uma pauta, prescindindo do primeiro.

Chamamos de *factuais* aquelas pautas surgidas de um evento, que pode estar vinculado a datas comemorativas, a manifestações culturais, religiosas, sociais e esportivas, a feiras dos mais variados tipos ou a mobilizações sociais, entre outras origens. São também excelentes dicas de pautas factuais visitas de personalidades a uma região ou a uma cidade e uma decisão política importante, assim como desastres naturais e acidentes, entre outros eventos.

No entanto, é preciso ter claro sempre se esses fatos interessam mesmo aos ouvintes, isto é, se são de interesse público ou de apenas uma pessoa, uma instituição, um político, uma autoridade ou de seus organizadores. Se não interessar aos ouvintes, o fato não merece uma produção jornalística por si só.

Contudo, o fato pode fazer parte de interesses ligados à direção da emissora e, em função disso, surgir um pedido de reportagem,

---

1   *Gancho* é um termo jornalístico usado para indicar o que justifica a produção de uma reportagem ou uma entrevista. Trata-se de uma forma de contextualizar a matéria de maneira a vincular o fato à realidade do público. É possível aproveitar, por exemplo, uma situação pontual em uma cidade ou em um bairro, ou ainda o exemplo de cidadania de uma pessoa, como gancho para tratar o assunto de uma maneira mais ampla. Cabe destacar que o substantivo *gancho* também é usado no jornalismo como forma de vincular um fato a outro, uma notícia a uma reportagem ou a uma entrevista, por exemplo.

entrevista ou de uma notícia. São as chamadas *NQM* (faça "nem que morra") ou *REC* (recomendada). Quando não se trata de tema ou de enfoque que achincalhe a ética profissional, muitas vezes o jornalista acaba tendo de fazer a matéria e, como se costuma dizer, "pagar o pedágio" por trabalhar em uma empresa cujos interesses são múltiplos ou até difusos. Porém, uma boa pauta não deve estar vinculada apenas à existência eventual de um fato datado. Afinal, há assuntos que podem interessar e merecer todo o esforço para produzir um bom material jornalístico sem que sejam eventuais, mas exatamente por serem permanentes na vida de algumas pessoas ou de algumas comunidades. A divulgação desses exemplos e dessas histórias singulares de vida costuma ser encorajadora, uma vez que esses casos fazem a diferença por serem, digamos, pontos fora da curva na vida de outras pessoas, de outras comunidades ou da sociedade como um todo.

São muitos os fatos dessa natureza que são de interesse dos ouvintes e, por isso, devem ser pautados para se produzir uma notícia, uma reportagem ou uma entrevista. O problema é que, muitas vezes, por excesso de trabalho ou mesmo pela lei do menor esforço – ou seja, preguiça mesmo –, os profissionais não se dedicam a olhar ao redor e a dialogar com a vizinhança ou com as pessoas no ônibus e na rua com uma curiosidade jornalística. Eles acomodam-se e esperam que a pauta chegue à redação. Como não saem, não descobrem por conta própria histórias pitorescas, como a de uma vovó que cuida das crianças das mães vizinhas enquanto estas saem para trabalhar; não vão em busca das ações de economia solidária que acontecem nas periferias das maiores cidades brasileiras; não percebem outras situações dessa natureza que acontecem todos os dias, durantes anos, e que não precisam de um evento para merecer uma boa reportagem que trate de cidadania e solidariedade, dois dos maiores valores de uma sociedade.

Da mesma maneira, são muitas as pessoas que se dedicam a **ajudar os outros, sem interesse financeiro ou político-eleitoral,** que valem excelentes matérias jornalísticas, como forma de valorizar a dedicação de quem encontra sua felicidade no cuidado com o próximo. Mas não! Isso dá muito trabalho, sendo preferível esperar que a notícia chegue quase sozinha, andando, à redação. Em muitos casos, essa péssima prática tem transformado as rádios em repetidoras das mesmas notícias, quase sempre com os mesmos entrevistados. É o empobrecimento do jornalismo.

Voltemos à tarefa prática do pauteiro. De posse das informações, factuais e/ou de interesse público, ele vai produzir uma pauta com todas as informações necessárias para que o repórter possa executar sua matéria. Ele deve, então, redigir um texto com todos os dados e todas as informações gerais sobre o tema, **definir bem o foco e o objetivo da reportagem** e sugerir entrevistados, que deverão estar devidamente marcados. Uma boa pauta tem três tipos de entrevistados:

1. **Personagem** – Aquele que tem relação pessoal com o tema da reportagem, que sofre ou sofreu com o problema, que é feliz com o que tem ou teve etc.
2. **Especialista** – Aquele que pesquisa, estuda ou atua na área tratada na reportagem.
3. **Testemunha** – Aquele que viu, presenciou o fato.

Claro que este último depende do tema da reportagem. Quanto aos dois primeiros, é muito importante que uma reportagem traga, no mínimo, um deles. De preferência, mais de um especialista e mais de um personagem.

Para esse trabalho, cada emissora tem seu próprio modelo de pauta, inclusive digital, isto é, uma estrutura definida em um sistema, que deve ser preenchida pelo pauteiro. Apresentamos, a seguir, um modelo padrão, mas, caso a emissora não tenha um definido, poderá elaborar um modelo próprio, com base na adaptação desse exemplo a suas características.

Figura 4.1 – Modelo de pauta no rádio

PAUTA – Rádio [nome da emissora ou do programa]		
Data: [da pauta]	Deadline: [data para ir à edição]	Tempo previsto: 2'30"[2]
Pauteiro: [nome]	Repórter: [nome]	Editor: [nome – se souber]
Retranca: Rep. [reportagem] ou Ent. [entrevista] + [título com, no máximo, 5 ou 6 palavras]		
Fontes Dia: Horário: Local: Nome completo: Relação com o tema: [Se for um especialista, deve-se indicar qual é a especialidade; se for uma testemunha, explicar como aconteceu; se for um personagem, dizer qual é o problema enfrentado.] Fone de contato: [Repetem-se essas informações para cada entrevistado.]		

---

[2] No rádio, as informações referentes ao tempo são registradas dessa maneira. A notação significa: dois minutos (') e trinta segundos (").

Contextualização
Informações gerais: [Texto detalhado sobre o tema da reportagem, da reportagem especial, da entrevista ou do documentário, com histórico, dados, conflitos, pessoas envolvidas etc., ou seja, tudo aquilo que o repórter precisa saber para chegar ao local do fato e produzir uma boa reportagem. Claro que o repórter poderá buscar outras informações por conta própria, mas a pauta deve dar a ele todas as condições de produzir o que lhe foi atribuído sem necessitar disso.]

Proposta
Objetivo: [Definir, de forma bem clara, o objetivo que se pretende atingir com este produto jornalístico. Não se deve esquecer que o objetivo deve estar relacionado ao ouvinte, respondendo à pergunta: O que se deseja que o ouvinte saiba ou faça e que atitude ele deve tomar após ouvir esta reportagem?]
Enfoque: [Definir bem o foco do que vai ser produzido, por exemplo: "Retranca – Doenças não cobertas por planos de saúde". A proposta tem foco, mas está bem aberta; é preciso concentrar-se em uma ou em duas doenças, sobre as quais se tem mais informações, casos e personagens; as demais poderão ser citadas ao longo da matéria ou mesmo em seu final como complemento.]

Sugestões
Perguntas: [Como foi o pauteiro que levantou todas as informações, é importante que ele sugira duas ou três perguntas que terão respostas mais objetivas, claras e contundentes do entrevistado. Não devem ser perguntas para obter informações do entrevistado, pois isso já deve estar na pauta; as perguntas servem para extrair do especialista seu ponto de vista e sua opinião, da testemunha, como aconteceu o fato e o que ela realmente presenciou, e do personagem, o que aconteceu com ele, o que ele está sentindo ou sofrendo e qual problema enfrenta, entre outras dúvidas.]

Anexos
[Podem ser anexados documentos comprobatórios sobre o fato que a pauta propõe aprofundar ou informações que complementem o tema retratado.]

Fonte: Elaborado com base em Faxina, [S.d.].

Em uma redação ideal, o pauteiro produz a pauta e o repórter elabora a reportagem (ou reportagem especial, entrevista, documentário). Por isso, é importante que a pauta seja independente, porque é muito comum este ser o único contato do pauteiro com o repórter. Se o repórter trabalhar no período da manhã, normalmente a pauta que ele recebe foi produzida no dia anterior. Ou seja, os dois profissionais mal vão se encontrar na redação. Claro que estamos falando de uma redação ideal. E por que chamamos essa redação de *ideal*? Porque o produto final passa pelo crivo de vários profissionais antes de ir ao ar. Quando o mesmo profissional faz tudo, da pauta à edição, é comum que o produto final tenha apenas sua visão sobre aquele tema, sem contar com a contribuição, o olhar, a moderação e a complementação de outros dois profissionais.

Contudo, como veremos mais adiante, hoje em dia, em muitas redações – provavelmente na maioria delas – não se produz mais pauta dessa maneira. O próprio repórter pauta, produz e edita seu material jornalístico.

Perguntas & respostas

O que é um gancho jornalístico?

O termo *gancho* tem dois usos no campo jornalístico. Um é para indicar o que justifica a produção de uma reportagem ou de uma entrevista. É uma forma de contextualizar a matéria de maneira a vincular seu tema à realidade do público. O outro uso é como forma de vincular um produto jornalístico a outro: uma notícia a uma reportagem ou a uma entrevista, por exemplo.

∴ O repórter

O **repórter** é o jornalista que vai até o local do acontecimento, apura todas as informações com as fontes e produz a notícia, segundo o que a pauta propôs. É muito comum ele fazê-la ao vivo. O mesmo pode acontecer com a reportagem que, como vimos, poderá ser ao vivo ou gravada.

De qualquer forma, para a reportagem, ele grava entrevistas e, com base nas informações da pauta e naquelas que apurou em campo, estrutura e elabora os textos que irá narrar. Ele deverá, então, cumprir o que foi determinado na pauta, mas sem ficar preso a ela. Se for necessário, deverá complementar aspectos importantes e, conforme o caso, ampliar as informações ou mesmo ignorar as que possam estar equivocadas na pauta. Aliás, quando esta apresenta um erro, é culpa do pauteiro, mas se esse problema vai para a reportagem, o erro passa a ser do repórter. Porém, a pauta não deve impedir esse profissional de ter iniciativas, de usar seu tato e seu "faro jornalístico" para investigar e descobrir o furo, ou mesmo aquilo que é de maior interesse público.

Apontando a diferença entre um repórter de rádio e os demais jornalistas que exercem essa função nos meios impressos, Ferraretto (2014, p. 155) afirma que aquele deve ter sensibilidade para saber valorizar os aspectos do ponto de vista humano em sua dimensão mais adequada:

> O repórter de rádio precisa, acima de qualquer coisa, unir capacidade de observação com habilidade na comunicação. Deve ter por pretensão não deixar escapar nenhum detalhe

do acontecimento. É necessária uma aptidão tal que permita ao profissional narrar, de forma clara e audível, um fato não raro enquanto este ocorre.

Esse desafio aumenta para o repórter quando ele é chamado a produzir uma matéria jornalística com base em uma pauta não factual. Afinal, quando algo ocorreu, ocorre ou ainda vai ocorrer, grande parte da estrutura narrativa já está definida pela linearidade do evento. Basta, de alguma maneira, seguir a ideia do *lide*, respondendo a seis perguntas (as quais veremos mais adiante), que a atualidade do evento já dá conta de grande parte do interesse do ouvinte. Porém, quando se trata de um assunto atemporal, é o jornalista que precisa usar sua sensibilidade e sua criatividade para criar uma estrutura narrativa própria. É necessário buscar, no conjunto de informações disponíveis, aquela que mais interessa para abrir a reportagem, para criar impacto e expectativa e prender a atenção do ouvinte já de início. O começo de uma reportagem deve trazer sempre uma novidade, um fato novo, ainda que o assunto seja amplamente conhecido.

O repórter que mantiver, ao longo de sua vida profissional, a mesma curiosidade de um iniciante e aliá-la à experiência que acumular ao longo do desempenho da profissão terá sempre maior chance de sucesso. Se ele preservar a chama da indignação, da busca por tornar as pessoas e a sociedade mais humanas, melhor ainda.

Como todo jornalista, ele deve procurar uma formação contínua e uma atualização permanente, para conservar-se curioso e indignado na busca dos fatos e poder inovar a cada reportagem.

A capacidade de improvisar, a criatividade e a superação são características de um bom repórter de rádio que devem acompanhá-lo em toda a sua carreira profissional.

Embora hoje seja menos comum, em rádio sempre se manteve a figura do **repórter setorista**, isto é, aquele que trabalha em uma área específica, como esporte, polícia, política e cultura, entre outras. Quando se trata de uma rede nacional, é comum também haver o **enviado especial**, que é o profissional designado para determinada cobertura, de caráter eventual. Há também o **correspondente**, que é o jornalista que reside em um determinado lugar considerado estratégico para a emissora e cobre os mais diferentes acontecimentos jornalísticos. É o caso do correspondente de uma rádio do interior que vive na capital de um estado (ou do país) ou, ainda, em um país estrangeiro (correspondente internacional).

Após concluir a reportagem, o repórter deverá fazer a **lauda de edição**, que deve conter todas as informações da reportagem. Em uma redação ideal, como já vimos antes, essa lauda será o guia do editor, que, ao montar a matéria, poderá seguir integralmente a proposta do repórter ou alterá-la parcial ou totalmente, como veremos mais adiante.

Caso o editor decida mudar a matéria ou reestruturá-la em parte ou integralmente, isso não significará, necessariamente, que o repórter tenha feito um péssimo trabalho. É muito natural que quem esteve envolvido com o tema, com os entrevistados do começo ao fim da reportagem, inicie ou conclua a matéria com aquele que mais lhe chamou a atenção no contato pessoal. Até por uma questão de empatia ou pela proximidade física, esse entrevistado lhe terá tocado mais do que os outros. Já o editor, que receberá o material realmente coletado, que é unicamente o que vai ao ar, poderá ter uma visão mais, digamos, isenta, buscando as dimensões empáticas e emocionais apenas no que tem realmente em mãos. Por isso, chamamos de *redação ideal* aquela em que um produto jornalístico, antes de ir para o ar, passa por três crivos profissionais. Além disso, há o quarto crivo profissional, que se trata do editor-chefe ou do diretor do programa.

É importante salientar que, em muitas redações Brasil afora, é o próprio repórter que edita sua matéria e, nesse caso, prescinde-se da lauda de edição. Entretanto, como também tratamos da redação ideal, vejamos agora um modelo de lauda de edição. Assim como na pauta, ela também pode (e deve) sofrer adaptações para ser uma lauda própria, caso a emissora ainda não a tenha, inclusive em padrão digital.

Figura 4.2 – Modelo de lauda de edição

LAUDA DE EDIÇÃO – Rádio [nome da emissora ou do programa]		
Retranca: [De preferência, a mesma da pauta, exceto se houver mudança de enfoque. Deve ser um resumo fiel do que trata a reportagem.]		**Data**: [dia/mês/ano]
Repórter: [nome]	**Localização**: Pasta: [nome] Arquivo: [número]	**Tempo**: 2'18"
Chamada: [Texto que será lido pelo locutor/apresentador/âncora. Normalmente, trata-se de um texto manchetado, com duas ou três frases que despertam a atenção do ouvinte. Por exemplo: "Festa no campo: Brasil registra marca histórica no aumento da produção agroecológica. É mais alimentos sem agrotóxico na mesa dos brasileiros e mais dinheiro para o agricultor familiar".		

Técnica:	Texto:
[Nesta parte, vão as informações técnicas.]	[Nesta parte, vão as informações que serão ouvidas no ar. O repórter deverá colocar os textos e as informações aqui, seguindo a estrutura tal e qual ele sugere para a matéria.]
Repórter:	OFF[3] 1: [Primeiro texto narrado pelo repórter para abrir a matéria.]
Sonora: [localização da sonora na mídia bruta gravada]	DI[4] (4'52"[5]): [Três a quatro palavras iniciais, seguidas de reticências. Por exemplo: "É preciso levar a sério..."] DF[6] (5'10"): [Reticências, seguidas de três a quatro palavras finais. Por exemplo: "...em todas as regiões do Paraná.] [Observação: em caso de haver corte no meio da fala, deve-se repetir a DI e a DF.]
Repórter:	OFF 2: [Segundo texto narrado pelo repórter.]
[E assim por diante, até o encerramento da reportagem.]	[E assim por diante, até o encerramento da reportagem.]
Nota-pé: [Texto a ser lido pelo locutor/apresentador/âncora, após a reportagem. Normalmente, são as informações complementares, de interesse do ouvinte. É o que chamamos de *serviço*. Por exemplo: "Se você ficou interessado, anote aí o endereço:"]	

Fonte: Elaborado com base em Faxina, [S.d.].

---

3   *Off* é um termo usado em rádio e em TV que significa que o texto é narrado pelo repórter.
4   Deixa inicial (DI).
5   Início da fala do entrevistado na gravação bruta.
6   Deixa final (DF).

A **chamada** (cabeça da reportagem) será sempre sugerida pelo repórter, porque ela faz parte da reportagem. Esse profissional deve reservar para a chamada a informação mais importante, que desperte a atenção do ouvinte e crie expectativa, para, em seguida, fazer a ligação com a abertura da matéria. Quando o repórter não faz isso, ele acaba colocando na reportagem essas informações importantes, obrigando o editor a cortá-las de sua narração para direcioná-las ao apresentador. Quando nem isso é feito, comete-se o enorme erro de a matéria trazer a mesmíssima informação que já fora dita pelo apresentador.

Uma boa chamada de reportagem começa com o tema geral, a informação mais importante, como vimos no exemplo anterior: "Brasil registra marca histórica no aumento da produção agroecológica"; e afunila para a reportagem: "É mais alimentos sem agrotóxico na mesa dos brasileiros, e mais dinheiro para o agricultor familiar".

Explicando melhor: a primeira frase da chamada é a mais importante, de interesse geral, mais racional; a segunda puxa para a humanização do fato, para criar identidade com cada ouvinte, e despertar nele a empatia. Está feito, assim, o gancho para iniciar a reportagem propriamente dita.

Também é atribuição do repórter colocar uma nota-pé, se houver. Esta tem a função de prestar um serviço ao ouvinte, dar a ele informações de como participar do evento divulgado, de onde buscar mais informações, entre outros detalhes, como no exemplo anterior: "Se você ficou interessado, anote aí o endereço...". A nota-pé tem ainda outra importância: ela devolve ao apresentador o comando do radiojornal. Na realidade, é ele quem abre a reportagem, com a chamada, e o ideal é que seja ele mesmo quem a encerre, com a nota-pé.

Dependendo da emissora ou do programa, competirá ao repórter também sugerir a manchete e/ou o *teaser* que aparecerá na escalada do jornal ou na chamada de passagem de bloco. A isso, voltaremos ao tratar das funções do editor, que, a rigor, é quem vai aceitar ou rejeitar as sugestões do repórter.

Perguntas & respostas

Toda rádio tem um profissional de edição?

Sim, muito embora nem todas tenham um profissional contratado exclusivamente para essa função. É comum a edição ser feita pelo próprio repórter ou pelo diretor, redator ou produtor de um programa ou de um radiojornal. No entanto, todas as funções atribuídas ao editor são realizadas dentro de uma emissora.

∴ O produtor

O termo *produtor* tem dois usos no rádio, dependendo muito da emissora. O comum é ele se referir ao profissional que é uma espécie de faz-tudo no jornalismo de uma emissora: ajuda a elaborar, preparar e acompanhar a execução de um ou mais programas de interesse da emissora. No jornalismo, é comum o produtor ser aquele que apura as informações e faz a ronda policial, por exemplo, ou mesmo quem acompanha as informações divulgadas por outras emissoras para não sofrer um furo, cumprindo, de alguma maneira, a figura que foi muito forte antigamente, a do radioescuta. Nesse caso, ele atua muito próximo do pessoal da pauta. Quando trabalha diretamente na produção de um programa, ele fica vinculado à equipe responsável pela atração.

O outro sentido do termo *produtor* é aquele usado em muitas emissoras se referindo ao produtor de um programa. Nesse caso, trata-se do responsável pela atração, uma espécie de diretor executivo.

∴ O chefe de reportagem

É o jornalista que exerce a função de chefe dos pauteiros e dos repórteres. Quando o produtor atua junto com a pauta, no serviço de apuração das informações, ele também fica sob sua coordenação. Por isso, é ele quem determina quais assuntos valem uma pauta e quais serão cobertos por um ou por outro repórter. Nesse sentido, ele acompanha todo o trabalho do repórter e faz a ponte com o editor.

Para poder mandar fazer e saber coordenar quem faz, é essencial que o **chefe de reportagem** seja alguém que já foi pauteiro e, preferencialmente, também já tenha sido repórter. Ele precisa ter visão de conjunto para distribuir as equipes de forma produtiva, otimizando a cobertura e, na maioria das vezes, ensinar tanto o pauteiro quanto o repórter a fazer seus respectivos trabalhos.

Outra necessidade é que ele tenha profunda capacidade de diálogo, de fazer a intermediação entre a direção da emissora e do jornalismo com o pessoal da "cozinha" do jornalismo. Além disso, ele deve ter a capacidade de cumprir o papel de amortecimento de eventuais choques, comuns em toda dinâmica social que trabalha com conflitos, entres aqueles dois polos dentro de uma emissora. Contudo, ele não deve desempenhar essa função simplesmente como leva e traz, mas como fomentador do diálogo entre as esferas, sempre em busca da harmonia e do bom andamento da produção jornalística com ética.

∴ O redator

O **redator** é o jornalista que redige os textos que serão divulgados e apresentados por um (ou por mais) locutor e/ou apresentador ou âncora. Normalmente, é ele quem escreve as notícias e os boletins e fecha o *script*/roteiro de um programa ou um jornal. Para Jung (2004), o redator deve encontrar a palavra certa, aquela que vai seduzir o público e será entendida logo que pronunciada.

Na maioria das emissoras, esse papel é cumprido ora pelo repórter, ora pelo editor e, até mesmo, pelo apresentador. Em algumas, existem os redatores especializados em determinadas áreas, como política, economia, esportes, política, educação, saúde e meio ambiente, entre outras. No entanto, não é comum hoje uma emissora ter um redator pago apenas para fazer isso; normalmente, ele desempenha outras funções e, quando necessário, redige os textos.

∴ O editor

A função de **editor**, como já dissemos, pode ser ocupada pelo repórter, pelo diretor ou, ainda, pelo produtor de um jornal ou de um programa. Contudo, seguiremos tratando como editor o responsável pelo conjunto de atribuições dessa função. É ele quem participa da definição das pautas; uma vez produzidas, ele as recebe e as revisa e monta as matérias de sua editoria, definindo o tempo que caberá a cada uma delas. Ao receber a lauda de edição, preparada pelo repórter que produzirá a reportagem, ele poderá montar tal e qual foi definida ou alterá-la, uma vez que tem liberdade para isso. Assim, o editor deve ter um bom material de reserva, especialmente trilhas e efeitos sonoros, para montar e finalizar uma reportagem.

Como participa da definição dos temas que vão virar pauta, durante a reunião que a define, o editor deve se antecipar e produzir materiais jornalísticos, como notas e outras informações que sejam necessárias para fechar o programa ou o jornal. Mais adiante, ainda neste capítulo, veremos com detalhes as funções do editor.

∴ O editor-chefe

O **editor-chefe** é o jornalista que atua como responsável final por determinado produto jornalístico, segundo a linha editorial anteriormente definida. Trata-se de uma função ocupada, em muitas emissoras, pelo diretor ou pelo produtor final do programa ou do jornal. Entre suas tarefas estão: a coordenação da reunião de pauta, para decidir quais valerão produções jornalísticas dentre os materiais que chegam das diferentes áreas, sempre tendo presente a linha editorial do produto jornalístico; a coordenação do trabalho dos demais editores; o fechamento do *script*/roteiro; e a coordenação do programa ou jornal no ar. Em última instância, é ele quem decide o assunto que vai e como ele vai para o ar. Na realidade, cabe ao editor-chefe a coordenação do trabalho de toda a equipe. E isso costuma ser um segredo para o sucesso do produto final.

Na reunião de pauta, é fechado o espelho do programa ou do jornal. Tudo o que foi planejado deve estar ali, bem definido, com atribuições de responsabilidade. Da mesma maneira, toda emissora deve ter seu próprio modelo de espelho; caso não o tenha, poderá criar o seu próprio baseada na adaptação do modelo que apresentamos a seguir.

Quadro 4.1 – Modelo de espelho

Hora fechamento / Rádio/programa [nome]

BLOCO 1

Assunto	Formato	Repórter	Editor	Tempo Formato	Totais
Atualidades	Notícias	Estúdio	Estúdio	2'	2'
Polícia – "Kit flagrante"	Reportagem	José Alface	Pedro Quiabo	2'	2'20
Atualidades	Notícias	Estúdio	Estúdio	2'	2'
Educação – "Evasão escolar"	Reportagem	Maria Couve	João Maçã	2'30"	2'40"
Educação – "Soluções?"	Entrevista	Por telefone	Por telefone	4'	4'
Passagem de bloco	Estúdio	Estúdio	Estúdio	15"	15"
Total geral					13'15"

BLOCO 2

Assunto	Formato	Repórter	Editor	Tempo Formato	Totais
Atualidades	Notícias	Estúdio	Estúdio	1'30"	1'30"
Saúde – "Os contra a vacinação"	Reportagem	Joana Repolho	Paula Uva	2'20"	2'30"
Atualidades	Notícias	Estúdio	Estúdio	2"	2"
Estradas – "Problemas do asfalto"	Reportagem	Geraldo Banana	Lúcia Cebola	3'	3'20"
Economia – "Tipos de aplicação"	Comentário	Carlos Rabanete	-	2'10"	2'10"
Passagem de bloco	Estúdio	Estúdio	Estúdio	20"	20"
Total geral					11'50"

Fonte: Elaborado com base em Faxina, [S.d.].

Para os demais blocos, repetem-se as marcações do quadro (Bloco 3, Bloco 4 etc.).

∴ Outras funções

Há ainda outras funções importantes no processo de difusão da notícia, mas que tanto podem ser feitas por jornalistas quanto por outros profissionais. São casos como o **locutor noticiarista**, profissional que apresenta as notícias produzidas pelo redator, de maneira especial os boletins, seguindo rigorosamente o que lhe foi passado; o **locutor apresentador**, que tem maior liberdade em relação ao *script*, podendo fazer improvisos; e o **âncora** que, além de apresentar a notícia, comenta-a e comanda todo o programa, com certa liberdade.

Há ainda a figura do **comentarista**, que é um especialista em determinado assunto, sempre chamado para comentar os acontecimentos de sua área, como política, economia e meio ambiente, entre outras.

4.2
Hard news, all news e profissional multitarefa

Uma emissora de rádio que é focada na produção e na transmissão de conteúdo no formato denominado *all news*, a programação inteira dedicada ao jornalismo, em especial, às notícias, pode acabar, em geral, subvertendo a lógica do que foi apresentado neste capítulo até agora. O mesmo acontece com emissoras que apresentam programas ou jornais mais longos, focados no formato *hard news*, ou seja, na produção de conteúdo de notícias factuais, de temas do dia. Nesses casos, a forma de produção exige do profissional o domínio de todo o processo jornalístico, e não de apenas parte dele. Não que este tópico vá contradizer o restante do capítulo, apenas fazemos a marcação de que aqui vamos explicar um formato que é diferente das produções mais clássicas do jornalismo no rádio.

A lógica, muitas vezes, é um pouco diferente até pela velocidade de apuração que é exigida e também por causa da velocidade com que a informação entra ao ar. A principal mudança – e a mais radical – é que, dificilmente, uma rádio no modelo *all news* ou focada no *hard news* vai ter de forma tão estabelecida as funções clássicas de uma redação tradicional, como os cargos de pauteiro, repórter, apresentador, editor e assim por diante. Isso não quer dizer que não é preciso conhecer e entender o que cada uma dessas funções faz. No entanto, isso não quer dizer que o processo e o fluxo de produção dentro de uma redação não exista também nessas rádios.

A diferença é que, em uma emissora focada no *hard news*, o jornalista, principalmente o repórter, precisa dominar todo o processo. Isso vale para uma rádio com uma grande equipe e principalmente para rádios menores, com poucos jornalistas na redação. Ou seja, é preciso que o profissional saiba fazer desde a apuração até a sonoplastia e que ele consiga colocar a informação no ar com a melhor qualidade técnica e de conteúdo possível.

Para entender melhor essa lógica, explicaremos, nos próximos itens, como funciona, na prática, esse rodízio entre as funções e como é importante que o jornalista domine todo o processo, do começo ao fim.

∴ A pauta como intenção, e não como produção

Algumas das mudanças mais radicais em uma emissora no formato *all news* é com relação à concepção da função de pauteiro e do que é a *pauta* no rádio. Como a proposta é colocar a informação factual no ar o mais rápido possível, não faria sentido que a maior parte do tempo fosse destinada a essa etapa. O foco da energia da equipe deve direcionar-se para a apuração e para a reportagem. O esforço deve ser voltado para colocar o conteúdo no ar. Com isso, uma reunião de pauta é muito mais ligada a uma pequena e rápida conversa, em que os jornalistas discutem os assuntos que merecem ser noticiados no dia, do que a uma longa reflexão sobre determinado assunto. Uma concepção maior da pauta fica restrita somente para programas de análises ou para reportagens especiais.

Para o dia a dia, a proposta é muito mais conversar sobre temas que merecem destaque do que já ter de forma clara os personagens e os especialistas que serão entrevistados. Em geral, é o próprio repórter quem assume a apuração de determinado conteúdo durante o dia. É ele quem vai atrás de mais informações e dados e também busca os entrevistados que aparecerão na reportagem. Assim, não é o pauteiro que pensa previamente tudo isso. Na prática, não é que não exista a pauta, mas ela é assumida pelo repórter, que desenvolverá o assunto.

Quem tem experiência com reportagem no jornalismo tradicional, mais clássico, pode sentir um pouco essa diferença, pois, normalmente, esse profissional já receberia a pauta com o gancho, os entrevistados e tudo o mais, como abordamos anteriormente.

Agora, é o próprio repórter quem vai atrás, e essa mudança traz mais protagonismo para ele, que passa a dominar todo o processo. Ele tem condições de buscar fontes que tenham mais a ver com o tema e também pode questionar e pesquisar vários dados, além de dar direcionamentos diferentes conforme o assunto for se desdobrando. Nesse sentido, a pauta mistura-se com a apuração de determinado tema, pois cabe ao repórter ir atrás de tudo.

Um outro desdobramento causado pela ausência de uma figura clara de pauteiro é que, com isso, a ronda jornalística precisa ser reforçada por todas as pessoas da redação. Normalmente, todos os profissionais trabalham com os principais *sites* noticiosos locais e do mundo abertos e com as redes sociais conectadas, além, é claro, de fazer a ronda jornalística clássica de trânsito, estradas e policiais. Dessa forma, o olhar sobre o que é notícia sai de um cargo e passa para a redação como um todo.

∴ O setorista é substituído por uma cobertura mais genérica

Com as diversas crises pelas quais o jornalismo passou nos últimos anos e com o enxugamento das redações, uma mudança notada também é que dificilmente uma emissora focada no *all news* ou no *hard news* vai oferecer uma cobertura setorizada, ou seja, com um jornalista cobrindo unicamente determinada editoria ou determinado assunto.

O mais comum, nesse caso, é que o repórter cubra as mais variadas editorias: de política à cultura, passando por economia, meio ambiente e outros temas. A exceção fica para algumas questões muito específicas. Um exemplo é a transmissão esportiva, cujos profissionais, normalmente, têm uma escala de trabalho diferente da dos outros integrantes da redação, até para que a equipe consiga ir aos estádios para fazer a cobertura dos jogos, em horários pouco convencionais, geralmente em noites e em tardes de domingo. Porém, mesmo assim, dentro da redação, em algum momento, qualquer jornalista pode fazer a cobertura dos resultados dos jogos ou do dia a dia dos times de futebol, por exemplo.

Outra exceção é relacionada a assuntos muito específicos ou que demandem um conhecimento técnico ou de contato com fontes específicas. Um exemplo disso é a cobertura da Operação Lava Jato, que começou em 2014. A apuração, nesse caso, requer conhecimento do funcionamento do *Eproc*, que é o sistema *on-line* da Justiça no Brasil, além de *network* e de conhecimento prévio de quem são os advogados de todos os envolvidos, os números de processos de cada etapa da operação, entre outros fatos. Então, normalmente, a Lava Jato sempre teve nas redações equipes próprias de cobertura. Contudo, mesmo assim, dificilmente um jornalista que cobria a operação no rádio era exclusivo para isso. Assim, ele noticia outros assuntos em dias em que não há uma demanda tão grande daquele assunto. Outros jornalistas, em algum momento, também acabam fazendo algum tipo de cobertura do caso.

Como o jornalista cobre de tudo, é preciso que ele tenha muito repertório – é necessário que ele saiba o que é notícia em qualquer área do conhecimento, e não somente sobre determinado assunto.

∴ Não é preciso ter todo o conteúdo pronto para ir ao ar

Com a instantaneidade do rádio e a velocidade com que as informações são divulgadas em uma emissora *all news*, uma questão que é importante ter em mente é de que o material entra no ar assim que a primeira confirmação do fato acontece. Dificilmente o repórter termina todo o material para então entrar no ar. Assim, a notícia constrói-se ao vivo. Se o tema for um dos principais assuntos do dia, a velocidade é maior ainda. A apuração, em compensação, nunca acaba: ela continua mesmo depois que as primeiras informações são noticiadas.

É normal, por exemplo, a matéria entrar no ar somente com o lide e já anunciar para o ouvinte que, na sequência, a equipe volta com mais informações. Assim, a notícia é elaborada ao vivo e os desdobramentos do fato são acompanhados ao longo do dia. Vale lembrar que vamos aprofundar a discussão sobre lide e texto nos próximos itens deste capítulo.

Cabe ressaltar que, desde que o conteúdo seja checado e confirmado, é muito melhor entrar no ar com as primeiras informações do que esperar para ter todo o material consolidado e, então, noticiar o fato.

O mesmo entendimento vale para as sonoras. É melhor primeiro dar uma nota informativa sem sonoras e entrar com elas somente depois que o material estiver pronto do que segurar a informação para poder editá-la. Até porque, mesmo com a ascensão da internet, o rádio ainda tende a ser o primeiro veículo a dar uma informação. Outras redações jornalísticas, inclusive, pautam suas reportagens com base em emissoras de rádio.

O conceito de notícia no rádio no formato *hard news* está muito mais ligado à informação nova que é dada no ar do que à informação completa, com todos os seus desdobramentos. Se for a cobertura de um acidente, por exemplo, primeiramente se noticia que houve o acidente, se há vítimas ou bloqueios na via e, depois, passa-se a entender no que o evento está afetando as pessoas, para aí tentar entender as causas e as consequências daquela colisão. Seria impossível saber isso tudo ao mesmo tempo.

É somente o material consolidado do fim do dia, provavelmente, que vai dar conta de responder a todas essas questões. Porém, em tempo real, na transmissão ao vivo, é importante noticiar em etapas, e não segurar o material até ter tudo completo. Imaginemos uma pessoa que vai para a estrada logo depois que houve o acidente. Se a informação for dada logo após o fato acontecer, o ouvinte terá condições de mudar sua rota e não ficar preso no congestionamento – algo que, se o jornalista não tivesse entrado no ar de forma rápida, com as informações preliminares, jamais poderia acontecer.

Com isso, também cai por terra a ideia da lauda de edição. Não faz sentido ter uma lauda de edição pronta visto que se sabe que o material que será usado é extremamente efêmero. Do ponto de vista técnico, a própria lauda de edição fica designada somente para a consolidação do material no fim do dia e para o caso de reportagens especiais.

∴ O lide muda muitas vezes ao longo do dia

Como a apuração e a notícia constroem-se ao vivo, como vimos no item anterior, um mesmo fato é noticiado várias vezes ao longo de um dia. Por isso, o lide é muito efêmero e transitório dentro do *hard news*. Ele perde a força em pouquíssimo tempo. O fato em si é noticiado várias vezes ao longo da programação, mas o lide muda a todo momento – a pirâmide invertida é atualizada a cada instante.

É isso que garante que o ouvinte que está acompanhando a programação tenha, já no começo da notícia, a informação nova. Quem está ligando o rádio naquele momento também consegue entender o fato, pois o contexto aparece no segundo e no terceiro parágrafos, mas sempre depois do lide. Se pegarmos como exemplo um acidente de trânsito, como fizemos no item anterior, na primeira entrada no ar o lide é o próprio acidente. Porém, nas próximas entradas não faz sentido repetir isso como informação principal. É preciso avançar. Assim, na segunda entrada, já é preciso ter uma informação nova, como a quantidade de quilômetros de engarrafamento que o acidente causou – o fato em si já se torna o segundo parágrafo da informação e o congestionamento abre a notícia.

∴ O celular é melhor do que o gravador

Até por volta dos anos de 2014 e 2015, o jornalista que trabalhava em rádio ia para a reportagem na rua com um gravador de áudio. Era esse aparelho que garantia a melhor qualidade técnica de áudio possível. Ele ainda é utilizado, mas, com o passar dos anos, a evolução e a melhora na qualidade na captação dos celulares, é extremamente comum que o repórter vá para a rua somente com um *smartphone*.

A qualidade é muitas vezes melhor do que a do gravador de áudio. Além disso, o celular traz facilidade ao jornalista, que precisa levar menos equipamentos com ele para a reportagem, e agilidade, porque permite que o material seja facilmente enviado para a redação. A tendência é que, cada vez mais, o *smartphone* resolva todas as questões técnicas que o repórter precisa quando está em campo.

∴ Foto e vídeo no rádio?

Além de aposentar o gravador, o uso dos *smartphones* trouxe outros ganhos ao repórter que, na rua, não tem somente a função de entrar no ar, no dial, para a emissora. O jornalista agora vai a campo com celular e tem a obrigação de também fazer fotos e vídeos do fato que está cobrindo, mesmo trabalhando em uma emissora de rádio.

Claro que, como o meio principal é o dial, o repórter inicialmente repassa a informação no ar e toma todos os cuidados com as participações ao vivo, mas é fundamental alimentar as redes sociais da emissora e também seu *site*.

Dependendo da emissora para a qual o jornalista trabalhe, também é normal que ele faça uma *live* (transmissão ao vivo) nas redes sociais da emissora, trazendo outros conteúdos e informações além do que transmitiu ao entrar no ar.

Para quem fica no trabalha internamente, algo que tem se difundido com frequência é a transmissão ao vivo na internet com imagens do próprio estúdio da emissora. Ou seja, a informação visual também é importante, o que fez com que o *layout* dos estúdios se modernizassem em rádios por todo o país.

Antigamente, não existiam tantas preocupações estéticas, pois a redação jamais aparecia em frente às câmeras. Além disso, a transmissão em vídeo trouxe também novas possibilidades de público, pois atrai para a emissora pessoas que estão em frente ao computador ou mesmo mexendo no celular e que, se não fosse a veiculação em vídeo na internet, não estariam acessando aquele conteúdo.

∴ Grupos de assessoria de imprensa no WhatsApp

Além da *live*, da foto e do vídeo, é importante salientar que o aplicativo WhatsApp causou nas redações jornalísticas uma revolução na rotina produtiva muito maior do que parece.

Aquela cena clássica, que muitas vezes aparece no cinema, de uma redação jornalística com o telefone tocando a todo instante quase deixou de existir. Agora, os principais contatos acabam acontecendo via WhatsApp. Além disso, as assessorias de imprensa das principais corporações dispõem de grupos específicos no aplicativo para mandar avisos de pauta e enviar notas oficiais, comunicados e novas informações sobre um fato.

As assessorias de imprensa de órgãos oficiais, como prefeituras, câmaras de vereadores assembleias legislativas, entre outros, também criam grupos e passam os destaques (*highlights*) durante todo o dia de novos conteúdos, *releases* e sugestões de pauta.

Além disso, é normal que em grupos mais ligados ao jornalismo policial, por exemplo, a própria assessoria de imprensa disponha, praticamente em tempo real, o áudio de uma entrevista coletiva que acabou de acontecer. Dessa forma, se o jornalista não conseguiu estar na coletiva, ele tem acesso ao conteúdo praticamente em tempo real.

Então, hoje, a facilidade para conversar com as assessorias de imprensa é muito maior e ganha-se em agilidade. Isso demanda uma atenção muito grande ao celular durante o dia inteiro.

Embora ainda seja válido o que se dizia antigamente, de que um bom jornalista deve ter uma boa agenda de contatos, hoje é necessário acrescentar que um bom jornalista também deve ter no celular uma boa lista de grupos no WhatsApp.

∴ O jornalista edita o próprio material

Falamos do começo da cadeia do processo da rotina produtiva jornalística quando dissemos que o *hard news* transforma a figura do pauteiro. Avançamos no processo quando abordamos o protagonismo e a responsabilidade que o repórter tem desde a pauta até a produção da notícia ou da reportagem. Na outra ponta, a edição também se transforma no *all news* ou no *hard news*.

É muito raro que uma emissora que trabalhe com esses formatos tenha, na atualidade, a figura de um editor de áudio exclusivo – alguém direcionado para fazer só isso. O editor clássico de áudio é um cargo que ficou famoso até o começo dos anos 2000, mas deixava a redação muito engessada e o material demorava para ficar pronto e, por consequência, esperava-se muito mais para a notícia ir ao ar.

O tempo que se demorava para explicar para um editor o que deveria estar no material era maior do que aquele gasto se o jornalista editasse a própria sonora. Isso porque a edição no rádio é muito simples e não demanda grandes aprimoramentos técnicos.

Então, é normal que o jornalista assuma uma pauta, apure e busque dados e personagens e faça entrevistas. Depois, ele mesmo edita as sonoras que vai utilizar no material final. Assim, o processo de produção jornalística ganha agilidade e qualidade, pois ninguém melhor do que a pessoa que cobriu determinado assunto para saber o que é mais importante sobre ele para entrar no ar. Além disso, no *hard news*, a edição é muito fácil porque o principal recurso utilizado é o de cortar. Não é necessário tanto aprimoramento.

Com isso, quando uma rádio mantém a figura clássica do editor de áudio, é apenas para produções mais longas, mais trabalhadas, como reportagens especiais, documentários e quadros.

∴ E como se edita o material quando o repórter ainda está na rua?

Uma exceção para a lógica do *hard news* ocorre quando o repórter precisa ficar no local onde o fato aconteceu, quando ele está na rua. Nesse caso, é normal que ele mande o áudio para a redação, normalmente via WhatsApp, e no estúdio alguém proceda com o recorte do material enviado. No entanto, mesmo assim o jornalista indica quais trechos do material bruto captado quer utilizar e passa o direcionamento para quem está editando.

Cada vez mais, também, é comum que o próprio jornalista utilize um aplicativo de edição e já recorte a sonora no próprio celular, enviando para a redação a sonora já pronta para rodar enquanto ele dá a informação no ar.

∴ A predominância da transmissão ao vivo

Por todas as características mencionadas até agora e levando em conta a velocidade com que a informação é noticiada, no formato *hard news*, o padrão é que as informações sejam dadas ao vivo. É muito raro, durante os jornais, que o repórter entre com uma informação gravada.

A regra é: o que vale é o ao vivo. Isso gera algumas consequências que devem ser levadas em conta. A primeira é que o erro na locução pode ocorrer, o que pode até ser considerado normal em uma emissora com esse perfil, visto que a exposição é muito maior quando se está ao vivo. Isso não quer dizer que o jornalista entra no ar para errar. Contudo, a questão é saber como ele deve se portar e conseguir se virar se sentir que gaguejou ou se errou alguma informação. Saber retomar o assunto, improvisar, é fundamental.

A segunda questão é que, normalmente, o texto produzido pelo jornalista vai ser lido por muitas pessoas. O repórter não é o dono daquele conteúdo. Depois que o jornalista vai embora, a rádio continua no ar e aquele conteúdo vai ser veiculado novamente por outros profissionais. Por isso, é fundamental que a escrita siga os padrões de texto de que tratamos neste livro, seja no sentido de facilitar a leitura pela maneira que se organiza a ordem das frases, seja pela forma como se escrevem os números, seja pela atenção a se respeitar ao máximo o lide e a pirâmide invertida. É mantendo a pirâmide invertida que o texto fica o mais neutro possível para que outros jornalistas leiam o material sem cair em cacoetes ou em vícios de linguagem.

Normalmente, o material gravado será feito no fim do expediente, quando o assunto em questão já estará encerrado, ou seja, não terá desdobramentos. O material é gravado para que seja utilizado em horários como o da madrugada ou o do começo da manhã seguinte. Reportagens especiais, conteúdos mais aprimorados ou que demandem uma sonoplastia mais específica, além de quadros ou colunas, também podem entrar no ar de forma gravada. Caso contrário, a regra é que entrem no ar no formato *ao vivo*.

∴ Lugar de repórter nem sempre é na rua

Por mais que uma das frases mais utilizadas e mais clássicas utilizadas para se falar de apuração e de jornalismo é a de que "o lugar do repórter é na rua", pois só assim ele tem maior capacidade de checar a informação e conseguir ver *in loco* os fatos, com a ascensão da tecnologia essa é uma realidade que tem mudado muito.

É extremamente comum uma rádio jornalística realizar as entrevistas e a apuração de um evento por telefone. Na maioria dos casos, inclusive, esse é o principal meio utilizado. Isso porque, por um lado, a qualidade de captação e de gravação melhorou muito nos últimos anos; por outro, as redações estão muito mais enxutas e as funções, extremamente otimizadas.

Na atualidade, se o repórter vai para a rua, ele tem de trazer algo que a entrevista realizada pela redação não permite. É preciso buscar um tempero, um detalhe, um fato a mais. Para situações mais corriqueiras, o telefone acaba sendo mais rápido, mais fácil de se utilizar e traz o mesmo resultado que a visita ao lugar em que ocorre o evento.

4.3
O papel do editor

Como já vimos antes, tratamos aqui de *editor* não apenas como o profissional encarregado de montar um material jornalístico operando o equipamento de edição, mas também, e principalmente, do profissional responsável por um produto que vai ao ar, desde uma simples notícia ou reportagem até um programa inteiro – um radiojornal completo, por exemplo. Tratamos, então, da responsabilidade pela edição, mais do que do ato técnico de montar um produto jornalístico.

"Ser editor é um teste de caráter", afirma Pereira Junior (2012, p. 21) no *Guia para a edição jornalística*. Delineando sobre as atividades próprias desse profissional, que envolve tomar decisões em nome do público e manter relações com fontes e com a estrutura e as chefias internas do veículo, é, na cadeia produtiva da informação, "ele quem talvez mais revele de si na operação do próprio trabalho, quaisquer que sejam suas obrigações, se atividade-fim ou atividade-meio[7]" (Pereira Junior, 2012, p. 21).

---

7   O autor chama de *atividade-fim* do editor suas tarefas de coordenar e fechar a edição e de *atividade-meio* toda a parte gerencial que isso envolve (Pereira Junior, 2012).

∴ Seleção de conteúdo

Esse teste de caráter de que fala Pereira Junior (2012) aparece já em uma das primeiras tarefas do editor: o processo de seleção de conteúdo. Muitas vezes, com o título pomposo de *editor de conteúdo*, ele é o profissional responsável por garantir que certos assuntos vão ao ar e a qualidade das informações divulgadas.

Para zelar pelo conteúdo veiculado, um bom editor precisa, inicialmente, entender e concordar com a linha editorial da emissora e/ou do programa, compreender o funcionamento organizacional da empresa em que trabalha e comprometer-se com o planejamento das tarefas a ele atribuídas, coordenando as atividades de sua equipe e acompanhando cada etapa da produção dos materiais.

Ao contrário do que acontecia há algumas décadas, a sociedade contemporânea é inundada diuturnamente por uma verdadeira avalanche de informações, notícias, comentários, opiniões, decisões etc. Em vista disso, nenhum veículo, mesmo o rádio, tem condições de noticiar tudo o que ocorre na vida das pessoas e das instituições, nem mesmo as que circulam nas redes sociais todos os dias. Por isso, ganha mais importância a tarefa de seleção de conteúdo, por meio da qual são tomadas decisões sobre o que o veículo vai noticiar e de que forma vai fazê-lo; se o acontecimento será solenemente ignorado, se valerá uma nota ou uma reportagem, entrevista ou comentário, e assim por diante. Essa seleção de conteúdo acontece em diferentes etapas no processo de produção jornalística no rádio, com base em um conjunto de situações. A primeira seleção surge com a definição da linha ou da política editorial da emissora. Uma segunda seleção está relacionada ao segmento de público a que ela se destina. Essas duas triagens são, podemos dizer, da natureza explícita do veículo.

No entanto, existem muitos outros critérios, alguns explicitados e outros não, que definem o que vai ao ar e como isso será feito em uma rádio. Entre os critérios comumente explicitados, estão os mais teóricos – para não dizer *publicáveis* –, dentre os quais destacamos: o interesse público, a importância, a abrangência, o impacto, a proximidade, a atualidade, o ineditismo e outros mais. A notícia, contudo, passa por outros funis, cujos parâmetros quase nunca são assumidos publicamente e, muitas vezes, na própria redação eles são internalizados como normais, sem nunca terem sido expostos claramente.

> A notícia sofre uma série de triagens, em que os critérios de seleção reais estão voltados em primeiro lugar para os aspectos jurídicos, políticos e econômicos. Só depois da notícia ser por eles aprovada é que pode ser submetida aos chamados "critérios jornalísticos" e às triagens motivadas por gostos pessoais dos que momentaneamente detêm o poder de selecionar. (Ortriwano, 1985, p. 105)

Embora dito há mais de três décadas, esse processo de seleção ainda se faz presente hoje. E o editor é, por ofício, quem mais participa dessa tarefa. Em uma reunião de pauta, por exemplo, seja ela formal, seja informal, a presença do editor é essencial, e ele tem, normalmente, a última palavra sobre quais temas valerão uma reportagem. Se ele for o editor-chefe (ou o diretor ou o produtor geral), aí sim a última palavra será dele. Nesse caso, ele poderá cortar ou sugerir cortes no texto do repórter, bem como retirar ou mudar parte da sonora e reestruturar toda a reportagem, como veremos mais adiante.

Mas, para além de opções pessoais, a decisão de um editor, assim como dos demais membros de uma reunião de pauta, deve ser movida pelo interesse público, e, de forma muito especial, do **público que é o perfil do programa, do radiojornal ou mesmo de** determinado horário da emissora. No caso de serem matérias NQM ou REC, como vimos no início deste capítulo, compete ao grupo, sob a coordenação do editor, buscar nesse tema um gancho que possa vinculá-lo ao interesse público. Muitas vezes, o editor precisa ser, também, um verdadeiro malabarista para unir os desejos da empresa e de sua direção com o interesse público. É óbvio que, quando isso não é possível e a matéria precisa ser produzida, ela vai ao ar com o enfoque solicitado, sempre que isso não fira a ética profissional.

Perguntas & respostas

O que é uma reunião de pauta e qual sua importância?

Coordenada pelo editor, pela chefia de reportagem ou pelo diretor do radiojornal, a reunião de pauta é o momento de planejar a próxima edição do programa ou do jornal. Devem participar dela os pauteiros e os demais envolvidos no processo de produção da atração. É com base nesse planejamento que começarão a ser elaboradas as matérias jornalísticas que entrarão no ar, normalmente, no dia seguinte.

∴ Revisão de texto e de conteúdo

Outras funções específicas do editor é ler e revisar uma nota ou uma notícia e ouvir e revisar uma reportagem para adequá-las à linha editorial ou ao estilo do programa ou do radiojornal, conferindo elementos como conteúdo, gramática e linguagem, bem como estrutura narrativa, tom de voz e sonorização, se houver.

Quando esse profissional desempenha a função de chefia (editor-chefe, diretor de jornalismo ou produtor de programa), ele não costuma participar do processo diário de edição. Ele só fará isso em casos especiais. No entanto, nada irá para o ar sem passar por suas mãos, ou melhor, por seus ouvidos. Gozando de boa relação com a direção da emissora, ele será a garantia de que tudo o que for para o ar esteja dentro da linha editorial da rádio. Logo, será dele, sempre, a última palavra.

∴ Edição de reportagem[8]

Editar uma reportagem dá ao editor a decisão do que será divulgado, como isso será feito e do que irá para o descarte. Se isso dá a ele um poder enorme em relação aos profissionais que atuaram nos processos anteriores de produção (pauteiro e repórter), também cobra dele uma imensa responsabilidade.

---

8   Tratamos aqui de *reportagem* no sentido clássico, como um produto planejado e construído com base em diversos pontos de vista, hoje mais afeito ao que se convencionou chamar de *reportagem especial*.

Como já vimos antes, em uma redação clássica, o editor recebe do repórter a mídia com todo o material bruto gravado, tanto as sonoras quanto os textos narrados por ele, e a lauda de edição com toda a estrutura da reportagem proposta. O editor tem liberdade para mudar a reportagem, complementar informações e, de maneira muito especial, usar a criatividade para deixar o produto mais interessante ao ouvinte.

Aqui está a diferença entre o que chamamos de *montador de matéria* e de *editor de matéria*. O primeiro monta exatamente o que o repórter trouxe, não importando se utiliza a melhor estrutura e se as informações estão corretas e bem explicadas. Nesse caso, o editor se transforma em um simples operador de *software*. Aliás, para isso não precisa ser jornalista.

Já o segundo, o editor de fato, recebe o material do repórter, avalia se a estrutura da reportagem está interessante e se ela facilita a compreensão do ouvinte, revisa os textos narrados pelo repórter, a veracidade das informações, os trechos das sonoras sugeridos e se o que dizem repórter e entrevistados se complementam e verifica se a qualidade do material gravado está boa e em condições de ir para o ar, além de outros cuidados, para, enfim, tomar a decisão do que fazer baseado no que tem em mãos.

No caso de baixa qualidade das sonoras gravadas, com ruídos ou com outros problemas, é o editor que avalia se vai usá-las ou não. Aliás, um material mal gravado só deve ir ao ar se for algo muito importante, inédito, impossível de ser gravado novamente. Sem essas qualidades, ninguém vai ficar ouvindo uma sonora com chiados, com ruídos ou com outros problemas que atrapalham o entendimento do que está sendo dito.

Tratando-se de uma gravação em outro idioma ou mesmo de um imigrante com sotaque muito acentuado, o editor deverá analisar se o melhor a fazer é colocar uma voz fazendo a tradução. Nesse caso, inicia-se a sonora do entrevistado e, após uns dois segundos, baixa-se a voz dele, que vai a *background* (BG), e entra a voz do tradutor. Ao final da fala, deve-se tomar cuidado semelhante: terminar a tradução uns dois segundos antes e subir a voz do entrevistado para concluir a sonora.

Portanto, o editor fará tudo para resolver o problema, antes de descartar o material. Afinal, se o erro chegar até o editor, a falha será do repórter, mas, se esse erro for ao ar, a falha se tornará do editor, mesmo que sejam erros gramaticais ou de pronúncia. Como já dissemos, o editor pode mudar parcial ou integralmente a matéria, mas não deverá fazer isso se for apenas por capricho, para "trocar seis por meia dúzia".

Como o editor não esteve envolvido com o que aconteceu em campo e com os entrevistados, ele terá em mãos o material realmente coletado, que é o único que vai para o ar. Se, por um lado, ele perde exatamente porque lhe faltou sentir o que de fato aconteceu em campo, por outro, ele ganha porque só terá em mãos o que o repórter trouxe e, então, é dali que ele deve extrair as dimensões empáticas e emocionais possíveis de chegar ao público. Essa distância crítica do fato lhe permite maior proximidade com o ouvinte, com base apenas no que recebeu do acontecimento.

∴ Estrutura de um produto jornalístico no rádio

Como vimos no Capítulo 2, a estrutura de uma notícia, reportagem, entrevista ou de outro produto jornalístico radiofônico deve provocar, de imediato, a empatia do ouvinte. A humanização da matéria é uma ótima forma de conseguir esse objetivo. Contudo, também se pode provocar a empatia com uma boa pergunta, uma afirmação curiosa ou alguma outra que chame a atenção do ouvinte, que crie com ele uma forma de relação.

Neste ponto, vale lembrar a história em três atos, de que tratamos também no Capítulo 2. Uma reportagem também é uma história, aliás, toda narrativa radiofônica pode ser considerada uma história que alguém (o radialista) está contando para um amigo (o ouvinte). Essa estrutura também lembra a narrativa de uma piada, que também observamos no Capítulo 2. Pois, então, essa forma de estruturar uma matéria é que se deve ter em mente. Contudo, é necessária muita atenção para não cometer exageros, que façam com que a narrativa se desprenda do fato.

Tratando do princípio da estruturação da informação no telejornalismo contemporâneo, Bourdieu (1997, p. 25, grifo nosso) afirma que a seleção de como iniciar uma reportagem televisiva se processa pela busca do sensacional, do espetacular: "A televisão convida à **dramatização**, no duplo sentido: põe em cena, em imagens, um acontecimento e exagera-lhe a importância, a gravidade, e o caráter dramático, trágico".

Esse é um alerta que os jornalistas contemporâneos devem considerar ao estruturar a informação em qualquer mídia – em nosso caso, interessa-nos o rádio. O exercício profissional do jornalismo foi tomado pela necessidade da exageração como forma de conquistar audiência. Tudo tem de estar no superlativo, do contrário, não cai na graça do público. Sem extrair o fenômeno do impacto, é preciso, em vez de procurar um item que se sobressaia a todo o conteúdo, olhar para o próprio conteúdo e enxergar nele a condição superlativa por si só.

Exemplificando[9]

Em uma produção recente para a disciplina de Laboratório de Radiojornalismo, no curso de Jornalismo da Universidade Federal do Paraná (UFPR), uma equipe disse não ter encontrado nada extraordinário na reportagem que fizeram com produtores de agroecologia, que vendem seus produtos em uma feira no centro de Curitiba. "Professor – disse um dos alunos – tentei de tudo, mas a pessoa falava de forma mansa, sem muita alteração de humor. Procurei fazê-la pensar como era antes, quando ele usava agrotóxico, e como é agora. Ele contou, mas não demonstrou muita emoção ou alegria, nada. Ele não entrou na minha". Respondi-lhe: "Que sorte!", ao que ele replicou: "Como assim, professor?". Expliquei-lhe, então: "Porque, se ele demonstrasse emoção, você faria uma 'forçação' de barra. Agora você pode encontrar o mais importante no conteúdo, e não no choro ou no riso dele".

---

9   Episódio ocorrido na disciplina de Laboratório de Radiojornalismo, do curso de Jornalismo da Universidade Federal do Paraná (UFPR), em 2018, ministrada pelo Professor Elson Faxina.

E assim eles fizeram. Abriram a reportagem apresentando o agricultor, que há cinco anos começou a trabalhar só com agroecologia, seguindo-se a sonora: "Antes, eu vendia um produto que eu e minha família não comia [sic] de jeito nenhum. Hoje só vendo 'pros' outros o que eu tenho prazer de colocar na minha mesa". Instalou-se, assim, o impacto, a dúvida, o ponto de virada usado no cinema: o que ele plantava e não comia "de jeito nenhum" e o que agora ele planta e come com "prazer".

Depois, seguia-se a matéria, explicando como ele abandonou o uso de agrotóxicos e começou a praticar a agroecologia, demonstrando seus custos, seus ganhos, sua vida familiar etc., até encerrar a reportagem com a fala de outro personagem, também agricultor agroecológico: "Hoje eu vendo um produto e durmo tranquilo, né!? Sei que não 'tô' envenenando ninguém. Se ele morrer, a culpa não é minha [risos]".

....

Nesse exemplo, podemos perceber que a novidade – o impacto, o extraordinário – está no próprio conteúdo, e não em algo adjacente a ele. Por isso, compreendemos que a estrutura da **pirâmide invertida**[10], na forma como é usada no texto impresso, é extremamente útil para uma nota ou uma notícia no rádio. Assim, deve-se começar com a informação mais importante. Nesse caso, a equipe propôs inicialmente começar a reportagem com uma proposta de pirâmide invertida, com dados gerais, significativos, do aumento

---

10   Estrutura que determina iniciar-se a matéria jornalística pela informação mais importante e seguir em ordem decrescente, até a menos importante.

da produção agroecológica nos últimos anos no Brasil. Seria uma abertura mais racional, para pessoas que já discutem o tema, e não para o cidadão comum, que é a maioria da população, e, muito especialmente, o público de rádio.

Até se poderia dizer que a pirâmide invertida serve para uma reportagem, um comentário ou um documentário, ou seja, para um produto mais longo no rádio. Nesse caso, a atração começaria pela informação de maior impacto emocional, com maior possibilidade de despertar a empatia do público. Contudo, assim mesmo ela não daria conta, porque, em uma reportagem, assim como no comentário e no documentário, o final da reportagem não é menos importante, porque é a conclusão, o desfecho da história. Portanto, não vale a mesma lógica do texto impresso, em que o leitor pode parar no meio da leitura e mesmo assim só perderia as informações de menor importância. No caso de um produto jornalístico no rádio, parar de escutá-lo é como começar a assistir a um filme e desistir na metade.

Algo ainda mais claro que depõe contra a estrutura de pirâmide invertida é o próprio fato de que, em reportagens de rádio e de televisão, o último que fala é quem tem maior prestígio. Assim, quem fala por último é quem fica com a razão, exceto, claro, quando se trata da exposição ao ridículo de alguém. Ora, se a última sonora é, digamos, disputada na edição, a proposta de pirâmide invertida para rádio e TV não faz muito sentido.

No caso ilustrado, além de perder a forte fala do segundo personagem, perde-se o serviço, uma informação importante para o ouvinte que estará na nota-pé. Aliás, essa é a lógica de todo texto no rádio, inclusive em notícias. Tomemos um exemplo de uma informação sobre um *show*. Inicialmente, o repórter ou o apresentador anuncia que haverá um *show* e fala sobre a banda, suas músicas etc. para despertar o interesse do público, e só ao final informa o local do evento, a data, o horário, o preço do ingresso e outras informações necessárias. Infelizmente, tem sido comum ouvir notícias mal redigidas em rádios importantes, em que o repórter ou o apresentador esclarece de início o lugar, a data e o horário em que o show vai acontecer e qual é o custo do ingresso e depois repassa as informações sobre a banda e suas músicas. Ora, quando o ouvinte se interessar pelo *show*, as informações úteis a ele já terão se passado.

Por isso, sugerimos outra imagem para dar conta de explicitar como seria uma reportagem no rádio.

Figura 4.3 – Estrutura da reportagem de rádio

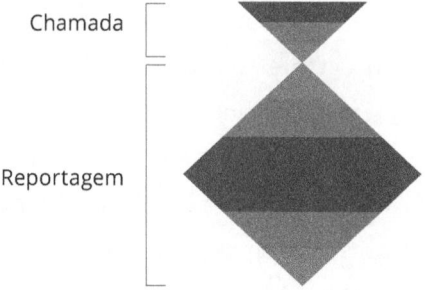

Chamada

Reportagem

Fonte: Camargo; Faxina, 2018, p. 228.

A primeira parte dessa imagem equivale à **chamada**, que começa com a informação mais importante e impactante, e afunila para a **abertura** da reportagem, representada pelo balão.

O início do balão tem uma cor mais clara porque traz uma informação mais leve, humana, aproximando-se do ouvinte. Em seguida, as cores vão se tornando gradualmente mais densas. As informações descrevem a história, os fatos, até entrar a cor mais escura, que representa o assunto mais denso, que necessita de reflexão, análise e discussão – está mais afeita ao campo racional. E, por fim, voltam as cores intermediárias até chegar à mais clara, iniciando um afunilamento para encerrar a reportagem, com questões mais amenas, mais empáticas (Camargo; Faxina, 2018).

Os autores lembram que se trata de uma estrutura básica de reportagem, sugerida para quem está se iniciando no processo de produção jornalística. Ainda falando sobre a reportagem de TV, que cabe plenamente no rádio, apenas com adaptações, pelo fato de que o rádio não trabalha com imagem, eles destacam:

> Havendo um trabalho conjunto entre pauta, reportagem e edição é possível usar modelos mais criativos e inovadores. Uma sonora impactante pode abrir o VT ou pode ser usada separadamente. Se o assunto permitir, o texto do repórter pode ser excluído do material, aumentando assim a porcentagem de fala de quem vive o problema/experiência. Mas é preciso bom senso e planejamento. Claro que em VTs mais ousados é importante uma avaliação conjunta do resultado final. O mais importante é que aquilo que vai ser visto seja plenamente compreendido pelo telespectador. (Camargo; Faxina, 2018, p. 230)[11]

---

11   Mais informações sobre essa proposta de estrutura narrativa podem ser encontradas nas páginas 227 a 232 do livro *Edição de áudio e vídeo*, da Editora Intersaberes (Camargo; Faxina, 2018).

Uma das maiores armadilhas em que o editor pode cair é a empolgação com a estrutura narrativa, ou seja, a forma de transmitir uma informação, em detrimento da qualidade do conteúdo, que é o grande motivo do jornalismo e que dará ou não credibilidade ao veículo e/ou ao programa em que o editor atua.

Uma boa informação no rádio deve equilibrar a qualidade do conteúdo com a beleza de sua narrativa. Sem um deles, o material fica prejudicado. Vale dizer que um bom conteúdo mal trabalhado não atingirá seu objetivo. Da mesma maneira, uma belíssima narrativa com conteúdo frágil será insuficiente como compromisso ético com o jornalismo.

Perguntas & respostas

A proposta narrativa da pirâmide invertida, usada no jornalismo impresso, serve para a edição em rádio?

Para a nota e a notícia, sim, a estrutura da pirâmide invertida serve, mas para reportagens e outros produtos mais longos, não. Afinal, o encerramento de uma reportagem de rádio, bem como de um comentário, um documentário ou outro produto jornalístico, não é menos importante do que seu início. No final, está a conclusão, o desfecho da história. Portanto, no rádio, não vale a mesma lógica do texto impresso, em que o leitor pode parar no meio da leitura e só perder as informações de menor importância. Em reportagens de rádio e de televisão, o último que fala é quem tem maior prestígio, ou seja, a última sonora é disputada na edição. Por tudo isso, a proposta narrativa da pirâmide invertida não faz tanto sentido para o rádio e a TV.

∴ Trilhas sonoras e direitos autorais

A trilha e os efeitos sonoros são muito importantes no rádio. Contudo, nem toda reportagem requer sonorização. As factuais, por exemplo, dificilmente a pedem, a não ser os famosos AA (abre áudio) ou SS (sobre som), que são os sons ambientes do local de gravação que complementam a informação. Alguns exemplos são a sirene alertando a população em um acidente, as buzinas e os ruídos de carros ao tratar de trânsito, um trecho interessante de uma peça de teatro ou de uma música em um *show*, o grito da torcida em um evento esportivo, as palavras de ordem em uma passeata, entre outros. Todos esses elementos configuram também uma forma importante de sonorização. Porém, ela é, necessariamente, própria do ambiente da reportagem, que cumpre um papel que chamamos de *transporte de plateia*, ou seja, como se o ouvinte fosse levado, imaginariamente, ao local do evento – nesse caso, o som o auxilia a criar imagens mentais e a conseguir "ver" com os ouvidos.

Já a cobertura de eventos culturais e esportivos e de histórias de amor ou de tragédias são algumas das reportagens que, normalmente, pedem sonorização. O que vai definir se ela será ou não usada é a sensibilidade do editor. Em caso de sua necessidade, recomendamos a releitura do Capítulo 2, na seção "Efeitos sonoros", para melhor compreender seu uso.

Tratando da importância da sonorização no rádio, Marchamalo e Ortiz (2005, p. 66) lembram que

> No rádio não existe a imagem, motivo pelo qual a imagem deve ser sugestiva, no sentido mais estrito da palavra. Trata-se

de proporcionar as pistas suficientes para que o ouvinte seja capaz de criar determinadas imagens mentais. Para isso, faz-se necessário conhecer os recursos de que poderemos lançar mão para compor uma cena [...].

Os autores destacam que é importante planejar a utilização dos elementos sonoros para que eles não se convertam "em um **ruído cênico** que acaba prejudicando a inteligibilidade da mensagem. A montagem, qualquer que seja o caso, está a serviço dos conteúdos, e nunca o contrário" (Marchamalo; Ortiz, 2005, p. 67, grifo do original).

O ideal é que cada emissora tenha suas próprias trilhas sonoras. O mais comum é dispor de **trilhas brancas**, ou seja, um conjunto de trilhas da própria emissora que são utilizadas para as diferentes situações que se fazem necessárias. Caso uma emissora não as tenha, existem vários *sites* que oferecem melodias e efeitos sonoros para uso em rádio e televisão. No entanto, é preciso estar atento se elas geram algum custo e problemas de direitos autorais.

No Brasil, os direitos autorais estão regidos pela Lei n. 9.610, de 19 de fevereiro de 1998 (Brasil, 1998a), que prevê três tipos de licença de uso de produtos autorais:

1. **Licença total** – O material pode ser utilizado inclusive para fins comerciais.
2. **Licença parcial** – O uso do material é livre para produções sem fins lucrativos. Seu uso comercial depende de contrato anteriormente firmado.

3. **Licença não autorizada** – O uso do material para qualquer fim só é liberado mediante pagamento.

Em qualquer uma dessas licenças, é obrigatório dar crédito do material ao autor.

A respeito do terceiro tipo de licença, a mesma lei faz uma diferença entre direitos autorais e direitos patrimoniais. Os primeiros são sempre do autor, de quem produziu o bem cultural, ou seja, o criador da música que será usada. Esse direito jamais será vendido ou transferido a outro. Já os segundos são de quem detém o produto em si, por exemplo, uma empresa, a família do autor etc. Um músico pode vender o direito de exploração de sua criação para alguém ou para uma instituição, mas não pode vender o direito autoral, que será sempre dele.

A Lei n. 9.610/1998 também regulamenta a obra de domínio público. Por ela, toda obra cultural passa a ter seu direito patrimonial de domínio público após cumprirem-se 70 anos da morte de seu autor (Brasil, 1998a). Esse tempo passa a ser contado a partir do dia 1º de janeiro do ano seguinte ao de sua morte. Também passam a ser de domínio público as obras de autores falecidos que não tenham deixado sucessores. Vale destacar que o domínio público é do direito de exploração comercial, e não do direito autoral, que será eternamente de seu autor.

Muitas obras de domínio público podem ser localizadas no Portal Domínio Público (Brasil, 2020)[12]. Cabe destacar, no entanto, que nem tudo o que está disponível nesse portal é, de fato, de

---

12   Disponível em: <http://www.dominiopublico.gov.br>. Acesso em: 23 mar. 2020.

domínio público. Há também obras protegidas publicadas ali, talvez porque seus autores tenham optado por disponibilizá-las para consulta pública. Porém, isso não significa que elas estejam necessariamente em domínio público.

Ao editor que atua em uma emissora que não tenha quem sonorize seus programas nem trilhas brancas para uso próprio, recomendamos que opte por materiais livres, sem se esquecer de creditar o material sempre que possível. Para isso, existem vários *sites* que disponibilizam milhares de trilhas e efeitos sonoros. No próprio YouTube são encontradas verdadeiras bibliotecas de músicas e efeitos sonoros.

Perguntas & respostas

Pode ser usada qualquer trilha sonora no rádio?

Não. O ideal é que cada emissora tenha suas próprias trilhas sonoras, chamadas de *trilhas brancas*. Caso não as tenha, existem vários *sites* que oferecem trilhas e efeitos sonoros para uso em rádio e televisão. No entanto, é preciso estar atento se elas geram algum custo e problemas de direitos autorais.

∴ Chamada, manchete e *teaser*

Cabe destacar ainda o último compromisso do editor. Após concluir a edição da reportagem ou de outro produto jornalístico, ele deve finalizar os textos necessários para levar a reportagem ao ar. Normalmente, as rádios de hoje têm seus *scripts*/roteiros em formatos digitais em um sistema no qual são postados os conteúdos que serão lidos pelo apresentador. Quando uma emissora não o tem, tudo é feito no papel mesmo.

Seja qual for o modelo, o editor deve retomar a sugestão de **chamada** (ou cabeça da reportagem)[13] feita pelo repórter, mantê-la ou mudá-la, de acordo com o que entende ser a melhor maneira de introduzir a reportagem, e colocá-la no *script*. Contudo, lembramos aqui o que afirma Porchat (1993, p. 82):

> É preciso estabelecer o que cabe ao apresentador e ao repórter dizerem na apresentação da matéria, para que ambos não falem a mesma coisa. O apresentador fala sobre o assunto da matéria, levando-o para o contexto em que vive o ouvinte, mostrando em que medida será interessante para o ouvinte saber do que vai ser tratado. Fala do local de onde vai falar o repórter, mas não dá o lide. Cabe ao repórter abrir a matéria com o lide.

Outro texto exigido e que compete ao editor definir é a **manchete** que será apresentada na escalada do radiojornal ou então nas passagens de bloco, isto é, aquelas manchetes que encerram um bloco do jornal, chamando os temas que virão após o intervalo. Como já mostramos, quem editou a matéria sugere a manchete, mas

---

13 É importante seguir as características desse elemento, tratadas neste capítulo (Seção 4.1.3), logo após abordarmos o modelo de lauda de edição.

quem aprova e coloca no ar é o editor-chefe, o diretor ou o produtor do programa ou do radiojornal.

A manchete é um título-resumo da matéria. Dessa forma, deve ser um texto curto, claro, verdadeiro e atraente, que deve chamar a atenção do ouvinte, criar impacto e despertar seu interesse, sua expectativa e sua curiosidade. De preferência, ela deve conter uma única frase, de 8 a 10 palavras (no máximo 15). O objetivo da manchete é "fisgar a atenção do ouvinte" (Ferraretto, 2014, p. 108).

Por fim, vamos falar do *teaser*. Oriundo do verbo inglês *tease*, que significa "provocar", é uma técnica muito usada na publicidade ou mesmo no *marketing* para despertar o interesse de determinado público de uma campanha. Também usado no jornalismo, o *teaser* é um pequeno trecho da informação, inconcluso, mas de impacto, para chamar a atenção do ouvinte, do telespectador. Seu uso depende da emissora ou do programa.

No rádio, o *teaser* pode ser uma frase gravada pelo repórter ou a fala de um entrevistado. Vejamos alguns exemplos:

- A fala de uma mãe feliz – "Quando recebi a notícia, quase desmaiei".
- A fala de uma mãe desolada – "Jamais imaginei que isso poderia acontecer com meu filho".

No exemplo da matéria sobre agroecologia, poderíamos pensar em dois *teasers* possíveis:

1. A fala do segundo personagem, que encerra a reportagem – "Sei que não 'tô' envenenando ninguém. Se ele morrer a culpa não é minha [risos]".

2. Um comentário do repórter – "A produção de alimentos sem veneno quase duplicou no Brasil".

O *teaser*, normalmente, vem associado a uma manchete, que lhe dá contexto. No caso de ele ser parte do formato do radiojornal ou do programa, sua elaboração deve ser encomendada ao repórter, que terá a preocupação de fazer alguma pergunta ao entrevistado em busca desse tipo de informação e, ao mesmo tempo, gravar sua sugestão de *teaser*. Caberá ao editor avaliar se a aproveita ou não. Contudo, o editor também poderá retirar o *teaser* do meio de uma fala de ambos, extraindo um trecho que cumpra a função de despertar a curiosidade do ouvinte.

4.4
Estrutura do radiojornal

Fechar um programa de rádio, como um jornal, é tarefa de uma pessoa, responsável por sua produção. O nome dessa pessoa muda de emissora para emissora. Como vimos, em algumas, trata-se da figura do editor ou do editor-chefe; em outras, do diretor ou do produtor do programa ou do jornal. Como são as mesmas tarefas, seguiremos tratando o encarregado dessa função como *editor*.

O radiojornal tem a finalidade de cobrir todo o período informativo desde a última edição. Se for preciso repetir uma matéria porque surgiram novas informações, é importante *suitar*[14] o assunto, ou seja, retomá-lo para dar continuidade a ele, agora com seus desdobramentos.

---

14   O termo vem do francês *suite*, que significa "série", "sequência".

Com as matérias prontas, editadas e revisadas, tendo em mãos as chamadas que introduzem a reportagem no ar, as sugestões de manchetes feita por quem editou a matéria, as notas, as notícias, os comentários e outros produtos jornalísticos, o editor inicia a organização de tudo, colocando todos esses elementos na ordem que pretende que eles vão ao ar.

Enquanto um boletim ou uma síntese informativa tem em média 5 minutos, não passando de 10, um radiojornal dura de 30 a 60 minutos, às vezes chegando a duas horas. Em função do tempo mais longo, normalmente ele tem dois apresentadores, preferencialmente uma voz masculina e outra feminina. Nesse caso, mais do que o texto corrido, aquele que é lido por um único apresentador, o conteúdo segue a linha do manchetado, em que cada apresentador lê uma ou, no máximo, duas frases, intercalando narrações sobre um mesmo fato.

Com tudo aquilo de que necessita para fechar um jornal em mãos, o editor toma o espelho fechado anteriormente com toda a equipe antes de iniciar a produção, no qual já existe uma opção organizativa. Contudo, no espelho há um planejamento, e agora é hora de ver o que de fato rendeu boas reportagens, o que se conseguiu pautar, os textos fechados etc. e reorganizar o mesmo espelho, a fim de produzir o *script* do jornal que, de fato, irá ao ar.

Então, o editor analisará qual é a melhor reportagem para abrir a edição, definindo, com sua sensibilidade, a sequência de informações, levando em conta tema, conteúdo, qualidade do material produzido e interesse do ouvinte. Afinal, é ele quem avalia e decide a ordem de apresentação das matérias em um jornal, como afirma McLeish (2001).

Na montagem do jornal, as matérias jornalísticas (notas, notícias, reportagens, comentários, entrevistas ou outras que houver) não podem ser consideradas isoladamente. É preciso buscar um equilíbrio de temas e emoções, além de um rodízio de repórteres, para não se repetirem em sequência, observando ganchos em que um assunto puxe o outro, e assim por diante.

> Uma matéria muito comovente é seguida de algo que inspire beleza e encanto; um quadro tremendamente engraçado é complementado por uma situação séria ou triste [...]. É o contraste que estabelece entre si e a habilidade do apresentador que fazem com que uma realce a outra, para que o efeito global seja melhor do que a soma das partes. (McLeish, 2001, p. 67)

O editor deve estar atento para manter a curiosidade do público, tendo a estratégia de sempre ter uma atração aguardada e que vai sendo chamada, especialmente nas passagens de bloco. Ao mesmo tempo, cabe a ele cuidar para que a montagem escolhida não apresente uma associação involuntária e infeliz entre as matérias. "Poderia parecer por demais insensível mostrar logo após uma matéria sobre assassinato uma reportagem sobre um novo negócio para os açougueiros" (McLeish, 2001, p. 68).

São cuidados que o editor deve observar para ter no ar um jornal atraente, que prenda a atenção do público, garantindo audiência, sem deixar vacilos que possam prejudicar o trabalho de toda a equipe. E isso não é tão difícil de acontecer, até porque, enquanto o jornal está no ar, outras informações podem chegar e deverão ser incluídas na edição. Por isso, provavelmente o maior nível de estresse do editor seja repaginar o jornal enquanto ele está no ar, retirando algo para caber uma notícia nova. E essa escolha do que retirar recai sobre matérias, digamos, frias e atemporais ou menos importantes entre as que ainda não foram apresentadas.

Dessa maneira, "Nada pior para a qualidade de um programa de rádio do que o produtor se considerar satisfeito porque antes de entrar no ar já fechou todas as entrevistas e sabe quais as reportagens que serão publicadas. Este, muito provavelmente, será um programa chato, modorrento e sem novidade" (Jung, 2004, p. 83).

Para Jung (2004), o editor de um jornal ou o produtor de um programa de rádio deve ter certas habilidades, entre elas a agilidade para mudar de assunto a qualquer momento, se houver acontecimentos urgentes. Para interromper o que estiver no ar e colocar um fato novo, ele deve comunicar o apresentador, passando a ele toda a informação necessária. "Caso a entrevista tenha se iniciado há pouco tempo e algo urgente ocorra, o âncora deve explicar a situação no ar para o convidado, desculpar-se gentilmente, prometendo voltar ao tema em breve. Não se pode deixar para depois a notícia que se tem agora" (Jung, 2004, p. 84).

Com essas funções a cumprir, o editor deve, então, colocar tudo no *script* do jornal, que só sofrerá alterações se fatos novos e urgentes surgirem. De novo, cada emissora tem seu próprio modelo de *script*, normalmente em formato digital. Contudo, exporemos na próxima seção dois exemplos de modelos utilizados em rádio. Caso uma emissora ou um programa ainda não o tenha, poderá criar seu próprio padrão, fazendo as adaptações necessárias nas propostas apresentadas.

∴ O *script*

O *script* (ou *roteiro*) é um documento no qual constam as orientações técnicas e, fundamentalmente, o texto completo, claro e objetivo para facilitar a apresentação do programa jornalístico. No caso de um boletim ou de um radiojornal, o conteúdo presente no *script* será lido na sequência. Não importa a duração, se cinco minutos, meia hora, uma hora ou mais. Nesse caso, claro, o jornal será dividido em blocos.

O *script* deve ser o mais simples possível e com fácil visualização de suas partes. Uma parte serve à técnica da emissora, envolvendo o pessoal da produção, na qual constam as informações sobre os materiais que vão ser chamados para entrar no ar: reportagem, comentário e músicas, além de notas e notícias, entre outros. Uma das informações técnicas importantes é o tempo total de cada matéria, que deve ser muito bem calculado e devidamente citado. Essa informação é fundamental para o editor montar os blocos, sem muita variação de duração entre um e outro. Se em algum momento ele precisar repaginar o jornal ou substituir alguma matéria, é ali que ele vai olhar e analisar, mais ou menos, se há alguma notícia que corresponde ao tempo de que ele necessita.

A outra parte do *script* é a que será lida pelo apresentador (ou pelos apresentadores), que, a rigor, é quem define o tamanho da fonte e o tipo de letra que deseja, de modo que sua leitura seja facilitada.

Praticamente, sempre um jornal começa com a escalada, ou seja, com as principais manchetes da edição. Em seguida, entram as orientações técnicas e, depois, os materiais jornalísticos, na ordem estabelecida antes. Ao final de um bloco, entra a passagem de bloco, isto é, as principais manchetes do que ainda está por vir. Quando faltam mais de um bloco, o comum é fazer a primeira manchete da matéria mais importante, que estará mais adiante no jornal, e a última sobre o que virá já no bloco seguinte.

O *script* e o jornal gravado deverão ser mantidos em arquivo pelo tempo exigido em lei, que hoje é de 20 dias para rádio com potência de até 1000 watts e de 30 dias para rádios com capacidade superior. Contudo, o ideal mesmo é armazená-los por um longo período, dada a capacidade dos equipamentos atuais. Esses arquivos poderão ser uma rica fonte de consulta e até de reuso, caso e tema volte a ocupar espaço na imprensa. É importante também manter a ficha técnica do jornal, com todas as informações disponíveis, organizada de forma a facilitar a pesquisa.

Figura 4.4 – Modelo de *script* para rádio (1)[15]

SCRIPT – [Nome da rádio]		
PROGRAMA: [Nome do programa]		DATA: [Dia de exibição]
PRODUÇÃO: [Nome do responsável]	APRESENTAÇÃO: [Nome dos apresentadores]	HORÁRIO: [de exibição]
VINHETA ABERTURA ESCALADA		
LOC[16] 1: "Olá! Está no ar mais um [nome do jornal]. Eu sou [nome]."// LOC 2: "Eu sou [nome] / E estes são os destaques desta edição."//		

15 Modelo mais utilizado por facilitar a paginação de produtos longos.
16 No *script*, cada locutor pode estar identificado como *LOC* seguido de sua posição na bancada (1 ou 2) ou por seu nome ou suas iniciais.

SOBE SOM
LOC 1: [1ª manchete]//
LOC 2: [2ª manchete]//
LOC 1: [3ª manchete]//
LOC 2: [4ª manchete]//

SOBE TRILHA – VAI A FADE[17] [termina]

BLOCO 1

LOC 1: [Apresenta a notícia que abre a edição, cujo texto estará redigido aqui]//
LOC 2: [Idem]//
LOC 1: [Apresenta a primeira frase da chamada da reportagem]//
LOC 2: [Apresenta a segunda frase e chama a reportagem]//

Roda: Reportagem [Retranca]

DI: "Com a aproximação do inverno..."

DF: Assinatura [Nome do repórter]

Tempo: 02'55''

LOC 1: [Apresenta a nota-pé]//

CORTINA ENTREVISTA

LOC 2: [Chama a entrevista]//
[Segue o jornal até o fim do bloco]

TRILHA INTERVALO

LOC 1: [Apresenta as manchetes mais importante do jornal].//
LOC 2: [Apresenta a manchete mais importante do próximo bloco]//

SOBE SOM – VAI A FADE

BLOCO 2

VINHETA DE ABERTURA

[Volta o jornal e segue até o fim]
LOC 1: "Nós ficamos por aqui." [Agradece e se despede]//
LOC 2: "O jornal [nome] volta amanhã, às [horário]." [Agradece e se despede]//

VINHETA DE ENCERRAMENTO

[Som permanece em BG até o final dos créditos]
[Entra a ficha técnica lida pelos apresentadores, com a trilha em BG]

Fonte: Elaborado com base em Faxina, [S.d.].

17   Termo usado para explicar uma informação sonora que vai desaparecendo lentamente.

Figura 4.5 – Modelo de *script* para rádio (2)[18]

SCRIPT – [Nome da rádio]		
PROGRAMA: [Nome do programa]		**DATA:** [Dia de exibição]
PRODUÇÃO: [Nome do responsável]	**APRESENTAÇÃO:** [Nome dos apresentadores]	**HORÁRIO:** [de exibição]
VINHETA DE ABERTURA		
ESCALADA	LOC 1: "Olá! Está no ar mais um [nome do jornal]. Eu sou [nome]."// LOC 2: "Eu sou [nome]./ E estes são os destaques desta edição."//	
SOBE SOM	LOC 1: [1ª manchete]// LOC 2: [2ª manchete]// LOC 1: [3ª manchete]//	
SOBE TRILHA – VAI A FADE [Termina]	LOC 2: [4ª manchete]//	
BLOCO 1	LOC 1: [Apresenta a notícia que abre a edição, cujo texto estará redigido aqui]// LOC 2: [Idem]// LOC 1: [Apresenta a primeira frase da chamada da reportagem]//	
Roda: Reportagem [Retranca] DI: "Com a aproximação do inverno..." DF: Assinatura [Nome do repórter] Tempo: 02'55''	LOC 2: [Apresenta a segunda frase e chama a reportagem]// LOC 1: [Apresenta a nota-pé]//	
CORTINA ENTREVISTA TRILHA INTERVALO	LOC 2: [Chama a entrevista]// [Segue o jornal até o fim do bloco]	
SOBE SOM – VAI A FADE	LOC 1: [Apresenta as manchetes mais importante do jornal]// LOC 2: [Apresenta a manchete mais importante do próximo bloco]//	

• • • • •

18 Modelo mais usado para produtos curtos, como o *spot*.

BLOCO 2	
VINHETA DE ABERTURA	[Volta jornal e segue até o fim]
VINHETA DE ENCERRAMENTO [Som permanece em BG até o final dos créditos]	LOC 1: "Nós ficamos por aqui." [Agradece e se despede]// LOC 2: "O jornal [nome] volta amanhã, às [horário]." [Agradece e se despede]//
	[Entra a ficha técnica lida pelos apresentadores, com a trilha em BG]

Fonte: Elaborado com base em Faxina, [S.d.].

4.5
O texto no rádio

Entre outras habilidades profissionais de um editor de rádio, duas merecem destaque quando tratamos do texto: 1) a capacidade de compreender a estrutura narrativa de um produto jornalístico, especialmente a reportagem; e 2) um excelente domínio da gramática e do texto para o rádio.

Vale lembrar o que já vimos no Capítulo 2: a palavra no rádio deve ser simples, direta, precisa e amiga, e o texto deve ter inteligibilidade, correção, relevância e ser atrativo. Essas são as bases de como se deve escrever e falar no rádio. Vejamos agora algumas dicas de texto a que todo bom editor deve estar atento.

Vários autores já trataram quase à exaustão desse assunto, apontando características e dando dicas importantes para um bom texto no rádio. Muitas das observações feitas por autores como **Heródoto Barbeiro e Paulo Rodolfo de Lima (2001)**, em *Manual de radiojornalismo: produção, ética e internet*, e Luiz Artur Ferraretto (2014), em *Rádio: teoria e prática*, além de outros, vamos retomar aqui.

Por serem convenções do rádio, destacaremos as características e as situações que consideramos as mais importantes.

É comum um redator ou um repórter, especialmente de primeira viagem, entregar um texto com uma linguagem técnica, rebuscada, cheia de citações e até com informações desorganizadas, em uma espécie de vaivém. Com isso, o ouvinte terá dificuldade de entender e o impacto da informação vai diminuir muito. Para Wink (2020), "O editor precisa saber identificar esses elementos para propor as mudanças necessárias e entregar conteúdos que não apenas forneçam as informações que os leitores buscam, mas que sejam escritos de forma acessível a eles".

Para isso, o primeiro passo é conhecer bem o ouvinte, estar sintonizado com o que ele pensa, busca e deseja. Isso é fator essencial para falar com ele e para construir um texto e uma estrutura narrativa que cheguem a ele, que o envolvam e o mobilizem.

Um segundo passo surge no momento de redigir um texto. A primeira frase deve ser a mais importante e a que chama mais a atenção do ouvinte, redigida de forma breve e simples. É essa frase que vai fazer com que o ouvinte queira ou não ouvir o restante, ou seja, o complemento da informação, que também precisa apresentar novidade. O texto no rádio deve começar "com o lead [lide]. Procure a novidade, o fato que atualiza a notícia e a torna o mais atraente possível. A missão do redator é conquistar o ouvinte na primeira frase. Se a primeira frase não levar à segunda, a comunicação está morta" (Barbeiro; Lima, 2001, p. 63).

Para produzir um lide, isto é, a abertura do texto jornalístico, como pedem o autores, é preciso responder a seis perguntas básicas, de acordo com a ordem de importância do fato. A ideia é apresentar sucintamente o assunto, destacando o acontecimento principal e criando um clima para fisgar o leitor, o telespectador ou o ouvinte. E, a partir do fato principal, vão se encadeando as demais respostas. Essas seis perguntas são apresentadas por Anunciação et al. (2002, p. 42, grifo nosso) da seguinte forma:

a. **O que?** É a essência da notícia: o que aconteceu? O que foi dito? O que foi feito?

b. **Quem?** É o sujeito do acontecido: quem fez ou a quem fizeram? São identificados por nome, idade, profissão, procedência etc.

c. **Quando?** Em que dia ou hora aconteceu?

d. **Onde?** O lugar em que o fato aconteceu ou vai acontecer: rua, casa, cidade, país etc.

e. **Por quê?** O motivo do fato ter acontecido.

f. **Como?** É a maneira como tudo aconteceu.

Para não esquecer essas seis perguntas, os autores sugerem memorizá-las em uma única frase: "quem fez o que, quando, como, onde e por quê?" (Anunciação et al., 2002, p. 43, grifo do original). Eles também explicam que é importante responder às seis perguntas no momento de redigir a nota e a notícia, "mas isso não significa que todas precisam ter respostas. As quatro primeiras perguntas devem ser respondidas necessariamente" (Anunciação et al., 2002, p. 42). As outras também são importantes, mas dependem de outros informantes. "Em caso de catástrofes, por exemplo, pode demorar alguns dias para que as autoridades divulguem oficialmente o número de vítimas e, às vezes, o motivo do ocorrido" (Anunciação et al., 2002, p. 42). Nessa situação, é preciso esperar e não conjecturar, divulgando declarações com suposições como se verdades fossem. "Depois que a notícia for ao ar, devemos ficar atentos se o fato terá continuidade ou se daremos continuidade a ele. Podemos buscar novas versões para manter os ouvintes informados dos desdobramentos. Também devemos avaliar se foi atingido o objetivo de informar a comunidade" (Anunciação et al., 2002, p. 43).

Se redigir uma notícia é fundamental para um bom editor, ter a certeza de que ela é verdadeira e não está a serviço de interesses escusos é essencial para a profissão; é o elemento mais nobre da ética jornalística. Por isso, em tempos de *fake news*, em um período que já foi classificado como *era da pós-verdade*, o jornalista precisa se diferenciar dos demais emissores de informação.

Preste atenção!

Antes de redigir a notícia, confira se ela é verdadeira, ouvindo mais de uma fonte. Busque também o outro lado, ou seja, outras versões do mesmo fato. A notícia, às vezes, precisa ser reescrita várias vezes até que você considere que esteja respondendo às principais perguntas básicas. Use palavras simples, frases curtas e objetivas. Faça uma revisão do texto para evitar erros e o esquecimento de detalhes importantes. (Anunciação et al., 2002, p. 44)

A garantia de que tudo o que o jornalista divulga é verdadeiro e serve ao interesse público é o que vai diferenciá-lo como profissional da comunicação, nesta época em que as fronteiras entre emissor e receptor foram encurtadas ao extremo ou mesmo desapareceram.

∴ Como em uma conversa

Outra dica importante para o editor é produzir um texto que seja expressivo, claro, correto, conciso, vibrante e que tenha muita proximidade com a linguagem cotidiana, portanto, coloquial. Assim, deve ter uma redação para ser contada, e não narrada, como se fazia no passado; um conteúdo para ser falado com o coração, e não com a boca, por mais estranho que isso possa parecer; um texto que queira convencer alguém sobre algo, e não para cumprir a tarefa de simplesmente informar.

Para redigir um texto assim, a regra básica é a simplicidade e ter em mente algumas orientações[19] importantes, que apresentamos na sequência.

Coloquialidade

No rádio, o texto é redigido para ser ouvido, contando um fato, logo, é preciso observar algumas dicas:

---

19   Muitas dessas orientações estão presentes nas páginas 250 a 259 do livro *Edição de áudio e vídeo*, publicado pela editora InterSaberes, em 2018, organizado por Elson Faxina.

- Respeitar as normas da língua portuguesa, mas usando palavras do cotidiano.
- Eliminar informações e dados supérfluos.
- Não usar duas palavras, se apenas uma basta.
- Conferir sempre a grafia e a pronúncia de nomes próprios complicados.
- Revisar sempre – e cuidadosamente – o texto.

Impacto

No rádio, como já mencionamos, o texto é transmitido sempre com um objetivo: fisgar a atenção do ouvinte (Ferraretto, 2014). Portanto, além de construir uma primeira frase que cause impacto e surpresa no ouvinte, deve-se criar expectativa para ele, evitando termos e expressões que diminuem o impacto da informação ou que envelhecem o fato, como: *ontem, mantém, permanece, continua*, entre outros.

Voz ativa

O texto no rádio deve ter força. "A utilização da voz passiva diminui o impacto da notícia, por deslocar o foco de interesse do quem para o quê" (Ferraretto, 2014, p. 109). Por isso, deve-se observar a seguinte recomendação: é preferível, em primeiro lugar, indicar os agentes da notícia e apresentar a ação.

- Assim, em vez de começar o relato da seguinte maneira: "*Foram retomadas* hoje as negociações entre o Governo do Estado e a Associação dos Professores do Paraná";
- deve-se escrever: "O Governo do Estado e a Associação dos Professores do Paraná *retomaram* hoje as negociações".

Força narrativa

A força do jornalismo está na informação, e não na opinião. Ou melhor, está também na opinião, mas sempre que ela for resultado da informação, e não quando ela estiver solta, prescindindo daquela. Portanto, não se devem usar adjetivos superlativos, como "Fulano é *superinteligente*", "Beltrano é *sábio*", "Cicrano é *cruel*". A força da informação está no modo como se usam substantivos e verbos e, assim, deve estar no fato e em suas distintas versões, e não na forma parcial de transmiti-la.

Uso de frases positivas

A força do texto está nas afirmações positivas, e não nas negativas. Então:

- Em vez de escrever: "A previdência social *não irá pagar* este ano";
- deve-se escrever: "A previdência social *vai pagar* somente no ano que vem".

Uso do tempo verbal

É aconselhado dar preferência para verbos no tempo presente, escrevendo, por exemplo, "*chega* amanhã", em vez de "*chegará* amanhã"; "*viaja* hoje", em vez de "*viajará* hoje", entre outros. Se a frase precisa mesmo ser no futuro, é melhor usar o futuro composto, como no seguinte exemplo:

- Em vez de escrever: "A Receita Federal *liberará* na semana que vem";

- deve-se escrever: "A Receita Federal *vai liberar* na semana que vem".

Clareza

É preciso ser mais claro possível, sem misturar ideias, deixando clara uma informação para depois dedicar-se a outros dados da notícia. Uma boa dica é separar todas as informações em pequenos blocos distintos: qual é o fato, quando ele ocorre, onde ocorre, quem o promove, quem participa dele, como se pode participar dele, qual é seu objetivo. Feito isso, define-se por qual informação o texto começará e quais serão as subsequentes. Isso evitará que o conteúdo fique preso em um vaivém de informações, confundindo o ouvinte.

Singularidade

É aconselhável evitarem-se formas no plural, pois elas perdem a força informativa, por diluírem o sujeito ou o fato:

- Em vez de escrever: *"As chuvas prejudicam* o trânsito nos principais acessos ao centro da cidade";
- deve-se escrever: *"A chuva prejudica* o trânsito nos principais acessos ao centro da cidade".

Simplificação do nome próprio

É muito comum uma instituição ter um nome muito grande, tornando-se complexo para o ouvinte memorizá-lo. Aliás, o que o ouvinte precisa mesmo saber é a área de atuação da instituição, e não detalhes de sua constituição, que normalmente se refletem no nome. Portanto:

- Em vez de escrever: "O evento é realizado pelo Senalba, que é o *Sindicato dos Empregados em Entidades Culturais Recreativas, de Assistência Social, de Orientação e Formação Profissional no Estado do Paraná*";
- deve-se escrever: "O evento é realizado pelo Senalba, que é o *sindicato dos empregados da área social e cultural no Paraná*".

Siglas

As siglas mais comuns não precisam ser escritas por extenso. As demais, é necessário, na primeira ocorrência, explicar qual é a entidade e, na sequência, usar a sigla. A partir desse ponto, deve-se escrever sempre a sigla, que tem duas formas de apresentação no rádio:

- Quando forma uma palavra, é escrita sem hífen: *Uninter*.
- Quando é soletrada, deve ser escrita com hifens: *I-B-G-E*; *U-F-P-R*.

Fontes

No rádio, o mais importante é a função social desempenhada pela fonte da informação. Por isso, mesmo no caso de a fonte ser uma instituição, é preciso citar, em primeiro lugar, o dado e, depois, a fonte:

- Em vez de escrever: "Segundo o I-B-G-E, Instituto Brasileiro de Geografia e Estatística, quase 80 por cento dos brasileiros preferem [...]";
- deve-se escrever: "Quase 80 por cento dos brasileiros preferem [...]. Os dados foram divulgados hoje pelo I-B-G-E".

Vale a mesma regra quando a fonte é uma pessoa: o cargo é sempre mais importante do que quem o exerce. Portanto, usa-se sempre a fórmula cargo + nome da pessoa:

- Em vez de escrever: "De acordo com fulano de tal, Reitor da Uninter";
- deve-se escrever: "o reitor da Uninter, fulano de tal, disse que [...]".

Cargos políticos

No caso de cargos políticos, existem as seguintes situações:

- Para representantes do Poder Legislativo usa-se a fórmula cargo + partido + nome: "O senador do P-Q-W do Paraná, fulano de tal";
- Para representantes do Poder Executivo, usa-se a fórmula cargo + nome + partido: "O governador do Paraná, fulano de tal, do P-Q-W".

Números

No caso de números, existem duas situações: os cardinais e os ordinais.

Os cardinais são escritos por extenso até nove e em casos de duplo gênero ou números longos:

- Em vez de: "Foram percorridos 2.512 metros"; deve-se escrever: "Foram percorridos dois mil 512 metros";
- Em vez de: "Mais de 1.000.000.000 de pessoas"; deve-se escrever: "Mais de um bilhão de pessoas".

Já os ordinais são sempre escritos por extenso:

- Em vez de: "A 46ª Festa da Uva de Curitiba"; deve-se escrever: "A quadragésima sexta Festa da Uva de Curitiba".

Outras situações

Deve-se escrever de forma a não deixar dúvidas na hora na narração, observando as seguintes dicas:

- Jamais abreviar palavras no texto a ser lido pelo apresentador.
- Para dinheiro, escrever: "Dois mil e duzentos reais" ou "Dois mil e 200 reais".
- Para múltiplos de mil, escrever: "Um milhão e 800 mil" ou "1,8 milhão".
- Para números de telefone, escrever: "Trinta e três, treze, vinte, oitenta e quatro" ou "33-13-20-84".
- Para frações, em vez de: "2/3"; deve-se escrever: "Dois terços".
- Para pesos e medidas, em vez de: "1,4 kg" ou "1 kg e 400g"; deve-se escrever: "Um quilo e quatrocentos gramas".
- Para datas, em vez de: "24/03/2020"; deve-se escrever: "Dia 24 de março de 2020".
- Para horas, utilizam-se as formas faladas no dia a dia:
  - No período da manhã, deve-se escrever a hora normal: "Nove da manhã".
  - No período da tarde, em vez de: "15 horas"; deve-se escrever: "Três da tarde".
  - No período da noite, em vez de: "20 horas"; deve-se escrever: "Oito da noite".

- Da hora cheia até 39 minutos, deve-se escrever: "Duas horas e 39 minutos".
- A partir do minuto 40, deve-se escrever: "Faltam 20 minutos para as três da tarde".

Por fim, deve-se cuidar com os traiçoeiros cacófatos, que são aquelas sequências de palavras que ficam estranhas, porque podem dar outro sentido ao texto e atrapalhar a comunicação. Os mais comuns são "um por cada" ("porcada") e "uma mão" ("mamão"), entre outros. Para evitar esse problema, após escrever para o rádio, é importante ler o texto em voz alta, para ouvir se ele ficou bom, se está claro e se não há algum cacófato. Também pode haver construções textuais que criam certas cacofonias que ficarão estranhas no ar.

Exemplificando

Certa vez, chegou-me às mãos para editar, na então TV Paraná Educativa, uma reportagem sobre casamentos coletivos. O repórter, muito bom e criativo, fez uma passagem com um casal que já vivia junto há 12 anos. E o texto dele, em certo trecho, dizia: "e no caso de Júlio e Margarete, é um casamento de anos". E então o próprio repórter introduzia o casal na conversa. Retirei a passagem da reportagem e editei a matéria. No dia seguinte, meu amigo repórter veio me perguntar por que derrubei a passagem dele. Fomos à ilha de edição, coloquei o trecho e pedi a ele que assistisse com calma e analisasse se eu havia feito a escolha certa ou não. Ao ouvir "casamento de anos", o repórter levou as mãos à cabeça e disse: "Obrigado! Não tinha me tocado disso". E aí começou a brincar com uma eventual cena do casamento ensejado pela cacofonia. Ocorre que, com sua narração bem informal, mas corretíssima, ouvia-se "casamento de ânus". Isso é absolutamente normal e, quase sempre, a melhor pessoa para identificar erros como esse é alguém que esteja de fora, que não se envolveu com a cena. Portanto, uma dica: sempre que possível, quem escreve um texto deve pedir para outra pessoa revisá-lo antes de colocá-lo no ar.

No *script*

Há algumas orientações gerais referentes à formatação do texto no *script*:

- Grafar apenas os nomes de pessoas em caixa-alta (tudo em maiúscula).
- Sublinhar as expressões ou as palavras jocosas ou complicadas.
- Nunca separar sílabas – deve-se mudar de linha.
- Não trocar de página no meio de uma frase – deve-se mudá-la de página.
- Usar uma barra (/) no fim da frase e duas barras (//) no fim do texto. Por exemplo: "Final de frase./"; "Final de texto.//".

4.6
Autoridade não se impõe, conquista-se

O editor (ou o diretor ou o produtor de um programa), assim como o chefe de reportagem, tem a função essencial de coordenar uma equipe de trabalho. Liderar é uma arte, exige muita sensibilidade e, por mais estranho que possa parecer, exige muito amor no coração, mais do que "fogo nos olhos", como alguns costumam afirmar. Uma boa dica para o editor é procurar ser sempre diplomático, ter bom senso. Jamais passar a mão na cabeça de um subordinado quando este precisar de correção. Porém, é possível corrigir sem ofender; pelo contrário, pode-se corrigir e receber um agradecimento pelo feito.

Claro que isso não é tão simples, ainda mais no dia a dia da profissão, sempre estressante, com tudo acontecendo ao mesmo tempo, com o desafio e a adrenalina do formato ao vivo. Algumas dicas para isso já são bem conhecidas, embora pouco praticadas. Vejamos algumas delas:

- Sempre que for corrigir, deve-se fazê-lo em particular, de portas fechadas ou até em local distante da redação. Já quando for elogiar, deve-se fazê-lo em público, na redação, para que todos ouçam. Acreditar que é preciso chamar a atenção em público, para os demais aprenderem juntos, revela muito mais uma insegurança do chefe do que sua capacidade profissional; além de criar um "climão" na redação, o que contribui muito para desmotivar a "tropa".
- Sempre que precisar chamar a atenção de alguém, não se deve apenas apontar o erro, mas aproveitar para ensinar à pessoa como ela deveria ter feito seu serviço, usando o erro como aprendizado para ela, e não como punição. Ensinar a pessoa não significa perda de tempo, mas ganho, pois não será mais preciso ocupar-se fazendo novas correções.
- É preciso que o time esteja motivado, e não acantonado ou amedrontado. A motivação estimula a criatividade, o medo a trava.

Quando for necessário interagir com pessoas para obter um bom resultado final, colhe-se o que plantou: medo ou motivação.

- É necessário se lembrar de ditados já até meio desgastados, mas que têm muito a ver com as relações que se estabelecem em grupos de convivência ou de trabalho: "Gentileza gera gentileza" e "Gente lesa gera gente lesa".
- Antes de "estourar" com alguém, o líder deve respirar e contar até dez. Agindo assim, com certeza, ele vai encontrar a melhor atitude a tomar. Por exemplo: quando dizemos o que nos vem à cabeça, em um rompante, essa atitude costuma gerar efeito igual ao de um cristal que cai e quebra. Podemos tentar arrumá-lo, mas as marcas da cola e do remendo vão ficar para sempre, indeléveis, para denunciar o tombo.
- Outra dica importante é falar mais com exemplos do que só com palavras. Alguns deles que recomendamos são:
  - Ser pontual, pois a pontualidade é característica fundamental de um chefe.
  - Dar sempre *feedbacks* dos trabalhos realizados. A pior coisa é a pessoa produzir algo e nunca ninguém lhe dizer nada, se seu trabalho está bom ou ruim. Isso é uma injeção de desânimo. O retorno, o *feedback*, motiva o indivíduo. No caso do rádio, é importante reconhecer as qualidades das matérias para depois apontar os problemas, se houver.
  - Valorizar a equipe, dando aos subordinados o protagonismo do sucesso. Não se deve agir como aqueles chefes que tomam para si todos os acertos, mas dividem com a equipe todos os erros.

- Ser bem organizado, planejando tudo o que vai fazer, envolvendo a equipe e cumprindo rigorosamente a parte que lhe cabe.
- Arquivar tudo o que puder, e de forma bem organizada, além de orientar os funcionários para que também façam isso. Hoje, existem muitos recursos que permitem guardar e classificar grandes quantidades de informações sobre os mais variados assuntos. Portanto, tudo o que for produzido de matérias jornalísticas deve ser mantido de forma organizada, catalogada e acessível. O editor deve ter seu próprio guia de fontes, e cada novo entrevistado deve ampliar seus contatos.

Para saber mais

BENSOUND. Disponível em: <https://www.bensound.com/>. Acesso em: 23 mar. 2020.

BIBLIOTECA DE ÁUDIO. Disponível em: <https://www.youtube.com/audiolibrary/music>. Acesso em: 23 mar. 2020.

FREESOUND. Disponível em: <https://freesound.org/browse/>. Acesso em: 23 mar. 2020.

SOUNDBIBLE. Disponível em: <http://soundbible.com/free-sound-effects-1.html>. Acesso em: 23 mar. 2020.

Essas são algumas bibliotecas de efeitos sonorous que podem ser utilizadas na programação de rádio.

Síntese

Neste capítulo, apresentamos informações e reflexões sobre as funções desempenhadas em rádios por profissionais do jornalismo, com foco preferencial na figura do editor. Destacamos que essa função nem sempre é realizada por um editor ou mesmo um editor-chefe, pois, muitas vezes, o próprio repórter (ou o diretor ou o produtor de um programa) assume essa atividade. No entanto, qualquer que seja o responsável pela edição, os papéis desempenhados serão semelhantes.

Dessa forma, procuramos focar nossa discussão nas atividades e nas responsabilidades do editor, que vão desde a seleção de conteúdo até a coordenação da equipe e a responsabilidade final por tudo o que vai ao ar, passando pelo processo de edição propriamente dito. Além disso, destinamos um bom espaço do capítulo para tratar da montagem de um radiojornal e da importância do trabalho do editor como coordenador de equipe.

Questões para revisão

1. Como deve ser um *script* radiofônico?

2. Todo lide deve ter necessariamente as respostas às seis perguntas (*Quem?, O quê?, Quando?, Onde?, Como?, Por quê?*).

3. Com relação à Lei n. 9.610/1998 (Brasil, 1998a) sobre os direitos autorais, analise as afirmativas a seguir e marque V para as verdadeiras e F para as falsas.
    ( ) A lei prevê direitos autorais e patrimoniais, que são sempre do autor, de quem produziu o bem cultural, ou seja, o

criador da música que será usada. Esses direitos só deixarão de ser do autor caso ele mesmo os venda a outro pelo valor que desejar.

( ) A lei prevê licença total de uso, caso em que não é necessário dar o crédito do material ao autor e pode-se utilizá-lo inclusive para fins comerciais.

( ) A lei prevê licença parcial de uso, em que o material é livre para uso em produções sem fins lucrativos, mas é necessário dar o crédito ao autor.

( ) A lei prevê licença não autorizada, em que o uso do material só é liberado mediante pagamento, com a obrigação de dar crédito ao autor.

( ) A lei rege a obra de domínio público, ou seja, toda obra cultural passa a ter seu direito patrimonial de domínio público após a morte de seu autor.

Assinale a alternativa que apresenta a sequência correta:

a) V, V, F, V, F.
b) F, V, V, V, F.
c) F, V, F, V, V.
d) V, F, V, V, F.
e) V, V, F, F, V.

4. Analise as afirmativas a seguir e marque V para as verdadeiras e F para as falsas.

( ) Em rádio, às vezes é preciso dizer as coisas com certo rodeio, usando orações subordinadas e frases construídas com rigor gramatical, para melhorar o vocabulário do público.

( ) No rádio, o cargo é sempre mais importante do que a pessoa que o exerce. Por isso, apresenta-se o cargo que a pessoa ocupa e depois se menciona seu nome.

( ) A reportagem é um formato de curta duração muito usado no rádio para informar e discutir fatos e acontecimentos; razão por que ela pode ter, no máximo, dois minutos de duração.

( ) Uma boa estrutura narrativa em rádio é aquela que diz logo a informação, levando o ouvinte a pensar e a refletir sobre o tema. Afinal, esse é o papel do jornalista. Para isso, o ideal é iniciá-la com elementos racionais e depois apresentar situações empáticas e/ou emocionais.

( ) No rádio, a instituição é sempre mais importante, porque dá credibilidade à informação. Por isso, ao citar uma instituição como fonte, deve-se primeiro dizer qual é a fonte e depois os dados.

Assinale a alternativa que apresenta a sequência correta:

a) F, F, V, V, F.
b) V, F, V, V, F.
c) V, V, F, F, V.
d) F, V, V, F, F.
e) F, V, F, F, F.

5. Com relação à grafia utilizada no rádio, assinale a alternativa correta:

a) Dois mil e 200 reais; 1,8 milhões; 2/3 e 1,4 kg.
b) 1 Kg e 400 g; 25/07/2019; 15 horas e 2.512 pessoas.

c) 46ª festa; 25/07/2019 e nove da manhã.
d) Quadragésima sexta festa; Uninter; U-F-P-R; um quilo e quatrocentos gramas.
e) 4.432 metros; um bilhão de pessoas; telefone 3313-2084.

Questões para reflexão

1. Quais são as principais funções no processo de produção jornalística no rádio e quais mudanças a chegada dos formatos *hard news* e *all news* trouxe para o radiojornalismo?

2. Por que nesses tempos de *hard news* e de *all news* é ainda mais importante o profissional dominar todas as etapas da produção jornalística no rádio?

3. Como se estrutura e qual é a função informativa de um radiojornal?

4. Relacione ao menos cinco características do texto no rádio que você considera mais importantes.

5. Quais são as principais atividades e responsabilidades de um editor no rádio?

Capítulo
05

*S*oftwares de edição de áudio

André Felipe Schlindwein | Flavia Bespalhok

Conteúdos do capítulo:

- Os *softwares* de edição.
- A edição de arquivo único.
- A edição em múltiplas faixas.
- Os efeitos na edição.
- A exibição.

Após o estudo deste capítulo, você será capaz de:

1. reconhecer os principais *softwares* de edição;
2. compreender o processo de edição;
3. utilizar as principais ferramentas de um *software* de edição.

Agora que já analisamos o poder da palavra, da música, dos efeitos sonoros e do silêncio, mostramos como definir o formato do programa, refletimos sobre o que produzir e como elaborar o roteiro de uma atração radiofônica, é hora de verificar o que é necessário para desenvolver um produto em um formato sonoro pronto para veiculação. Estamos falando da edição propriamente dita, que, para muitos, é onde a mágica ocorre.

Editar é dar a forma final à ideia surgida no início dos trabalhos da produção sonora. Nesse sentido, neste capítulo, demonstraremos como funcionam os programas de edição de áudio, com ênfase no *software* Adobe Audition. Explicaremos os principais recursos desse programa com o auxílio de imagens ilustrativas.

Inicialmente, abordaremos as ferramentas básicas e os principais comandos utilizados na edição. Com base nesse conhecimento, nosso o foco se centrará nas instruções de como importar um arquivo sonoro ou gravar uma locução, como eliminar trechos e sons indesejáveis, como separar um trecho sonoro, como incluir novas faixas de áudio e como controlar o volume de cada trecho.

Além dessas operações básicas, também indicaremos alguns efeitos sonoros importantes para a edição. E, para concluir, veremos como finalizar e exportar o trabalho editado, transformando-o em uma faixa de áudio que pode ser executada em vários tipos de tocadores.

5.1
Principais *softwares* de edição

Existem muitos *softwares* de edição de áudio que possibilitam a montagem final do programa. A maioria deles é *software* proprietário, ou seja, para tê-lo em um computador, é preciso comprá-lo. Os mais conhecidos nessa categoria são o Adobe Audition (Adobe) e o SoundForge (Sony). Também existem *softwares* livres que disponibilizam quase a mesma qualidade dos proprietários e que, como diz o próprio nome, são livres de taxas, não necessitando de nenhum tipo de pagamento. Como os *softwares* livres permitem que cada usuário possa executar, acessar e modificar seus códigos-fontes, existem constantes atualizações que os deixam sempre em condições de executar as múltiplas ações que se esperam de um programa de edição, no nosso caso, edição de áudio.

O *software* que apresentaremos neste capítulo é o Adobe Audition, desenvolvido pela Adobe Inc. A versão que utilizamos para demonstração dos recursos é a 12.1.3.10, disponibilizada em 2019[1].

5.2
O *software* Adobe Audition

O Adobe Audition é um programa multipista, também chamado de *multitrilha*, e nisso reside uma de suas principais vantagens: a edição multipista permite trabalhar com mixagem de vários sons em um mesmo projeto, facilitando a inserção de diferentes tipos de sonoridades, como palavras, músicas e/ou efeitos sonoros.

As inserções vão sendo posicionadas sucessivamente, montando uma *timeline*, ou seja, uma linha do tempo. Nela, é possível

---

[1] Mesmo que você tenha ou use uma outra versão, as mudanças são mais internas e os princípios básicos permanecem os mesmos. Para baixar uma versão de demonstração do Adobe Audition, basta acessar o seguinte link: <https://www.adobe.com/br/products/audition/free-trial-download.html>. Acesso em: 18 jun. 2020.

visualizar todos os sons, que são posicionados em trilhas. Toda vez que é feita uma gravação ou que um novo áudio é importado, uma nova trilha é aberta e, assim, o projeto sonoro vai sendo construído.

O programa pode ser instalado em máquinas com sistemas operacionais Windows e Mac OS e oferece um manual de ajuda bastante completo, que auxilia no momento de dúvidas gerais ou pontuais.

∴ Recursos

São vários os recursos disponíveis no Adobe Audition. É possível gravar diretamente nele ou importar e exportar sons em formato WAV, WMA, Flac, MP3[2] e outros. Existem também várias taxas de qualidade de áudio, podendo chegar até a 192000 Hz (Hertz). Para se ter uma ideia do que isso significa, um CD de música tem normalmente uma taxa de qualidade de 44100 Hz, ou seja, em uma amostra de um segundo, é possível fazer a leitura do áudio em 44100 pontos. Quanto mais pontos o usuário (editor) conseguir colocar nessa amostra, maior qualidade terá o áudio a ser executado. Portanto, poder chegar a uma taxa de 192000 Hz significa que o Audition pode trabalhar com áudios de excelente qualidade. Porém, um detalhe importante: quanto maior for a taxa de amostragem, maior ficará o arquivo, o que, às vezes, prejudica seu transporte e armazenamento.

---

2   Siglas de: Waveform audio format (WAV); Windows media audio (WMA); Free lossless audio codec (Flac); Moving Picture Expert Group (MPEG) Layer 3 (MP3)

Feita essa introdução, vamos lá, então, colocar a mão na massa. Ou melhor, os olhos na tela, a mão no *mouse*, os dedos no teclado e cabeça para funcionar. E, se precisar, os ouvidos no fone.

∴ Principais comandos

A Figura 5.1, a seguir, apresenta a imagem padrão do programa quando se abre o Adobe Audition 2019.

Figura 5.1 – Visão geral do programa Adobe Audition

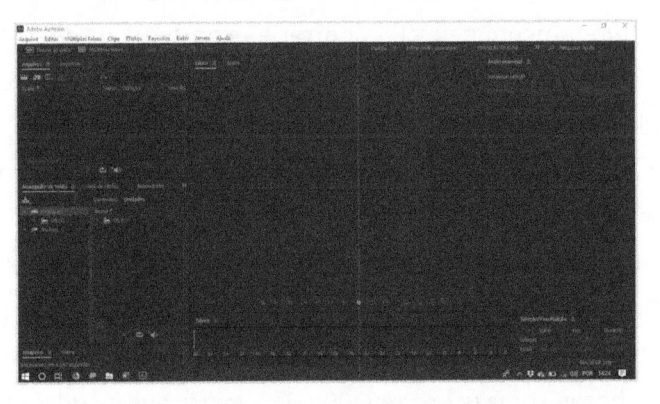

Telas de produtos da Adobe reproduzidas com permissão da Adobe Systems Incorporated

O Adobe Audition tem nove abas em seu menu superior. Além disso, a interface do programa é dividida em barras em espaços com ferramentas específicas para cada tarefa, como veremos. O usuário pode escolher quais ferramentas estarão disponíveis para visualização em sua área de trabalho acessando a aba *Exibir*, disponível no menu superior do programa.

Softwares de edição de áudio

Figura 5.2 – Opções de barra de ferramentas

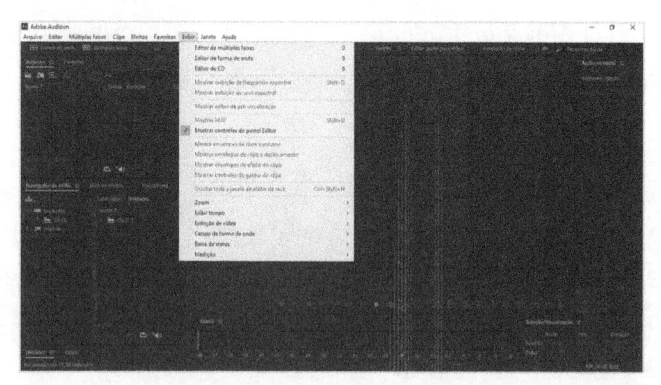

A seguir, veremos as principais ferramentas presentes na interface de edição do Adobe Audition.

∴ Barra de controle

A Figura 5.3, a seguir, mostra a <u>Barra de controle</u> (<u>Control</u>), que pode ser dividida em duas partes. Na primeira, estão os controles de reprodução de mídia; na segunda, os controles de visualização da trilha de áudio.

Figura 5.3 – Barra de controle

Na parte destinada aos comandos de mídia, encontramos um marcador de tempo para a conferência da minutagem em tempo real (1), além dos botões <u>Stop</u> (2), <u>Play</u> (3), <u>Pausa</u> (4), <u>Mover indicador de</u>

reprodução para anterior (5), Retroceder rapidamente (6), Avançar rapidamente (7), Mover indicador de reprodução para próximo (8), Gravar (9), Repetir reprodução (10) e Ignorar seleção (11).

> **Dica**
>
> O usuário pode utilizar a barra de Espaço de seu computador (Space Bar) para alguns comandos. Pressionando-a uma vez, ele aciona o Play, e se o áudio estiver sendo executado e ela for clicada, o som pausa.

Na segunda parte da barra estão os botões para visualização da trilha de áudio: Mais zoom de amplitude (12), Menos zoom de amplitude (13), Mais zoom de tempo (14), Menos zoom de tempo (15) e Menos zoom geral (16).

> **Dica**
>
> O usuário pode aplicar mais ou menos *zoom* na trilha de áudio usando seu *mouse*: ao posicionar o ponteiro na trilha de áudio, é possível usar o *scroll* do *mouse* para aplicar mais ou menos *zoom* de tempo, ou seja, o *zoom* da trilha de áudio.

∴ Barra de ferramentas

Depois da Barra de controle, a Barra de ferramentas (Tools) é a mais utilizada na edição. Suas funções estão diretamente ligadas aos modos e às ferramentas para a edição do projeto de áudio.

Figura 5.4 – Barra de ferramentas

1	2	3	4	5	6	7	8	9	10	11	12
Forma de onda	Múltiplas faixas										

Telas de produtos da Adobe reproduzidas com permissão da Adobe Systems Incorporated

As primeiras quatro opções estão relacionadas ao modo de edição que o usuário vai utilizar, sendo as duas primeiras as mais importantes. _Forma de onda_ (1) é o primeiro modo. Trata-se do modo padrão ao se abrir o Adobe Audition e é utilizado para a edição e o tratamento de um único arquivo de áudio. Já a opção _Múltiplas faixas_ (2) altera o modo de edição para diversas trilhas de áudio. Esse modo é indicado para a edição de projetos mais elaborados, pois possibilita o trabalho com faixas para voz, vinhetas e trilhas, entre outros.

Além disso, há dois modos de visualização da trilha de áudio: _Mostrar exibição espectral de frequência_ (3) e _Mostrar exibição espectral de ritmo_ (4). Na exibição de frequência, é possível visualizar os níveis de graves, baixos, altos e agudos. Já a exibição de ritmo permite a visualização do espectro rítmico da trilha. Ambas as visualizações podem ter maior utilidade na produção musical. Para a edição de programas ou semelhantes, sua utilização não é fundamental.

Os demais botões são destinados às ferramentas de edição: _Mover_ (5)[3], _Lâmina em clipes selecionados_ (6)[4], _Deslizar_ (7)[5], _Seleção de tempo_ (8)[6], _Seleção de letreiro_ (9), _Seleção de laço_ (10), _Seleção de_

---

[3] Permite mover o clipe de áudio pela trilha de edição.
[4] Ajuda a cortar o clipe de áudio.
[5] Auxilia a navegação pela extensão das múltiplas trilhas.
[6] Possibilita selecionar um trecho de clipe ou do projeto.

pincel (11)[7] e _Pincel_ _corretor_ _pontual_ (12)[8]. É importante ressaltar que, das ferramentas apresentadas neste parágrafo, a única funcional no modo de trilha única (_Forma_ _de_ _onda_) é a _Seleção_ _de_ _tempo_. O restante pode ser utilizado apenas no modo de edição _Múltiplas faixas_.

> **Dica**
>
> O usuário pode alternar as ferramentas que está utilizando por meio de comandos no teclado, o que permite ter maior agilidade no trabalho. As principais ferramentas que ele irá utilizar têm os seguintes atalhos: _Mover_ (V), _Lâmina_ _em_ _clipes_ _selecionados_ (R), _Deslizar_ (Y) e _Seleção_ _de_ _tempo_ (T).

∴ Painel de seleção/visualização

O painel de seleção/visualização fica na parte inferior do Audition. Nele, é possível visualizar diferentes marcações de tempo referentes ao projeto de edição. O painel é dividido em dois tipos de minutagem: 1) na primeira linha ficam as informações de tempo referentes à seleção, ou seja, se foi selecionada uma parte da trilha de áudio; 2) na segunda linha estão as informações de tempo total do projeto. Ambas as categorias mostram o tempo total, o início e o fim.

---

7   As ferramentas de "letreiro", "laço" e "pincel" são utilizadas para trabalhar com o espectro de frequência, copiando, cortando ou apagando um trecho escolhido.
8   Corrige trechos pontuais do espectro de frequência

Figura 5.5 – Barra de seleção

Assim, é possível visualizar o tempo total de uma seleção, onde está seu início e onde ela termina, bem como o tempo total do projeto.

Telas de produtos da Adobe reproduzidas com permissão da Adobe Systems Incorporated

5.3
Usando o Adobe Audition

Para começar a editar, uma questão é de suma importância: o usuário deve criar uma pasta em seu computador com todos os materiais sonoros que ele vai utilizar. Isso facilita o trabalho, pois, se precisar carregar o projeto de edição de um computador para outro, nada vai se perder. Além disso, essa ação assegura que, em uma eventual segunda edição do projeto, todo o material necessário para as correções e/ou novas inserções estará conservado adequadamente. Ter o roteiro em mãos também é importante nessa hora, pois ele será o guia durante todo o processo de edição.

∴ **Edição de arquivo único**

Inicialmente, veremos como realizar a edição no modo de edição _Forma_ _de_ _onda_, utilizado para trabalhar um único arquivo. Assim, é possível ajustar o volume, realizar cortes e tratar o ruído de um arquivo de áudio, como uma sonora, por exemplo. Posteriormente, veremos como editar um projeto em múltiplas trilhas, ideal para edição de programas de rádio e *podcasts*, entre outros.

Importação

O primeiro passo para iniciar o trabalho é importar o primeiro trecho sonoro. Isso é feito na aba *Arquivo*.

Figura 5.6 – Percurso para a importação de áudio

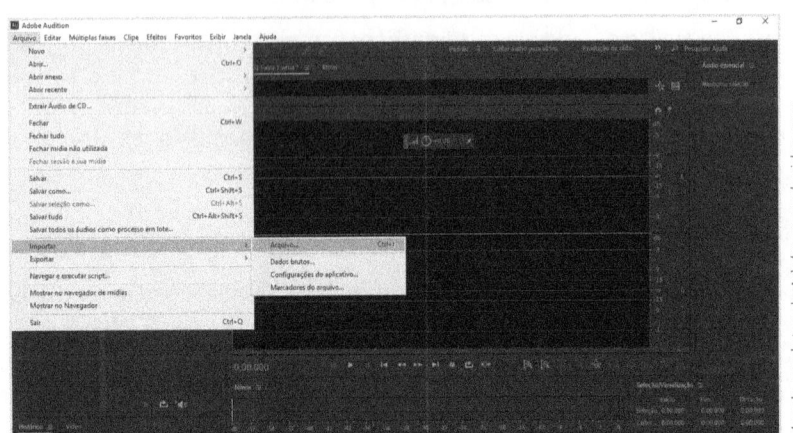

Telas de produtos da Adobe reproduzidas com permissão da Adobe Systems Incorporated

O usuário pode fazer o percurso mostrado na Figura 5.6 ou, então, usar o atalho Ctrl+I. Depois desse comando, o programa abrirá a pasta *Explorer* do computador. Encontrando a pasta que foi criada para a edição, o usuário deve selecionar o áudio desejado e clicar em *Abrir*.

Nessa mesma aba, *Arquivo*, é possível criar um novo projeto, abrir um projeto já começado, fechar o programa, salvar o projeto ou, ainda, exportar, ou seja, transformar o projeto finalizado em um arquivo de áudio. E por falar em *salvar*, é importantíssimo salvar o projeto logo que começar a edição e repetir essa ação de tempos em tempos. Sempre é melhor prevenir do que perder todo o trabalho de edição.

Uma questão merece esclarecimento: quando o usuário salvar o projeto, ele somente poderá ser aberto no Adobe Audition. Ele ainda não será uma faixa de áudio executável em tocadores (*players*). O projeto somente se transformará em um produto executável depois de exportado, o que será explicado mais adiante.

Voltando ao início da edição, ao importar o áudio, automaticamente uma pista será aberta com o trecho sonoro selecionado. No exemplo da Figura 5.7, o trecho selecionado chama-se "01 Faixa 01".

É interessante verificar três recursos destacados nas marcações da imagem mostrada na Figura 5.7. O primeiro deles é uma espécie de barra de navegação, que fica logo acima da trilha do arquivo de áudio e tem a função de mostrar o espectro sonoro em sua extensão completa. Além disso, ela serve como uma espécie de barra de controle para a navegação na trilha, possibilitando selecionar um trecho em específico do áudio para ficar no campo de visão do programa de edição.

O segundo recurso está destacado pelas duas setas presentes na Figura 5.7. São dois quadrados cinza, um no início e outro no fim da faixa: ambos têm a função de aplicar *fade in*, que é aumento gradual do volume de áudio, e *fade out*, que é a diminuição gradual do volume de áudio. Para realizar o procedimento, basta clicar no quadro do início e arrastar para a direita, aplicando o *fade in*. Para aplicar o *fade out*, o usuário deve clicar no botão da direita e arrastar para a esquerda.

O terceiro recurso destacado está presente bem no meio da trilha de áudio, sendo que por meio dele é possível realizar o controle de volume de todo o áudio. Para ajustar o volume de uma parte específica do arquivo, o usuário deve selecionar o trecho desejado e então utilizar o controle de volume.

Figura 5.7 – Visão após importação de áudio estéreo

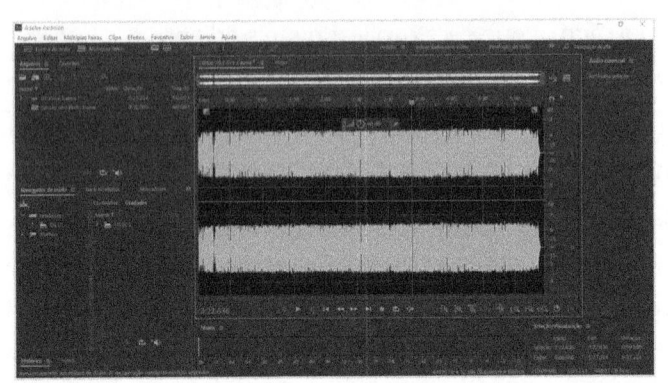

Telas de produtos da Adobe reproduzidas com permissão da Adobe Systems Incorporated

Aqui também vale explicar que a trilha do exemplo anterior tem duas ondas sonoras (uma embaixo da outra), pois o som é estéreo, ou seja, foi gravado em dois canais: o direito e o esquerdo. Se o som fosse mono, a pista teria a aparência mostrada na Figura 5.8.

Figura 5.8 – Visão após importação de áudio mono

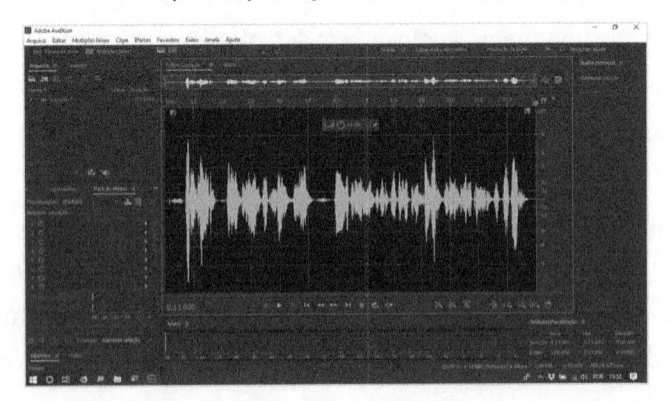

Telas de produtos da Adobe reproduzidas com permissão da Adobe Systems Incorporated

Dica

O usuário pode deixar visível em sua tela apenas o campo de edição da trilha de áudio durante a edição. Assim, ele terá um espaço maior para trabalhar com a faixa, além de observar em sua tela apenas as ferramentas principais para trabalhar em seu projeto. Para isso, basta aplicar um clique duplo na aba destacada na imagem da Figura 5.9. Para alterar para o modo completo, basta aplicar novamente um clique duplo na aba em destaque.

Figura 5.9 – Visão completa da interface

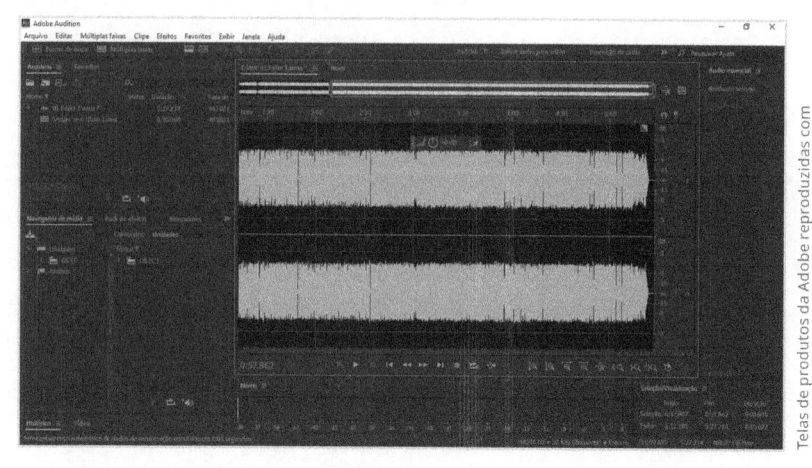

Telas de produtos da Adobe reproduzidas com permissão da Adobe Systems Incorporated

Figura 5.10 – Visão com destaque para a trilha de edição

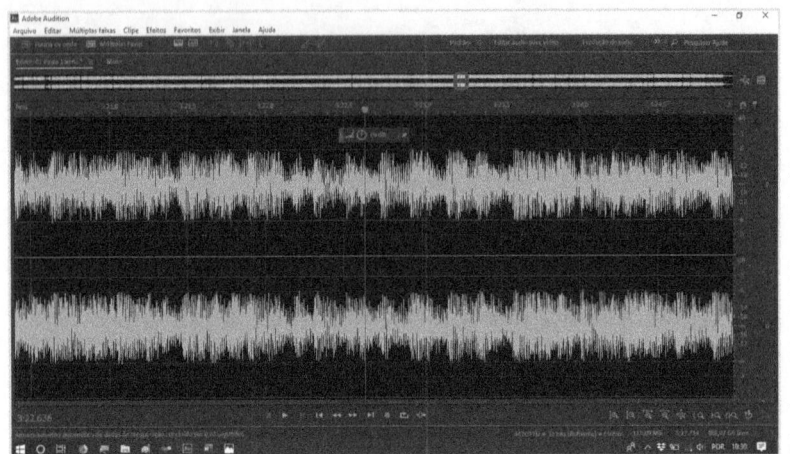

Telas de produtos da Adobe reproduzidas com permissão da Adobe Systems Incorporated

Gravação

Se o usuário optar por uma gravação de áudio, pode fazê-lo direto no Adobe Audition. Para isso, em primeiro lugar, ele deve conectar um microfone ao computador. Se for necessário, ele deverá selecionar a correta entrada de microfone, utilizando o seguinte caminho: na aba _Editar_ do menu superior, clicar em _Preferências_ e em _Hardware de áudio_ e, então, escolher a fonte de gravação de sua preferência.

    Após realizar as configurações mencionadas, o usuário já pode começar sua gravação, bastando clicar no botão _Gravar_, localizado na parte inferior da tela principal do editor, ou usar o atalho Shift + Espaço. Para pausar a gravação, deve-se clicar no _Pausa_ ou aplicar o atalho Ctrl+Shift+Espaço. Quando concluir, seleciona-se o _Stop_, ou a tecla _Espaço_ no teclado.

Exclusão

Depois de importar o áudio a ser editado ou finalizar a gravação de voz, o usuário deve começar a tirar os excessos, em uma ação que chamamos de *limpar o áudio*. Em uma gravação de texto (locução) ou de entrevista, por exemplo, sempre existem erros e/ou trechos que o usuário não quer usar. Esta é a limpeza: retirar tudo o que não deve ir para o ar. Então, começa-se a cortar os excessos.

Essa ação é realizada selecionando-se o trecho a ser excluído por meio da ferramenta de *Seleção de tempo* (T) e, na sequência, apertando-se a tecla *Delete* do teclado. Se, por acaso, o usuário precisar desse trecho em outro ponto da edição, também pode acionar o atalho Ctrl+X para recortar e, na sequência, o atalho Ctrl+V para colar o trecho sonoro onde precisar. Também na aba *Editar* é possível fazer todos esses passos, com comandos específicos para cada situação pretendida.

Figura 5.11 – Fazendo a exclusão de trechos indesejáveis

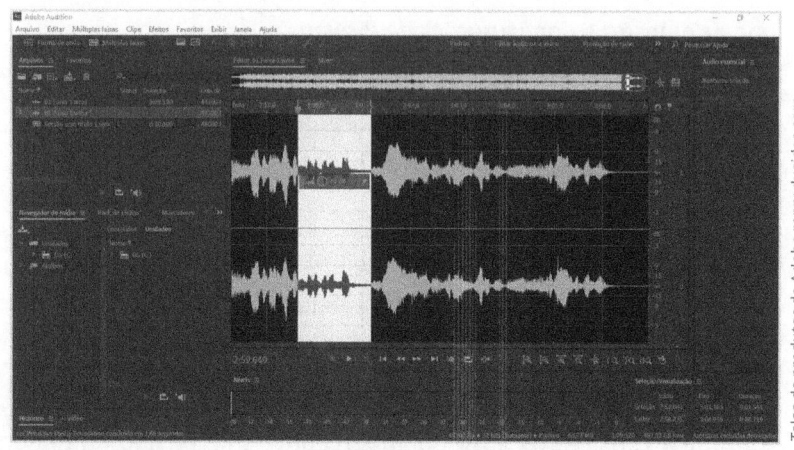

Essa ação de exclusão deve ser repetida até que tudo o que estiver "sobrando" seja eliminado da gravação.

Exportação

Depois de finalizada a edição, é importante ouvir atentamente toda a faixa de áudio para verificar se tudo está de acordo com o roteiro e se, esteticamente, o produto está adequado. Feito isso, é hora de exportar o áudio.

Para exportá-lo, deve-se ir até a aba *Arquivo*, no menu superior do Adobe Audition, depois, até a opção *Exportar* e, então, clicar em *Arquivo*. Para facilitar, o usuário pode apenas utilizar o atalho Ctrl+Shift+E em seu teclado.

Na janela que irá abrir, é preciso configurar como o arquivo será exportado. Em *Nome do arquivo*, adiciona-se o nome que o arquivo deverá ter; em *Localização*, escolhe-se o local em que o trabalho será salvo. Nas configurações de tipo de arquivo, há as opções *Formato*, *Tipo de amostra* e *Configurações de formato*.

Recomendamos que seja escolhido o formato *MP3*, pois é o mais aceito entre os programas de reprodução de áudio. Contudo se o usuário desejar, poderá escolher outro formato, como o WMA, o WAV e o Flac.

Uma das grandes diferenças entre esses formatos é se o áudio tem ou não compressão, que é uma redução do volume de dados para que o arquivo fique menor, facilitando o armazenamento e exigindo menos da banda larga na hora da transmissão. A compressão suprime alguns dados que são imperceptíveis ao ouvido humano, mas pode acarretar perda de qualidade do áudio, em alguns casos.

Os formatos MP3, WMA e Flac apresentam compressão, mas são mais leves e mantêm boa qualidade. O formato sem compressão mais popular é o WAV, que tem uma alta fidelidade de som, ou seja, nenhuma informação gravada é eliminada para reduzir o tamanho do arquivo.

Figura 5.12 – Configurações para exportação do áudio

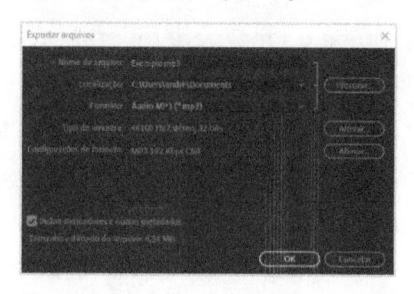

O tipo de amostra recomendado é o de 44100 Hz estéreo 32 *bits*, e a configuração de formato é de, no mínimo, 192 kbps.

Perguntas & respostas

Em quais formatos o áudio editado pode ser exportado?

O Adobe Audition permite exportar formatos com ou sem compressão em variadas extensões. Um dos formatos mais populares é o MP3, que é compactado, mas mantém a qualidade do áudio e pode ser executado em todos os tipos de *players*. Outro formato bastante conhecido é o WAV, que não tem compressão e pode ser tocado em computadores desenvolvidos pela Microsoft e pela IBM[9], e o AIFF[10], para plataformas Macintosh (Apple).

∴ Edição em múltiplas faixas

Agora, vamos mostrar como realizar a edição de um projeto em múltiplas faixas, que é o ideal para montar programas de rádio, *podcasts* e peças publicitárias, entre outros.

Para iniciar um projeto de edição em múltiplas faixas, o usuário tem duas opções. Aa primeira é clicar em Múltiplas faixas, na Barra de ferramentas superior. Já a segunda opção é acessar a aba Arquivo, do menu superior, e navegar até Novo e Sessão de múltiplas faixas ou, simplesmente, utilizar o comando Ctrl+N no teclado.

Na janela que irá abrir, deve-se escolher o nome do projeto e a pasta em que será salvo. Referente às opções de arquivo, recomendamos 44100 Hz e 32 *bits*.

Figura 5.13 – Configurações para criar uma sessão com múltiplas faixas

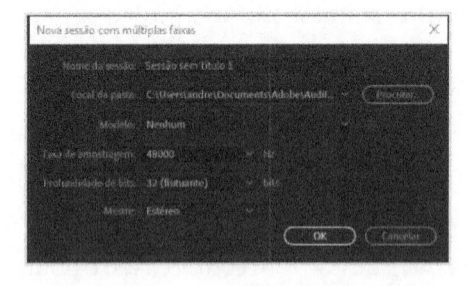

Telas de produtos da Adobe reproduzidas com permissão da Adobe Systems Incorporated

9   International Business Machines Corporation (IBM)
10 Audio interchange file format (AIFF).

Após escolher as definições e clicar em Ok, a interface de edição em múltiplas trilhas irá abrir. Nela, é possível utilizar trilhas específicas para cada tipo de áudio, além de recursos específicos.

Figura 5.14 – Visão do editor em múltiplas faixas

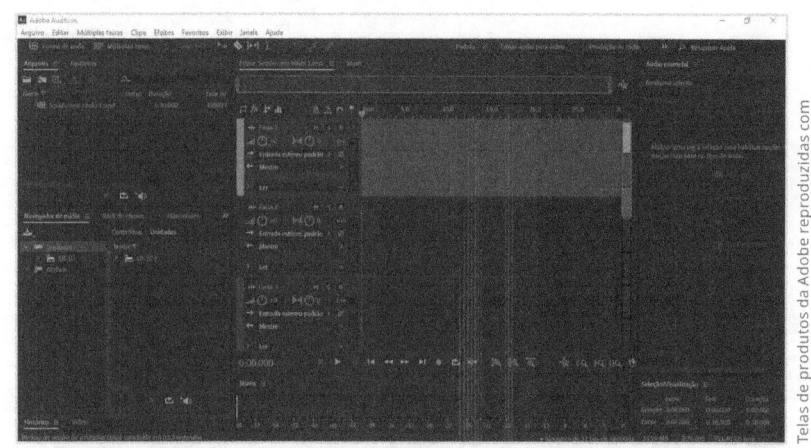

Telas de produtos da Adobe reproduzidas com permissão da Adobe Systems Incorporated

No lado esquerdo de cada uma das faixas de áudio existe um painel de controle específico para regular cada trilha em separado.

Figura 5.15 – Painel de controle de faixa

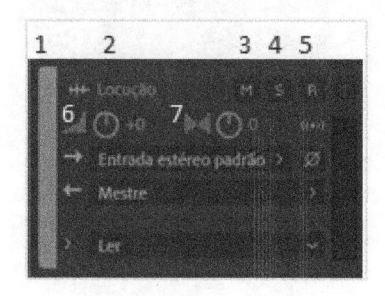

Telas de produtos da Adobe reproduzidas com permissão da Adobe Systems Incorporated

As principais ferramentas que serão utilizadas são: _Barra vertical colorida_ (1), na qual o usuário pode clicar e segurar a faixa para alterar sua posição para cima ou para baixo, além de poder trocar a cor da trilha ao clicar duas vezes na barra colorida, _Título da faixa_ (2), pela qual é possível mudar o nome da trilha, _Silenciado_ (3), _Solo_ (4), _Preparar para gravar_ (5), _Volume_ (6) _e Equilíbrio de estéreo_ (7).

Adição de arquivo ao projeto

Para adicionar arquivos ao projeto, o usuário pode acessar a aba _Arquivo_ do menu superior, navegar até _Importar_ e clicar em _Arquivo_. Também é possível clicar no botão _Importar arquivo_ (1), presente na interface principal do editor ou utilizar o atalho Ctrl+I.

Figura 5.16 – Adicionando um arquivo ao painel de múltiplas trilhas

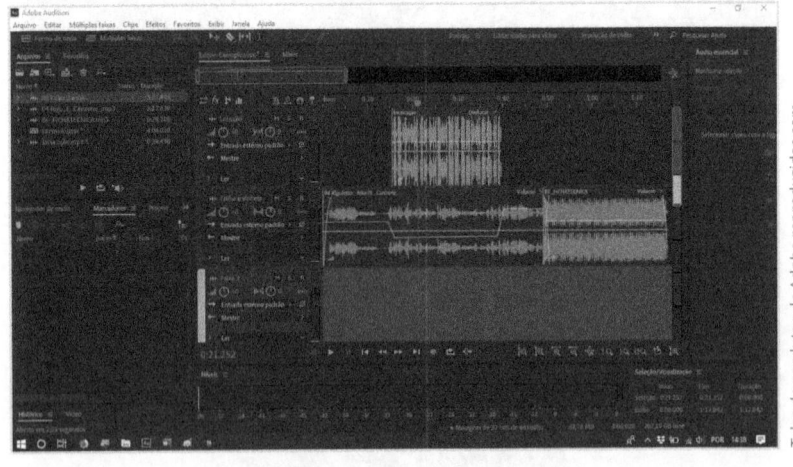

Após importar o arquivo, ele vai aparecer em uma lista no lado esquerdo da tela. Basta selecioná-lo e arrastá-lo até uma das trilhas do editor.

> **Dica**
>
> Durante a edição, o usuário pode deixar visível em sua tela apenas o campo de múltiplas trilhas, assim, ele terá um espaço maior para trabalhar com as faixas, além de observar em sua tela apenas as ferramentas principais para trabalhar em seu projeto. Para isso, basta aplicar um clique duplo na aba destacada na imagem da Figura 5.17. Para alterar para o modo completo, basta aplicar novamente um clique duplo na aba em destaque.

Figura 5.17 – Visão completa da interface em múltiplas trilhas

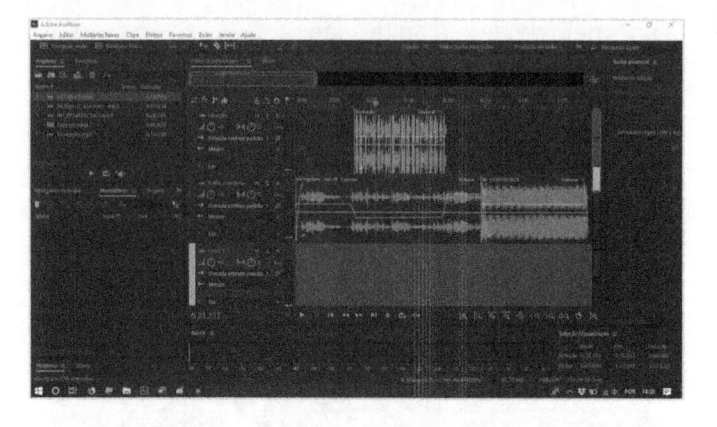

Telas de produtos da Adobe reproduzidas com permissão da Adobe Systems Incorporated

Figura 5.18 – Visão com destaque para o painel de trilhas

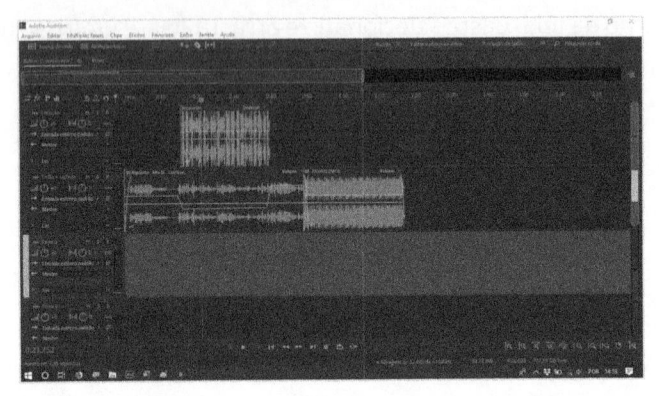

Separação e união

Se o usuário quiser separar o trecho de áudio para realocá-lo em outro ponto do projeto, basta ir à *Barra de ferramentas* e selecionar a ferramenta *Lâmina em clipes selecionados*, posicionar o cursor no local desejado e aplicar o corte. Ele também pode ativar a ferramenta por meio da tecla *R* no teclado.

Figura 5.19 – Áudio dividido após o corte

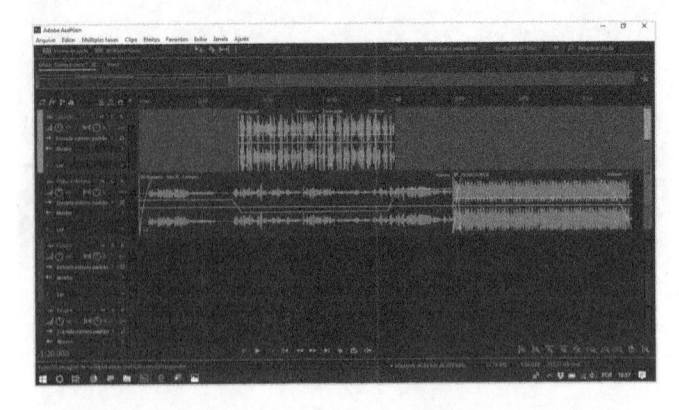

Depois de feita a separação, basta usar a ferramenta *Mover* (tecla V) para arrastar o trecho de áudio para a posição desejada.

> **Dica**
>
> O usuário também pode realizar recortes em trechos de seu arquivo sem utilizar a ferramenta *Lâmina em clipes selecionados*. Basta selecionar o trecho desejado, copiá-lo (Ctrl+C) e colá-lo (Ctrl+V) no ponto desejado.

Controle de envelopes de volume

Se o usuário desejar abaixar ou aumentar o volume de uma trilha inteira, como a trilha de locução, por exemplo, basta ajustar o volume no botão à esquerda da tela, indicado na imagem da Figura 5.20. Porém, se o usuário quiser mexer no volume de um arquivo específico daquela trilha, basta arrastar para cima ou para baixo a linha amarela indicada na imagem da Figura 5.20. Assim, todo aquele áudio terá seu volume modificado sem alterar os demais presentes na mesma trilha. Por exemplo, o arquivo 1, presente na imagem, foi regulado para apresentar um nível inferior de volume em comparação ao do arquivo 2.

Além de alterar o volume de toda a faixa, como no exemplo anterior, também é possível mudar o volume em pontos específicos do trecho sonoro. Para isso, é preciso fazer um clique no início do trecho pretendido e outro no final. Dessa forma, o usuário deve clicar sobre a linha superior de cor amarela.

Figura 5.20 – Alterando o volume por inteiro

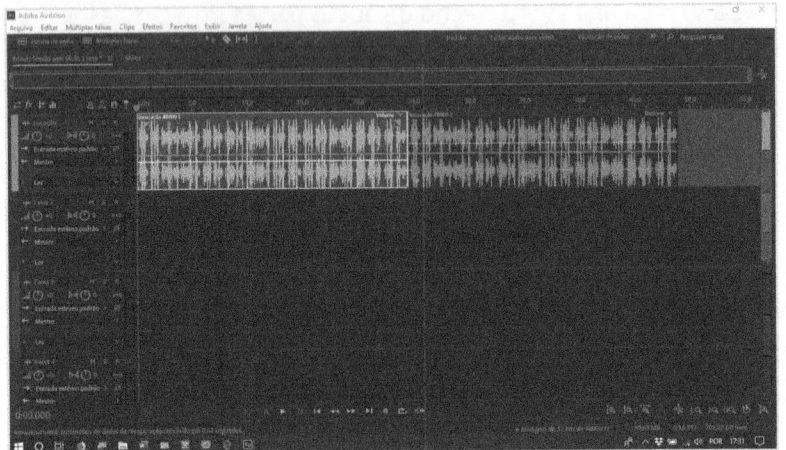

Telas de produtos da Adobe reproduzidas com permissão da Adobe Systems Incorporated

Figura 5.21 – Alterando o volume em trechos específicos

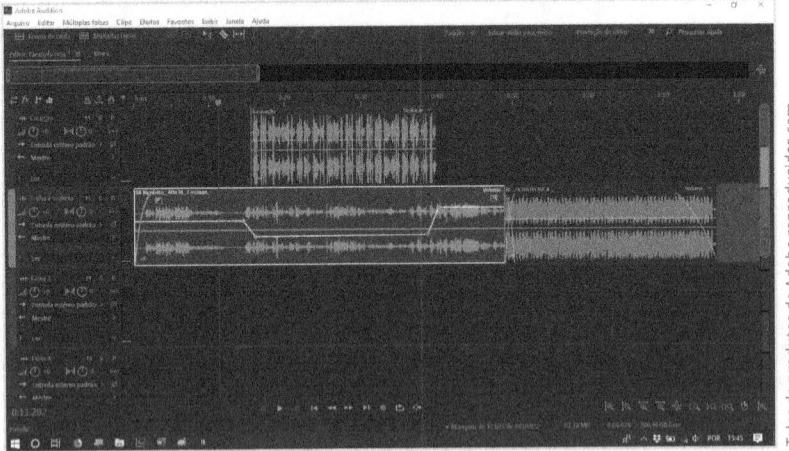

Telas de produtos da Adobe reproduzidas com permissão da Adobe Systems Incorporated

Nesse caso, podemos perceber que surgiram pontos brancos na linha superior da trilha. É por meio desses pontos que o usuário irá alterar o volume nesse trecho. Colocando-se o cursor sobre o ponto branco, é possível fazer o desenho de som desejado, como diminuir o volume da trilha sonora de fundo do projeto.

Se o usuário desejar aplicar o aumento ou a diminuição de volume gradualmente no início e no fim do áudio – os efeitos de *fade in* e de *fade out* –, basta clicar nos quadrados cinza indicados na imagem da Figura 5.22 e arrastar até o ponto desejado. Quando aplicado, o editor gera uma linha curva demonstrando a alteração de volume na trilha, como é possível observar na Figura 5.22. Lembrando que, quanto mais longa a curva, maior é o efeito na transição de volume.

Figura 5.22 – Aplicando os efeitos de *fade*

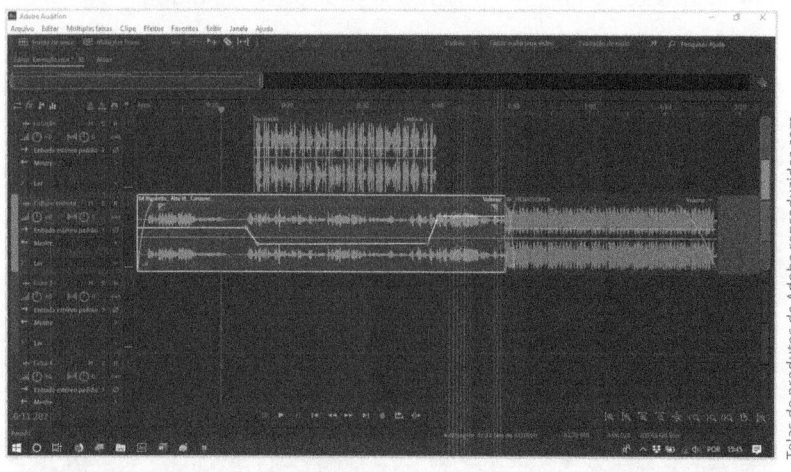

Telas de produtos da Adobe reproduzidas com permissão da Adobe Systems Incorporated

Agora, se o objetivo for aplicar um *cross fade* na trilha, ou seja, uma transição gradual entre áudios, basta arrastar o áudio desejado e cobrir um trecho do arquivo que será a continuação. O *cross fade* será indicado por uma espécie de "X" que irá se formar entre os dois arquivos, como podemos observar na imagem da Figura 5.22.

Perguntas & respostas

Para que serve a ferramenta *Nível de volume*?

A ferramenta *Nível de volume* é usada para alterar o volume de toda a faixa sonora ou para mudar trechos específicos e segmentados das faixas de áudio. Com isso, pode-se fazer, por exemplo, os recursos de *fade in* e de *fade out* ou, então, um intervalo de *background* (BG).

Exportação

Para exportar o arquivo editado, é preciso ir até a aba *Arquivo*, no menu superior do Adobe Audition, depois navegar até a opção *Exportar* e, então, escolher *Mixagem de múltiplas faixas* e *Sessão inteira*.

Figura 5.23 – Configurações para exportar o áudio

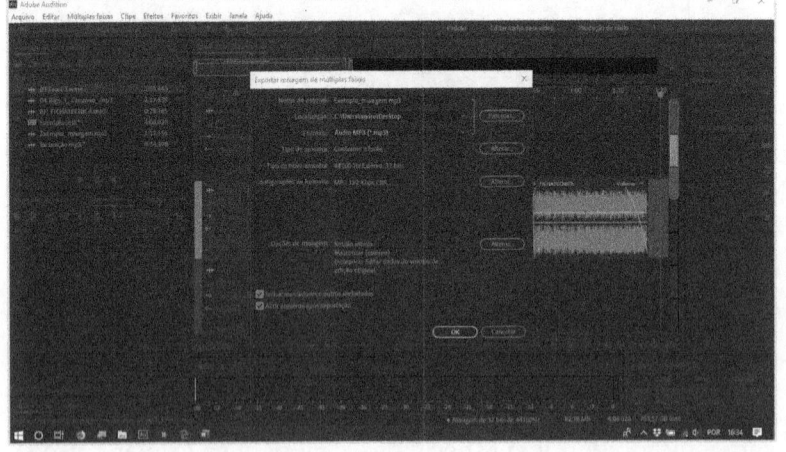

Telas de produtos da Adobe reproduzidas com permissão da Adobe Systems Incorporated

Na janela que se abrirá, deve-se configurar como o arquivo será exportado. Nesse caso, o usuário escolhe o nome do arquivo e a pasta em que ele será salvo. Nas configurações de tipo de arquivo, deve-se optar por um dentre os formatos disponíveis. Novamente, recomendamos o MP3, em 44100 Hz e 32 *bits*, para o tipo de amostra. Quanto à configuração de formato, sugerimos o mínimo de 192 kbps.

∴ Arquivamento

Mesmo depois de criada a faixa de áudio (em MP3 ou em outro formato), é importante que o usuário mantenha a pasta com os áudios utilizados e o projeto salvo e arquivado em sua máquina ou em algum outro suporte digital. No ato da exportação, ocorre a junção de todas as pistas que antes estavam separadas. Assim, se for preciso algum ajuste específico em alguma das pistas, isso não será mais possível.

Exemplificando

Depois de exportar um arquivo, o editor percebe que a trilha de fundo usada durante a locução ficou muito alta, atrapalhando o entendimento da voz do narrador. Se o projeto estiver devidamente arquivado, o editor pode retornar a ele, diminuir somente o volume da trilha de fundo e, então, exportá-lo novamente. Dessa maneira, o profissional terá uma nova faixa de áudio, agora com o *background* na altura correta. Contudo, se ele dispuser somente do áudio final depois de exportado, não será possível fazer essa alteração.

∴ Efeitos de edição ou inserção de efeitos

Com o que foi tratado até aqui, um editor já conseguirá fazer o básico da edição e montar seu programa com qualidade profissional. Mas o Adobe Audition ainda possibilita muitas outras ferramentas. Destacamos aqui algumas delas, escolhidas dentre as que são mais utilizadas para a edição de áudio. Os efeitos podem ser acessados na aba *Efeitos*, como mostra a Figura 5.24.

Figura 5.24 – Acessando a aba *Efeitos* do Adobe Audition

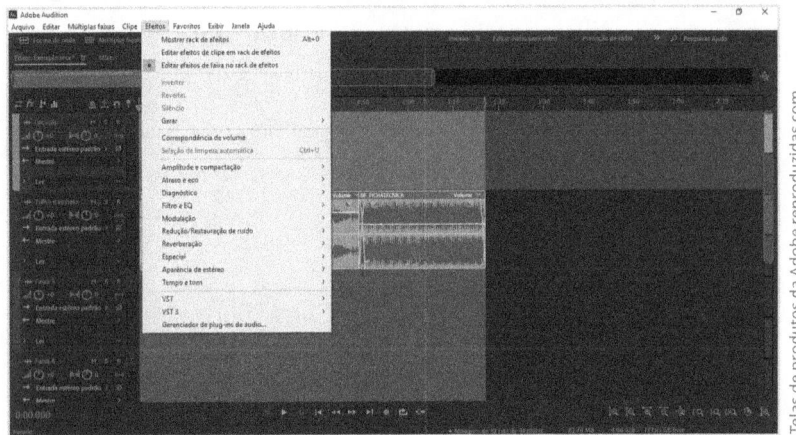

Amplificação

O efeito de amplificação é usado para alterar o volume do trecho sonoro selecionado. O usuário pode empregar esse recurso em trechos que tenham ficado muito baixos ou muito altos. Porém, vale um alerta: quando for aumentado ou diminuído o volume de uma fala, por exemplo, tudo o que estiver contido naquele trecho também aumentará ou diminuirá.

Figura 5.25 – Amplificando o trecho sonoro selecionado

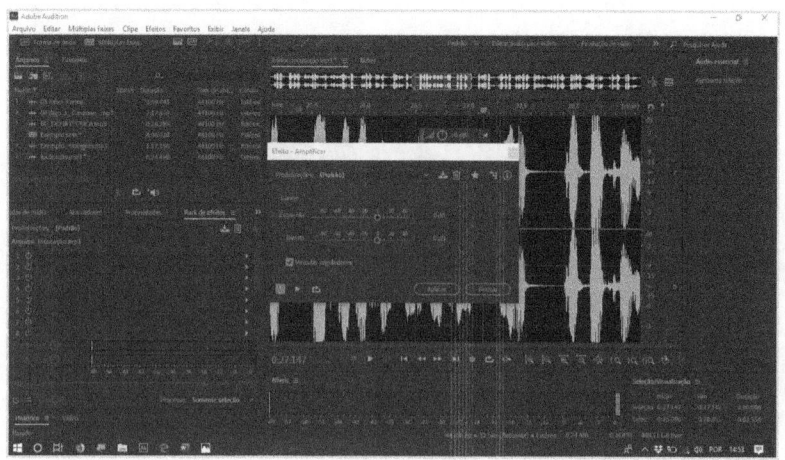

Para acessar o efeito, deve-se abrir a aba *Efeitos* no menu superior e navegar até *Amplitude* e *Compactação*, selecionando-se *Amplificar*. No painel de configurações do efeito, é possível aplicar predefinições criadas pelo programa ou alterar manualmente as marcações.

Redução de ruído

A redução de ruído é ideal para quando sons indesejados tiverem sido captados juntamente com a fonte principal do áudio. Para usar esse recurso, inicialmente é preciso selecionar o trecho em que o ruído se apresenta, como mostra a Figura 5.26.

Figura 5.26 – Selecionando amostra de ruído

Telas de produtos da Adobe reproduzidas com permissão da Adobe Systems Incorporated

Depois de selecionado o trecho com o ruído, o usuário deve acessar a aba *Efeitos* e navegar até a opção *Redução/restauração de ruído* e escolher *Captura de impressão de ruído*. Uma caixa de diálogo vai aparecer na tela, na qual ele deve clicar em *Ok*. Então, o usuário deve voltar para a trilha que apresenta o ruído, selecionar o trecho em que quer reduzir o ruído, abrir a aba *Efeitos* e navegar novamente até *Redução/restauração de ruído*, escolhendo, dessa vez, *Redução de ruído* (processo), definindo uma taxa de redução e movendo os pontos azuis verticalmente. Não existe uma regra de qual o melhor valor a ser inserido, pois tudo depende da qualidade do som que o usuário tiver em mãos. Antes de clicar em *Ok*, ele deve escutar uma prévia clicando no botão *Play*.

Figura 5.27 – Reduzindo o ruído

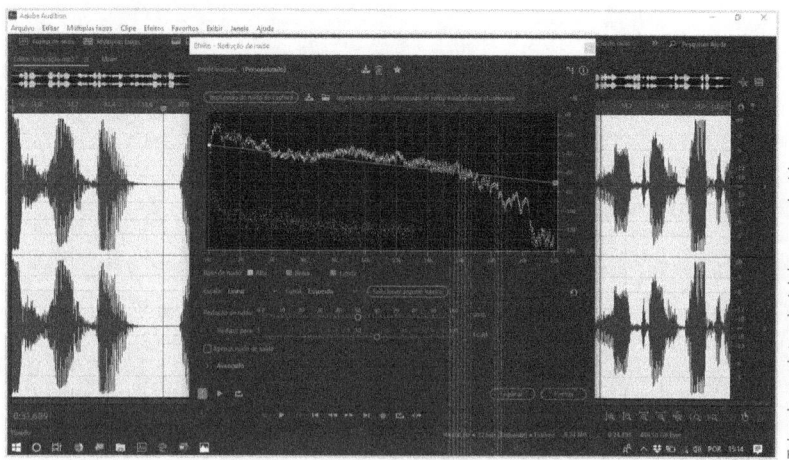

Telas de produtos da Adobe reproduzidas com permissão da Adobe Systems Incorporated

Esse recurso do Adobe Audition pode ajudar em muitas situações de áudio com ruído indesejável, mas deve ser usado com muita cautela. Se a taxa de redução for muito alta, vai alterar todos os outros sons e, consequentemente, a voz do entrevistado ou do locutor.

O Adobe Audition tem ainda vários outros efeitos que podem ser usados na edição. Sugerimos explorá-los, mas sempre lembrando que, na maioria das vezes, menos é mais. Ou seja, um programa carregado de efeitos especiais pode parecer carregado de defeitos especiais. Então, recomendamos que esse recurso seja usado com parcimônia e com consciência acerca da mensagem que se pretende transmitir aos ouvintes.

Estudo de caso

Situação

O editor de uma rádio precisa editar um programa que contém músicas e efeitos sonoros entremeados de locução, ou seja, um texto que liga as músicas e os sons. O que o editor precisa fazer?

Solução

Inicialmente, o editor deve criar uma pasta com o nome do programa e inserir nela todas as sonoridades com as quais irá trabalhar, ou seja, a locução do texto, as músicas e os efeitos sonoros. Ele deve abrir o programa e usar o nome deste para o projeto. Após isso, o editor deve começar pela locução. Normalmente, na hora de gravar, erros são cometidos pelo locutor ou pela locutora e algumas tentativas são feitas para se chegar à "locução ideal". Então, o primeiro passo é "limpar" a locução, ou seja, importá-la para o Adobe Audition e eliminar todos os erros e imperfeições ocorridos no momento de sua gravação. O editor deve realizar essa tarefa guiando-se pelo texto-base que foi usado pelo locutor ou pela locutora para não excluir nenhuma parte indevidamente. Depois, ainda seguindo o roteiro do programa, o editor deve inserir as músicas e os efeitos sonoros. Nesse momento, é sempre muito importante ouvir o áudio muitas vezes para perceber se as junções estão adequadas, se nenhuma sonoridade está sobrepondo-se a outra de maneira indevida e se não há trechos de silêncios indesejados. Vale lembrar que o silêncio é parte integrante da linguagem radiofônica, mas ele deve ser usado de maneira intencional, e não aparecer no programa como um erro de edição.

Depois que todas as sonoridades forem inseridas, o editor deve ouvir o programa do começo ao fim. Somente então ele irá exportar o arquivo, salvando-o em MP3 ou em outra extensão desejada.

O editor deve se lembrar de sempre deixar salva e arquivada a última versão do projeto, pois é nela que ele poderá voltar para fazer ajustes, como aumentar o volume de uma música ou alterar a posição de um efeito sonoro.

∴ Exibição

Com o programa pronto, é hora de veiculá-lo, o que pode ocorrer em rádios comerciais, educativas ou comunitárias, ou também por meio da internet, em *web* rádios ou *podcasts*, como veremos no próximo capítulo.

Para saber mais

ADOBE INC. **Aprendizado e suporte do Adobe Audition**. Disponível em: <https://helpx.adobe.com/br/support/audition.html?promoid=KTKAW>. Acesso em: 25 mar. 2020.

> Essa página, disponibilizada pela própria Adobe Inc., traz um material bastante completo e atualizado para se conhecer mais sobre o Adobe Audition. Também é possível encontrar conteúdo de suporte ao programa acessando a aba *Ajuda* no menu superior do próprio Adobe Audition.

Síntese

Vimos, neste capítulo, que, para editar um áudio, são necessários muitos cliques, com precisão nos cortes e domínio de ferramentas e comandos de um *software* de edição. Dentre os programas de edição mais utilizados, destacamos o Adobe Audition. Sabendo usá-lo, o editor (ou a pessoa que desempenha essa função) estará apto a editar áudios ou programas para serem veiculados em sua emissora.

É importante destacar que o Audition está em constante transformação e evolução, recebendo atualizações constantes feitas por sua fabricante. Entretanto, com o domínio das funções básicas demonstradas, é possível integrá-las à rotina de edição com o objetivo de melhorar a qualidade da programação de uma emissora.

Questões para revisão

1. Qual a vantagem do *software* Adobe Audition ser um programa multipista?

2. O programa Adobe Audition permite a redução de um ruído indesejável em uma gravação? Justifique sua resposta.

3. Com relação à *Barra de ferramentas* do Adobe Audition, conforme mostra a figura a seguir, é possível afirmar:

   I) A ferramenta 10 é usada para dividir um trecho sonoro.
   II) A ferramenta 5 é chamada de *Mover*.

III) A ferramenta 7 é usada para deslizar pela trilha de áudio.
IV) A ferramenta 5 serve para medir o tamanho, em segundos, do trecho sonoro.
V) A ferramenta 8 é chamada de *Seleção de tempo*.

Assinale a alternativa que apresenta as afirmativas corretas:

a) Somente a I.
b) I e III.
c) II, III e IV.
d) II, IV e V.
e) II, III e V.

4. Com relação ao *software* Adobe Audition, assinale a alternativa correta:
   a) Um projeto salvo no programa Adobe Audition pode ser aberto em qualquer outro *software* de edição multipista.
   b) Quando se quiser ouvir somente uma determinada trilha, basta acionar o botão "Silenciar" (*mute*), que fica do lado esquerdo da trilha.
   c) O *software* Adobe Audition aceita que se grave uma locução diretamente nele, além de permitir a importação de áudios previamente gravados.
   d) Quando se está editando com o Adobe Audition, não se consegue eliminar nenhum tipo de som indesejado que foi captado no momento da gravação.
   e) O Adobe Audition não permite o controle de volume das faixas de áudio.

5. Ao finalizar a edição com o Adobe Audition, deve-se exportar o áudio. Com relação às possibilidades oferecidas por esse *software*, analise as afirmativas a seguir e marque V para as verdadeiras e F para as falsas.
   ( ) O Adobe Audition somente exporta áudios sem compressão para que a qualidade do material seja maior.
   ( ) O Adobe Audition pode exportar o áudio em MP3, mas, para isso, é preciso que seja baixado, na máquina na qual a edição está sendo realizada, um codificador Lame.
   ( ) O Adobe Audition pode exportar áudios com várias taxas de qualidade, incluindo a qualidade de um CD, que normalmente é de 44100 Hz.
   ( ) O Adobe Audition não permite exportar projetos multitrilha.
   ( ) O Adobe Audition não limita o tempo que o projeto de áudio deve ter para ser exportado.

   Assinale a alternativa que apresenta a sequência correta:
   a) V, V, V, F, V.
   b) V, F, F, F, V.
   c) F, F, V, F, V.
   d) F, F, F, F, V.
   e) V, F, V, F, V.

Questões para reflexão

1. Escolha três diferentes *podcasts* de sua preferência. Escute-os com atenção. Depois faça uma análise de cada um deles verificando que recursos de edição e de sonorização foram utilizados.

2. Depois de ouvir os *podcasts*, analise também a adequação dos recursos na edição do programa, verificando como eles se encaixam na proposta apresentada em cada *podcast*.

3. Faça uma terceira reflexão sobre quais recursos não foram usados nos programas, mas que agregariam aspectos positivos às produções, e quais recursos você avalia como excessivos.

4. Além dos *podcasts*, ouça produções de rádio (AM ou FM) de diferentes gêneros, como informativos, programas musicais e programas de humor, e compare o modo de apresentação do produto de áudio nesses gêneros. Avalie e procure identificar se há diferenças na forma de edição dos diferentes tipos de programa.

5. Use a dinâmica dessa reflexão em todas as suas produções. Ou seja, sempre reflita se os recursos que você usou foram adequados e se os que não usou não poderiam ter agregado valor à sua produção.

Capítulo
06

Rádio, *web* rádio, *podcast* e democracia comunicativa

Andrea Pinheiro
Francisco das Chagas de Morais

Conteúdos do capítulo:

- As *web* rádios.
- Os *podcasts*.
- A democracia comunicativa.
- As rádios comunitárias.
- A convergência midiática.

Após o estudo deste capítulo, você será capaz de:

1. compreender o funcionamento das *web* rádios;
2. reconhecer a importância da democracia comunicativa;
3. identificar as novas tendências do uso do rádio.

Neste último capítulo, veremos como o rádio pode contribuir para tornar a sociedade mais participativa e democrática. Mesmo tendo surgido sob o controle do Estado e tutelado pelo poder econômico, esse veículo aos poucos foi se transformando, e pessoas e movimentos começaram a criar suas próprias rádios sem se restringir ao regime de concessões. Muitas denominações surgiram para esse tipo de emissores: *piratas*, *livres*, *populares* e *comunitárias*.

Nesse cenário, faremos uma breve incursão pelo sentido de cada um desses termos, detendo-nos às rádios comunitárias, enfatizando seu surgimento e sua expansão no Brasil e explicando como seria seu funcionamento ideal.

Também verificaremos como o rádio se ressignificou com a chegada da internet, reconfigurando-se nos novos tempos da cultura digital. O ponto central de reflexão dessa análise é a *web* rádio, da qual examinaremos as características e o funcionamento. Essa nova feição do rádio indica mudanças e adequações na linguagem radiofônica, a exemplo do *podcast*. Por fim, por conta da popularização da internet, é importante que tenhamos noção das ferramentas disponíveis para criação de uma *web* rádio de forma gratuita.

6.1
O rádio a serviço da cidadania

O rádio, como meio de comunicação, pode ser usado para qualquer fim. Pode contribuir para tornar a comunidade mais participativa e democrática ou para aumentar o poder de dominação de um pequeno grupo sobre a maioria da população, dependendo do projeto de sociedade que se tenha como parâmetro. Quando uma rádio acredita em uma sociedade democrática, torna-se, ela mesma, expressão da democracia, uma forma plural de abordar temas com base em vários pontos de vista, de tocar todas as músicas, sem restringir-se àquelas impostas pelo mercado, por exemplo.

Como vimos no Capítulo I, bem antes de o rádio tomar a configuração de meio de comunicação de massa, as recentes invenções tecnológicas de radiodifusão já eram disputadas por grandes empresas detentoras das patentes nos Estados unidos e na Europa. No entanto, as disputas não se deram apenas por motivos de patenteamento das tecnologias, mas pelo que poderiam representar como fonte de poderes econômico e político e nas relações entre corporações e nacionalidades, no novo contexto mundial que se redesenhava, entre duas guerras mundiais. Não é à toa que, ainda em 1912, os Estados Unidos aprovaram a Lei do Rádio, como iniciativa inédita de controle das licenças para a instalação das emissoras. Assim, o rádio surgiu sob o controle do Estado, regido pela insígnia da legalidade e tutelado pelos poderes econômico e político.

No entanto, a característica tecnológica do rádio, simples e de fácil montagem, torna-o acessível a qualquer pessoa que se dedique a manuseá-la, permitindo que se monte uma emissora mesmo dentro de casa, utilizando-se equipamentos de pouca complexidade. Isso o torna uma mídia vocacionada à popularização, propensa à apropriação pública.

Apesar de todo o controle exercido pelo ente estatal sobre o rádio, muitos indivíduos, grupos e movimentos sociais passaram a montar seus próprios equipamentos de transmissão, criando e levando ao ar emissoras artesanais, sem registro nem controle do Estado, por mera paixão pessoal ou como atitude de resistência política, contrapondo-se à lógica concentradora dos grandes conglomerados da comunicação de massa. Surgiram, então, algumas adjetivações para essas emissoras que funcionam sem a concessão legal dos organismos estatais: *clandestinas, piratas, livres, populares, comunitárias*. Cada adjetivação parte de um posicionamento exercido no embate discursivo, dependendo do lugar em que cada enunciador se encontra.

Perguntas & respostas

Como o rádio pode contribuir para o fortalecimento da democracia?

Quando uma rádio acredita em uma sociedade democrática, torna-se, ela mesma, expressão da democracia, na forma plural de abordar os temas com base em vários pontos de vista e de tocar todas as músicas, sem se restringir àquelas impostas pelo mercado, por exemplo.

A utilização clandestina começou tão logo o rádio passou a operar como meio de comunicação de massa, com uma legislação própria que controlava a concessão de canais para a instalação de emissoras, ainda no início do século XX. Não haveria clandestinidade se não existissem leis em relação às quais as rádios fossem consideradas ilegais. Durante algumas décadas, as rádios ilegais eram poucas, protagonizadas por militantes políticos e movimentos de oposição. Porém, nos anos 1970, elas começaram a se proliferar no mundo inteiro, surgindo, no Brasil, nos anos 1980 e 1990, tanto no contexto político do regime militar quanto na abertura política e na redemocratização do país.

De onde vêm as adjetivações utilizadas para definir as emissoras que não são comerciais nem estatais, muitas delas não legalizadas? Na acepção de Oliveira (2007, p. 61),

> As rádios piratas foram um fenômeno tipicamente inglês. No final dos anos 50, algumas emissoras foram montadas em barcos com programação tipicamente norte-americana, representando uma tentativa de instalação na Inglaterra do estilo comercial de rádio dos Estados Unidos. Esse fenômeno procurou derrubar o modelo estatal e clássico do rádio europeu. As emissoras de rádio eram financiadas por multinacionais como a Ford, a Lever ou a American Tabaco. Até o surgimento das rádios piratas inglesas, a utilização ilegal do rádio representava uma bandeira política, mas na Inglaterra essa utilização ganhou um caráter comercial.

Não seria adequado, portanto, classificar como *pirata* uma rádio que surgiu por iniciativa de uma comunidade ou de sindicato, por exemplo, pelo simples fato de ela ainda não ter conseguido legalização dos organismos governamentais, se considerarmos a acepção de Oliveira (2007). A pirataria relacionada ao rádio tem a ver com disputa mercadológica, o que não é o caso da maioria das emissoras ditas *comunitárias*. A expressão *rádio pirata* é uma designação de quem quer estigmatizar as rádios criadas pelos movimentos populares, rotulando-as como rádios prejudiciais à sociedade.

A nomenclatura *rádio livre*, ao contrário, traz, em si, um posicionamento que denuncia o modelo ao qual ela se opõe, ou seja, a existência de um rádio que não pode ser gerido pela população, por pertencer legalmente a um grupo econômico ou político que o domina, em função de determinados interesses. As rádios livres afirmam-se como emissoras não ligadas ao aparato hegemônico de poder, questionando, inclusive, a lisura dos processos de concessão das estações às quais a população só tem acesso como audiência.

∴ Rádios populares

A designação *rádio popular* ganhou expressividade nos anos 1980, para definir as rádios que se colocavam a favor das lutas da população contra as ditaduras militares da América Latina, a favor das greves e das mobilizações por melhores condições de trabalho, educação, saúde, habitação e outras. O termo *popular* tomou força no processo de organização dos movimentos e das Comunidades Eclesiais de Base (CEB), na América Latina, a partir dos anos 1960 até os anos 1980, quando o trabalho de educação rural e de desenvolvimento de comunidades havia ganhado criticidade, passando a denominar-se como *trabalho de educação popular*, utilizando a conscientização e a educação política como estratégias de libertação dos mais pobres e explorados.

Em artigo publicado em 2008, José Marques de Melo lembra o relatório MacBride, um documento da Organização das Nações Unidas para a Educação, a Ciência e a Cultura (Unesco), de 1980, que propõe uma Nova Ordem Mundial de Informação e Comunicação (Nomic). Segundo o autor, o documento, produzido pelo prêmio Nobel da Paz Seán MacBride, trata dos mais variados problemas da comunicação no mundo, com destaque para a concentração midiática, a comercialização da informação e o acesso desigual à informação e à comunicação, que geram uma forma de dominação cultural dos países desenvolvidos sobre os demais, propondo uma "série muito ampla de iniciativas, cuja característica comum é a oposição à comunicação oficial institucionalizada. Fica bem clara sua finalidade: expressar os pontos de vista de uma grande variedade de minorias sociais e culturais ou de grupos que antes viviam num gueto de comunicação" (MacBride, citado por Melo, 2008, p. 49).

Ao falar das críticas sofridas por McBride e seu relatório por parte de alguns países do primeiro mundo, o autor destaca que,

> mesmo assim, a essência do diagnóstico situacional contido no relatório de 1980 continuou sendo preservada por entidades culturais e organizações não governamentais atuantes em várias partes do mundo. Elas potencializam a consciência coletiva sobre os desequilíbrios internacionais, as desigualdades regionais e as carências locais persistentes no panorama global da comunicação, suscitando evidentemente novas soluções, consentâneas com o espírito dos tempos atuais. (Melo, 2008, p. 46)

De fato, a luta pela Nomic passou a ser uma bandeira dos movimentos populares e das comunidades dos países latino-americanos nos processos de educação popular. A comunicação passou a ser uma **bandeira de luta dos movimentos populares e das CEBs**, trazendo à tona a discussão sobre a democratização, questionando o modelo de interlocução vigente entendido como excludente. Dentro desse contexto, surgiu a concepção de **rádio popular**, não como popularização do rádio, mas como prática radiofônica democrática, voltada para as necessidades da população mais pobre, empoderando suas lutas por meio da veiculação das vozes excluídas dos grandes meios de comunicação. A Asociación Latinoamericana de Educación Radiofónica (Aler)[1] adota o nome *rádio popular* para caracterizar sua linha de atuação, nas cartilhas e nas oficinas de capacitação radiofônica realizadas em toda a América Latina. Na cartilha *A entrevista coletiva*, a equipe da Aler (1987, p. 5) afirma: "A palavra do povo pode ser ouvida de diferentes maneiras, através dos microfones das nossas rádios. As entrevistas comunitárias, os debates e painéis são algumas das formas que possibilitam essa expressão popular".

Outra designação empregada e mais usada para designar uma rádio que surgiu da iniciativa de um movimento popular ou de uma comunidade é *rádio comunitária*. A palavra *comunitária* parece ter sido herdada do movimento de educação rural para o desenvolvimento de comunidades, atualizando-se semântica e politicamente nos processos de educação popular. Embora o termo *comunidade* esmaeça as diferenças, a adjetivação *comunitária* remete a uma atuação voltada para a identidade local ou grupal.

Embora a Rádio Sutatenza (Colômbia) e o Movimento de Educação de Base (MEB) tenham deflagrado experiências de rádio voltadas para as comunidades rurais e urbanas, eles assumem características mais próximas do rádio educativo do que do rádio comunitário. Nos dois

---

1 Tratamos da Aler no Capítulo 1.

casos, não é a comunidade que gerencia as emissoras, definindo os conteúdos veiculados e mantendo suas estruturas, mas instituições externas. As comunidades participam do processo educativos, em ambos os casos, como educandos, ou seja, formando grupos de recepção organizada, sem exercerem controle sobre as emissoras. A experiência latino-americana que mais se aproxima das rádios comunitárias, tal como a concebemos hoje, foram as rádios mineiras da Bolívia, concebidas e mantidas pelos próprios operários.

∴ Rádios comunitárias

As rádios comunitárias no Brasil nasceram e se proliferaram de muitas formas. Algumas delas surgiram para suprir a necessidade de comunicação na comunidade, já que a grande mídia não dava conta de transmitir informações locais. Outras apareceram com o propósito de lutar por melhores condições de vida na comunidade:

> No dia 1º de maio de 1986, por exemplo, entrava no ar a Rádio Invasão, ligada ao movimento operário e sindical de São Bernardo do Campo (SP). Diferentemente das rádios livres existentes na época, era feita por e para operários, que usavam linguagem didática mas conservavam bastante irreverência na locução [...]. (Brasil, 1997, p. 21)

No Brasil, as rádios livres, mais tarde chamadas de *rádios comunitárias*, ganharam organização por meio de encontros que discutiam a democratização da comunicação.

O primeiro encontro de rádios livres aconteceu após um refluxo do movimento. Em 1986 realizou-se no Circo Voador, no Rio de Janeiro, um evento festivo que representou a primeira tentativa de reunir as rádios livres. Nesse momento criaram-se duas entidades: a Associação Brasileira das Ondas Livres do Ar, Abola, e a Cooperativa de Rádios Livres do Brasil, CORA-Libra. Mas foi em 1989 que a diretoria da União Nacional dos Estudantes organizou o I Encontro Nacional de Rádios Livres, com a participação de 10 representantes de estados. (Oliveira, 2007, p. 64-65)

Outros eventos nacionais aconteceram e, dentro deles, surgiu, em 1995, o Fórum Nacional pela Democratização da Comunicação (FNDC). O fortalecimento da articulação das rádios livres deu origem à Associação Brasileira de Rádios Comunitárias (Abraço), em 1996. Com a criação dessa associação representativa, surgiram milhares de rádios comunitárias no país e o movimento ganhou força política perante os poderes constituídos. Segundo Oliveira (2007), entre 1998 e 1999, foram criadas mais de 15 mil emissoras clandestinas no Brasil, desde aquelas ligadas a militantes de esquerda e a movimentos populares até as organizadas por grupos políticos.

A luta pela legalização das rádios comunitárias ganhou força. Quanto mais a Abraço crescia, com poder de articulação e pressão política, sobretudo no Congresso Nacional, de modo que a Lei da radiodifusão comunitária brasileira – Lei n. 9.612, de 19 de fevereiro de 1998 (Brasil, 1998b) – foi aprovada após muitas perseguições, recolhimento de equipamentos e prisões de pessoas nas grandes e pequenas cidades do país. Mais de 20 anos após a lei entrar em vigor, o que mudou na realidade das rádios comunitárias brasileiras? O comentário de Oliveira (2007, p. 68) parece seguir o mesmo sentido:

> Com base nessa situação é que pergunto pelo propósito da programação e da gestão dessas emissoras. Acredito que essas rádios em particular, por serem organizadas por movimentos sociais e culturais populares, apresentam um projeto de comunicação que se diferencia da lógica cultural do mercado simbólico hegemônico, difundido nos processos de comunicação da indústria cultural.

A análise da programação é uma das maneiras eficazes de reconhecer se uma rádio está exercendo sua função comunitária ou não. A identidade da emissora manifesta-se concretamente no conjunto dos programas que leva ao ar, nos temas que aborda, na participação dos diversos segmentos da comunidade, na grade de atrações, com direito a emitir opinião, livremente, do ponto de vista de seus lugares sociais, culturais, políticos e religiosos. Para ser expressão da pluralidade de opiniões da comunidade, a rádio não pode ter um único lado, mas gerir-se em função de todo o espectro, como um espaço verdadeiramente público e democrático. A rádio comunitária é uma aliada de todas as pessoas da comunidade, levando-as a reconhecerem nela uma companheira que informa, ajuda a lutar pela solução dos problemas da comunidade, celebra os momentos de festa da cultura local, chama pelo nome e toca sua música.

Uma rádio constitui-se em comunitária não apenas por seu tamanho ou por seu raio de abrangência, mas pela capacidade de promover e gerar um ambiente democrático e participativo. Para isso, é necessário ter projeto, ou seja, parar para pensar, planejar e definir um plano que oriente sua prática de comunicação na comunidade. Aliás, ela precisa perguntar-se que modelo de comunicação vai adotar em seu dia a dia.

Em uma perspectiva democrática, comunicação é diálogo e interação, superando o velho conceito aristotélico de transmissão como via de mão única: emissor–mensagem–receptor (E-M-C). O diálogo é circular, includente, e pressupõe a escuta das vozes daqueles e daquelas que, muitas vezes, não são escutados na comunidade, por diversas razões: são pobres, negros, analfabetos, gays, mulheres, jovens e adeptos de religiões distintas da predominante. Às vezes, essas exclusões são veladas e já estão introjetadas no comportamento seletivo da população. É preciso parar, pensar, desenvolver a autopercepção e fazer uma autocrítica, como pessoas comuns e como comunicadores, em função de uma prática responsável de rádio comunitária ou de qualquer outra rádio.

As rádios comunitárias, em sua maioria, têm sido lugares que atraem os jovens e as jovens da comunidade, que se tornam locutores e produtores voluntários. Muitos começam como amadores e profissionalizam-se. No entanto, como não têm nenhuma formação na área, acabam reproduzindo a programação das grandes emissoras FM comerciais. Com isso, a rádio perde em dinamicidade de produção e em vitalidade na programação. Deoclécio Luz (2007, p. 17) chama a atenção para a necessidade de formação na área, ao afirmar que

> Radialistas comunitários devem zelar pelo trabalho que executam, procurando sempre se aperfeiçoar no que faz [sic].

A diretoria da rádio deve sistematicamente oferecer treinamento para todos. A qualificação profissional com pessoas gabaritadas é fundamental para que a emissora tenha um padrão mínimo de qualidade.

A diretoria de uma rádio comunitária deve ser também plural e escolhida democraticamente pela comunidade. Quando a emissora é dirigida por uma só pessoa que dita as regras, torna-se tão autoritária e concentradora de poder quanto muitas outras pertencentes a grandes grupos econômicos da radiodifusão. Esse desvio de finalidade da rádio comunitária ocorre, principalmente, nos casos em que a emissora é controlada por um político, por um empresário, por um padre, por um pastor ou por outra autoridade a quem todos devem obedecer. Em uma diretoria democrática, as ideias devem ser discutidas, analisadas e votadas para uma tomada de decisão coletiva e compartilhada, em reuniões ou assembleias previamente convocadas.

Ao contrário do que muitos pensam, democracia não é desorganização e desgoverno, nem rádio comunitária é "casa da mãe joana". Não. Democracia requer atitude responsável e respeito ao que é decidido coletivamente. E rádio comunitária é lugar de trabalho de pessoas que voluntariamente zelam por um meio de comunicação pertencente a todas as pessoas da comunidade. Algumas perguntas devem ser feitas constantemente, como forma de avaliar o desempenho da emissora: "A rádio está, de fato, sendo de utilidade pública?"; "Em que podemos servir, ainda mais, à comunidade em função da qual trabalhamos?".

As pessoas precisam escutar a rádio e sentir que ela está sendo útil em suas vidas. Nesse sentido, o comunicador comunitário deve entender que não está fazendo um favor aos ouvintes de seu programa. Todos têm direito à informação de boa qualidade, produzida e transmitida com ética e reponsabilidade. A notícia, a música, o comentário, a entrevista que a emissora produz e leva a seus ouvintes é um produto e, como tal, deve ser de boa qualidade, não por motivações mercadológicas, mas por razão humanitária.

No entanto, o povo não quer ser somente ouvinte. A mera audiência passiva tem sido o lugar que restou para a maioria da população pobre, trabalhadora, negra, feminina, homoafetiva ou com deficiência em todos os países da América Latina. A Aler, já nos anos 1980, chamava a atenção por meio de suas cartilhas de rádio popular para a necessidade de se fazer um rádio que incluísse as vozes dos que nunca são ouvidos, nas entrevistas relacionadas às soluções propostas para os problemas da comunidade, por exemplo. Ninguém melhor para sugerir a solução de um esgoto a céu aberto do que a pessoa que sofre com os mosquitos e o mau cheiro diariamente. Porém, a tendência, geralmente, tem sido buscar apenas as vozes das autoridades que, muitas vezes, falseiam a realidade em sua fala, em função da dominação política que mantêm sobre o povo.

Trazer a cultura local para dentro da programação é outra função da rádio comunitária. Os cantadores de viola, os poetas locais, as mestras das receitas da culinária tradicional, os contadores de causos, os gaiteiros, os artistas de circo, toda essa plêiade pode ser pauta para alimentar a emissora com o que o povo tem de mais seu: a cultura.

Vista assim, a rádio comunitária não concorre com as demais emissoras de rádio, sejam elas comerciais, sejam educativas, porque ela tem outro objetivo: servir à própria comunidade a que pertence.

Perguntas & respostas

Como podemos identificar se uma rádio é, de fato, comunitária?

A pergunta pela programação é uma das maneiras eficazes de reconhecer se uma rádio está exercendo sua função comunitária ou não. A identidade da rádio manifesta-se concretamente no conjunto dos programas que leva ao ar, nos temas que aborda, na participação dos diversos segmentos da comunidade na grade da emissora, com direito a emitir opinião, livremente, do ponto de vista de seus lugares sociais, culturais, políticos e religiosos. Para ser expressão da pluralidade de opiniões da comunidade, a rádio não pode ter um único lado, mas gerir-se em função de todo o espectro, como um espaço verdadeiramente público.

∴ Radiojornalismo comunitário

O radiojornalismo comunitário prioriza as notícias sobre fatos da realidade local, sem se esquecer do cenário nacional. Muitos radialistas, por comodidade, apenas copiam e colam as primeiras notícias que encontram nas páginas da internet para ler em seus programas de rádio. Esquecem-se de que a seu redor existe um turbilhão de notícias locais esperando pauta e edição. Basta ir ao mercado mais próximo ou à esquina mais frequentada para encontrar e entrevistar pessoas, anotar dados e, em um instante, a emissora enche-se de novidades que a população quer ouvir. A rádio ganha audiência quando as pessoas começam a perceber que ela toca suas vidas, a vida da comunidade.

Para a programação de uma rádio comunitária ganhar qualidade, a edição é indispensável. Não basta ter o conteúdo, mas trabalhar a forma de apresentá-lo aos ouvintes. A linguagem do rádio, como já vimos neste livro, é constituída por muitos gêneros e formatos: entrevista, comentário, notícia, reportagem, *jingle* e muitos outros. Sem um trabalho de produção e de edição benfeito, as atrações ficam sem beleza, sem criatividade. O resultado é a mesmice de uma programação enfadonha, desinteressante, feita por comunicadores que acham que tudo já está bom demais. Se isso acontece em determinada rádio, está na hora de seus profissionais acordarem.

Uma rádio atuante não vive apenas de tocar músicas e divulgar notícias. Ela busca, também, o desenvolvimento sustentável da comunidade, mobilizando as pessoas para discutir questões de meio ambiente, de economia solidária, de saúde coletiva e de segurança, propondo projetos e reunindo jovens, donas de casa, garis, professores, estudantes e moradores diversos para se envolverem em ações que possam mudar a vida do bairro em que vivem. Na comunidade onde ainda não há um posto de saúde, que tal a rádio realizar uma reunião, trazer o prefeito ou o vereador para discutir o assunto, fazer uma entrevista na qual ele se comprometa com o assunto e cobrar, no ar, o compromisso assumido pela autoridade perante os ouvintes?

Além de estar perto das pessoas, a rádio comunitária tem a oportunidade de criar laços com elas, tornando-as amigas que podem contribuir para sua manutenção, por meio de serviços ou de recursos financeiros. Mais do que ouvintes, a rádio precisa de parceiros e parceiras.

Uma forma de fazer isso é organizar um clube de amigos, uma sociedade como se tinha antigamente, de acordo com as possibilidades de cada um. Às vezes, são pessoas que não dispõem de dinheiro, mas podem oferecer um produto de artesanato ou outra coisa que pode ser sorteada para gerar renda para as despesas da emissora.

Esses laços que a emissora vai criando com seus ouvintes, ajudando-os a se organizarem para transformar a realidade em que vivem, são passos importantes para o exercício da democracia, a partir da democratização do rádio. O maior desafio é superar a cultura do autoritarismo e do individualismo para assumir um novo projeto de relacionamento, desinstalando os velhos modelos verticais da comunicação de massa ou da indústria cultural.

6.2
Rádio e convergência midiática

O rádio é uma mídia essencialmente democrática: há espaço para todas as vozes, para a diversidade de ideias e de pensamentos. Ao longo deste capítulo, tivemos contato com as lutas e com mobilizações em defesa da democracia na comunicação e vimos especialmente como esse meio teve um papel de destaque, favorecendo o diálogo e amplificando as discussões com as experiências das rádios comunitárias.

Antes de falar de rádio na internet e como esse processo também pode ser um exercício de comunicação democrática e cidadã, vejamos como as mudanças tecnológicas incidiram sobre o modo de produção de conteúdos midiáticos e sobre a forma de recepção de informações, transformando, de modo geral, o cenário da comunicação.

As alterações mercadológicas, culturais e sociais configuram, para Jenkins (2009, p. 29), o fenômeno da convergência midiática, por meio da qual se dá "o fluxo de conteúdos através de múltiplas plataformas de mídia, à cooperação entre múltiplos mercados midiáticos e ao comportamento migratório dos públicos dos meios de comunicação".

Nessa perspectiva, a convergência, do ponto de vista da comunicação, é muito mais uma transformação cultural do que um processo meramente tecnológico. "A convergência altera a lógica pela qual a indústria midiática opera e pela qual os consumidores processam a notícia e o entretenimento" (Jenkins, 2009, p. 43).

E como o rádio se insere no cenário da convergência midiática? É o que discutiremos a seguir.

∴ Rádio e internet: novas experiências

Após o encontro do rádio com a internet e o surgimento das primeiras emissoras na *web*, no final dos anos 1990, muitos se perguntavam sobre o futuro: "O rádio sucumbiria diante da internet? Estaria nascendo um novo rádio?".

O que se viu foi a criação de novas formas de transmissão de conteúdos pela *web*, com as estações AM e FM passando a transmitir também pela internet, e ainda o surgimento de emissoras que passaram a funcionar exclusivamente no ambiente da rede mundial de computadores.

Porém, no novo suporte, como fica a relação com a linguagem e a audiência? Uma das principais características do rádio, a "emissão de som em tempo real" (Cunha, 2004, p. 7), modifica-se, amplia-se e provoca novos sentidos, já que, na *web*, a transmissão se adapta à conveniência da audiência e os conteúdos podem ser acessados de acordo com a demanda do próprio internauta.

Para Meditsch (2001, p. 229), essa transformação configura uma nova experiência: "Se não for feito de som não é rádio, se tiver imagem junto não é mais rádio, se não emitir em tempo real (o tempo da vida real do ouvinte e da sociedade em que está inserido) é fonografia, também não é rádio". Assim, afirma o autor, o rádio, tal qual conhecemos hoje, vai continuar existindo porque "a necessidade do serviço de informações em tempo real, [...] sem que as pessoas precisem paralisar suas atividades, não será superada tão cedo" (Meditsch, 2001, citado por Cunha, 2004, p. 2).

Com o avanço da internet por meio da conexão em banda larga e o acesso mais facilitado ao computador, as emissoras tradicionais passaram a usar a rede como suporte, emitindo a mesma programação do "dial" na transmissão pela *web*, ampliando o contato com as audiências.

Muitas emissoras têm ainda aliado a transmissão do som pela *web* com a imagem, transmitindo em vídeo o que se passa nos estúdios, buscando, dessa forma, uma maior proximidade com os ouvintes. É o caso da Voz do Brasil, cuja transmissão em vídeo pode ser acompanhada diariamente em endereço eletrônico próprio (Brasil, 2020b)[2].

---

2   Disponível em: <http://www.voz.gov.br>. Acesso em: 26 mar. 2020.

Emissoras comerciais também têm usado o recurso da imagem em vídeo em suas transmissões, como é o caso da Central Brasileira de Notícias (CBN), da BandNews e da Jovem Pan, seja diretamente em suas páginas na internet, seja em canais no YouTube. Por exemplo, a Jovem Pan mantém canal no YouTube dedicado às transmissões ao vivo e totaliza 1,6 milhão de assinantes, sendo considerada atualmente a maior empresa brasileira de jornalismo da plataforma de compartilhamento de vídeos do Google (Godoy, 2019).

Tais iniciativas configuram a convergência midiática anunciada por Jenkins (2009), ultrapassando o modelo de recepção tradicional do ouvinte de rádio, passando "de um modelo baseado em hora marcada para um modelo baseado em engajamento" (Jenkins; Ford; Green, 2014, p. 173).

Ao mesmo tempo, surgiram emissoras que transmitem exclusivamente pela internet, considerando a facilidade de acesso aos equipamentos e a simplificação do processo, já que, diferentemente das estações de ondas hertzianas, para criar uma rádio na *web* não é necessária concessão pública (Brasil, 2020b).

Para Ferraretto (2014), no contexto da internet, consideram-se três categorias de rádio:

1. As que usam a internet como suporte, transmitindo o mesmo conteúdo do dial, são as rádios na *web*.
2. As que têm presença exclusiva na internet, as chamadas *web rádios*.
3. O *podcasting*, nome dado à emissão de arquivos sonoros na internet.

Com relação ao primeiro tipo de rádio na internet citado por Ferraretto (2014), cabe destacar que ele já não está mais confinado a transmitir exatamente o mesmo conteúdo do dial. Nos últimos anos, a dinâmica de produção das rádios de sinal aberto gerou um processo em que, embora a imensa maioria do conteúdo seja, de fato, o mesmo, novas informações são disponibilizadas exclusivamente para a transmissão pela internet. Como vimos no Capítulo 4, fotos, vídeos e *lives* produzidos pelo repórter sobre o fato que está cobrindo são maneiras exclusivas de alimentar o *site* e as próprias redes sociais da emissora, trazendo outros materiais e diferentes informações além do que ele transmitiu ao entrar no ar. Sobre os outros dois tipos de rádio na internet, veremos a seguir.

Perguntas & respostas

O que é uma *web* rádio?

A *web* rádio é a emissora que transmite exclusivamente pela internet, por meio de um endereço virtual e de uma página na qual é possível acessar sua programação.

∴ Características de uma *web* rádio

A *web* rádio, como vimos, é a emissora que transmite exclusivamente pela internet, por meio de uma de uma URL[3] (endereço virtual) e de uma página na qual é possível acessar sua programação.

---

3   Uniform resource locator (URL).

Criar uma *web* rádio é fácil, o problema é mantê-la no ar e torná-la interessante e atrativa, de forma que conquiste a audiência. Para isso, é fundamental que sua formação seja fruto de um bom projeto e um rigoroso planejamento. Antes de tudo, quem deseja criá-la deve responder a algumas perguntas: "Por que quero criar esta rádio?"; "O que o ouvinte encontrará nela que não encontra nas demais emissoras já existentes?".

Em seguida, é preciso deixar bem claros os objetivos, os compromissos, a linha editorial, o público-alvo, a forma de subsistência e as responsabilidades da emissora. Se tudo estiver bem claro, mãos à obra.

Para almejar sucesso, uma *web* rádio precisa ter algumas características próprias. A primeira delas, e muito importante, a ser considerada é que a página *web* ofereça uma boa experiência ao usuário, que diz respeito ao uso do *site*, ou seja, "A usabilidade se efetiva no sistema quando esse permite que os usuários consigam, com facilidade, alcançar e executar seus objetivos" (Carvalho et al., 2009, p. 3). Desse modo, espera-se que o *design* da página de uma *web* rádio promova uma navegação de forma clara, simples e intuitiva, favorecendo uma experiência satisfatória ao usuário.

O *site* da emissora deve contar com um *player* visível para que, mediante um clique, o conteúdo sonoro possa ser acessado.

A página deve conter ainda a programação da emissora, com a identificação dos atrações e dos apresentadores.

Como se trata de uma página na internet, espera-se o uso equilibrado de imagens e de textos de modo a respeitar os princípios da usabilidade. "A webradio deve ser entendida, portanto, como uma grande constelação de elementos significantes sonoros, textuais e imagéticos abrigados no suporte internet" (Martins, 2008, p. 61).

A segunda característica a ser considerada diz respeito às estratégias de interação. De que modo a emissora estimula a participação do ouvinte? Há na página canais para participação em tempo real, como o envio de mensagens de textos e de áudios, por exemplo?

Para Primo (2000), o entendimento sobre a questão da interatividade relaciona-se ao princípio da autonomia. O autor considera que nos sistemas informáticos é possível falar em *interação mútua* e *reativa*: "a [interação] mútua se dá através de **ações interdependentes**. Isto é, cada **agente**, ativo e criativo, influencia o comportamento do outro, e também tem seu comportamento influenciado. [...] Já os sistemas reativos se fecham na **ação** e **reação**. Um polo age e o outro reage" (Primo, 2000, p. 87, grifo do original). A interação reativa se dá como um sistema fechado.

Na tentativa de estar mais próximo do ouvinte, há *web* rádios que mantêm mural de recados, seção de mensagens em tempo real e, ainda, contato via WhatsApp para comentar a programação ou fazer um pedido musical.

As *web* rádios podem ser acessadas por meio de portais, como o Radios.com.br (2020), plataforma que reúne emissoras do Brasil e do mundo e ainda oferece estatísticas das emissoras mais acessadas.

Esse portal abriga ainda emissoras que transmitem pela internet a mesma programação do dial.

O portal Radios.com.br também está disponível em versão para dispositivos móveis por meio de aplicativos para iOS e Android[4].

---

4   Sistemas operacionais da Apple (iPhone e iPad) e do Google, respectivamente, utilizados em *smartphones*.

∴ Como montar uma *web* rádio de forma gratuita

Montar uma *web* rádio tem sido uma alternativa para quem não dispõe de uma concessão. É também uma possibilidade mais simples e econômica para dispor de uma estação na *web* com programação diária. Vejamos a seguir como criar uma emissora desse tipo.

Para produzir uma *web* rádio, é necessário um computador com acesso à internet, já que a plataforma na qual a *web* rádio terá seu conteúdo veiculado será um *site*. Para criar o *site*, é possível usar o WordPress[5]. Alguns especialistas recomendam que a velocidade de internet seja no mínimo de 1 MB, especialmente para fazer *upload* do conteúdo a ser transmitido.

Também é preciso definir um nome para o *site*, criar o domínio e registrá-lo no Registro.Br[6]. Antes do registro, recomendamos pesquisar se o nome escolhido está disponível. A pesquisa pode ser feita no próprio Registro.Br. É importante ressaltar que o domínio é pago uma vez por ano.

Feito isso, o próximo passo é decidir como será feita a produção de conteúdos e a forma de transmissão. Sobre a produção de conteúdo, detalharemos no próximo tópico. Como já mostramos basicamente como funciona o *software* Adobe Audition, ele pode ser usado para gravar e editar a programação da emissora.

Para a gravação, será necessário um microfone, de preferência com um filtro para diminuir os ruídos no momento da locução. Esse

---

5   Disponível em: <https://br.wordpress.org/>. Acesso em: 26 mar. 2020.
6   Disponível em: <https://registro.br/>. Acesso em: 26 mar. 2020.

tipo de acessório costuma ser muito barato. Porém, uma solução simples é usar um círculo de arame ao redor do microfone e cobri-lo com uma meia calça. Isso ajuda muito na redução dos ruídos.

Não é obrigatório ter uma mesa de som. Dá para usar um programa como o Voicemeeter[7], que funciona como uma mesa de som virtual.

Para gerenciar a programação da emissora, sugerimos o ZaraRadio[8]. Com ele, é possível a criação de vinhetas, *playlists*, locução da hora, entre outros serviços. Para baixar o arquivo, listamos as etapas nas Figuras 6.1 a 6.8.

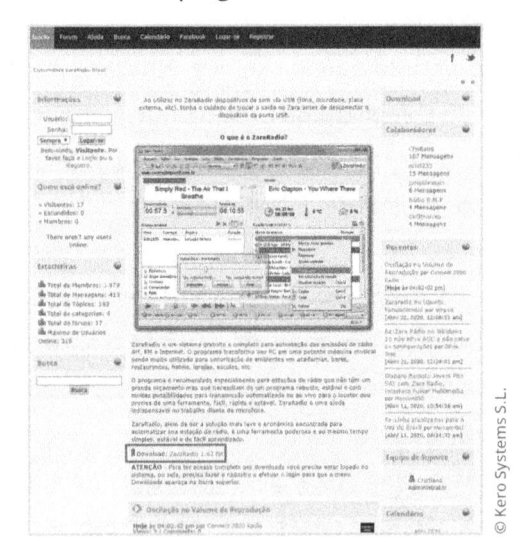

Figura 6.1 – Como baixar o programa

© Kero Systems S.L.

---

7   Disponível em: <https://www.vb-audio.com/Voicemeeter/>. Acesso em: 26 mar. 2020.
8   Disponível em: <http://zararadio.com.br>. Acesso em: 26 mar. 2020.

Rádio, web rádio, *podcast* e democracia comunicativa

Figura 6.2 – Tela inicial do programa

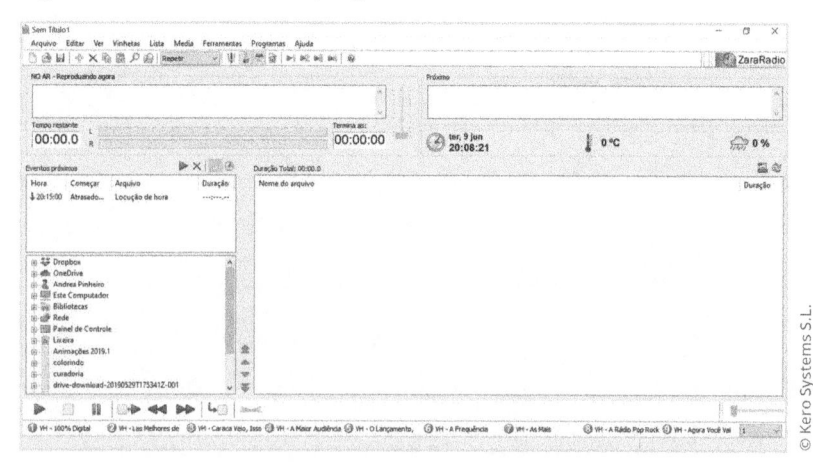

Figura 6.3 – Contrato de licença de uso do programa

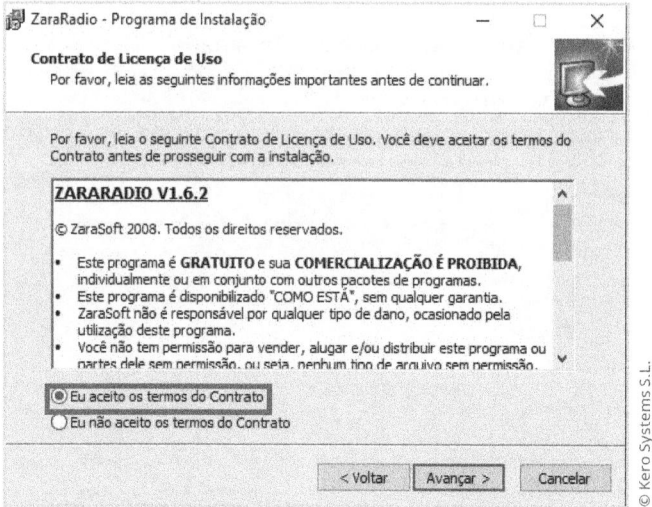

Figura 6.4 – Local de destino do programa

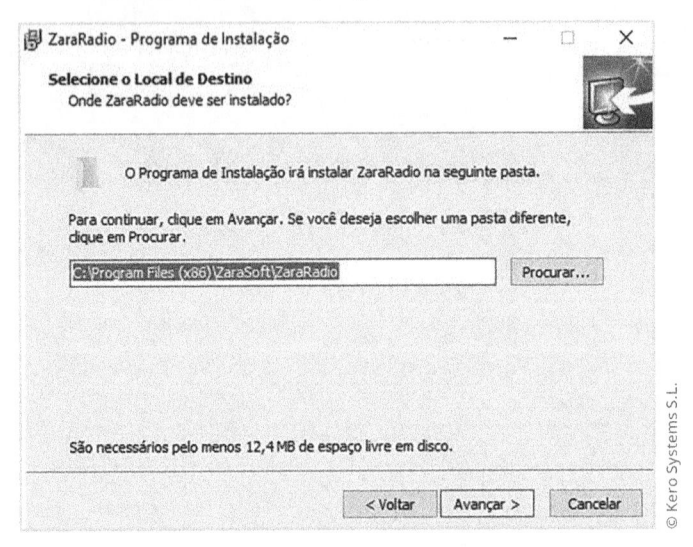

Figura 6.5 – Criando atalho para o programa

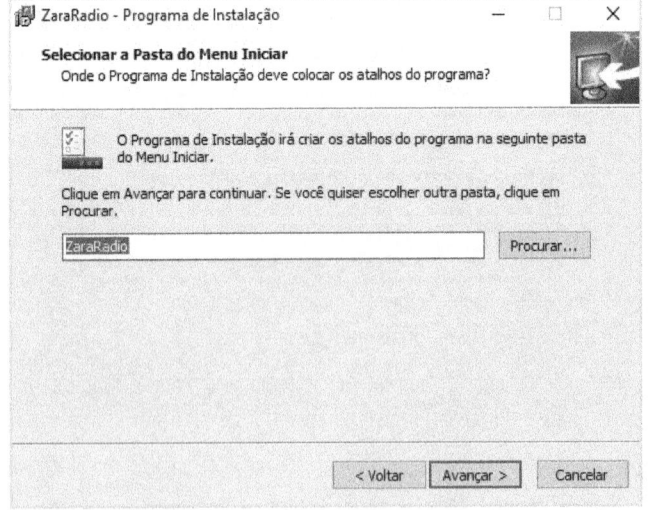

Rádio, web rádio, *podcast* e democracia comunicativa

Figura 6.6 – Opção de criar ícone na área de trabalho

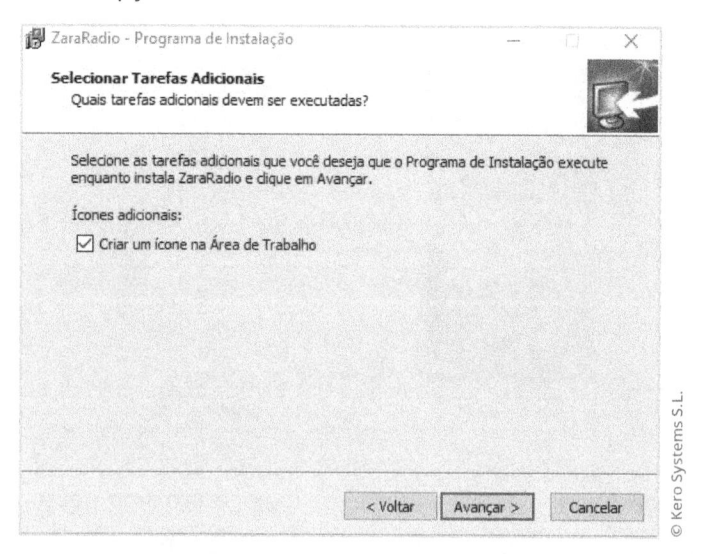

Figura 6.7 – Instalando o programa

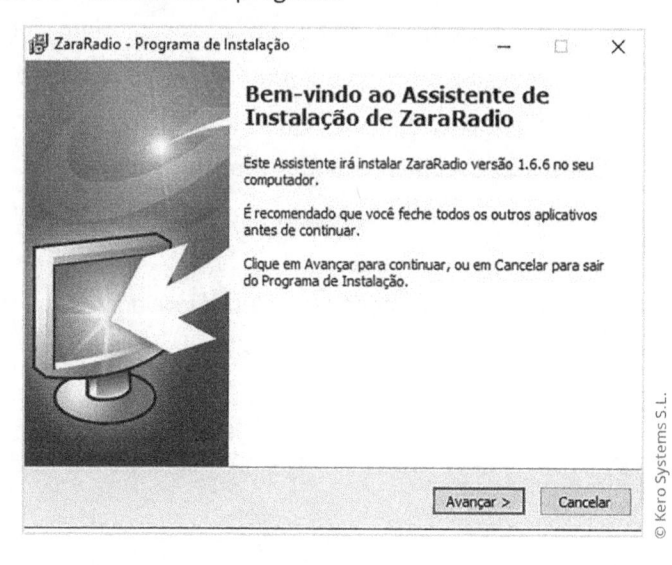

Figura 6.8 – Concluindo a instalação

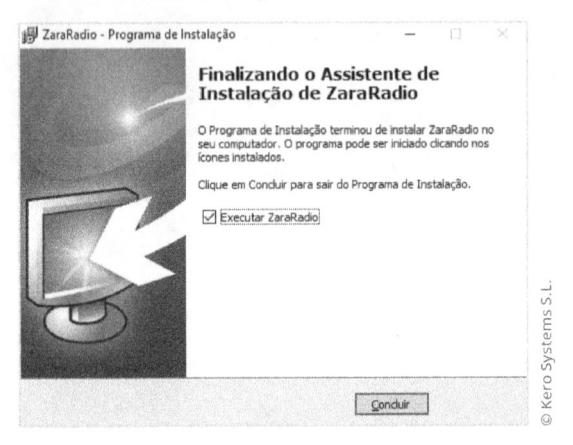

© Kero Systems S.L.

Concluída a instalação do ZaraRadio, o próximo passo é configurá-lo. Para isso, sugerimos alguns vídeos explicativos na seção "Para saber mais" ao final deste capítulo.

A transmissão da programação – ao vivo ou gravada – será feita por *streaming,* ou seja, difusão contínua de dados pela internet, sem a necessidade de armazenar o conteúdo no computador do usuário. No YouTube, por exemplo, os vídeos são exibidos por *streaming.* Há *sites* gratuitos de *streaming* e ainda empresas especializadas que oferecem serviços que incluem a transmissão de conteúdos de sua *web* rádio.

Para veicular a programação de sua emissora ao vivo, por *streaming,* é necessário usar um transmissor de áudio que fará a conexão de sua rádio com o servidor. Como sugestão, indicamos o ODDCast v3[9], que é gratuito e pode ser usado em conjunto com o ZaraRadio.

∴ Produção de conteúdo para *web* rádio

Os gêneros, os formatos e os produtos que apresentamos no Capítulo 3 podem inspirar a produção de conteúdos para uma *web* rádio, visto que esse tipo de emissora tem uma programação muito similar à do rádio de sinal aberto. Contudo, aos poucos ela vai inovando e criando padrões próprios, híbridos, ou mesmo se aproveitando de formatos surgidos em outros espaços da comunicação digital. Esse, por exemplo, é o caso do *podcast*, muito usado em *web* rádios.

6.3
Podcast: o que é e como fazer

Como já esclarecemos, *podcasting* é a emissão de arquivos sonoros sob demanda pela internet (Ferraretto, 2014). O termo resulta da junção de *iPod*, o tocador de MP3 da Apple, e a expressão *broadcast,* que se refere à radiodifusão. No período de 2004 a 2005, era comum o acesso aos conteúdos por meio de tocadores de MP3, suporte no qual os áudios eram descarregados (Herschmann; Kischinhevsky, 2008).

Podemos dizer, então, que *podcasts* são arquivos sonoros, produzidos nos mais diversos formatos e para os mais variados públicos, disponíveis na internet. Os conteúdos são organizados em episódios

---

9 Disponível em: <https://help.brlogic.com/pt/tutoriais/download-oddcast-v3/>. Acesso em: 7 abr. 2020.

e distribuídos por meio de *feed RSS*[10], que permite ao usuário ouvinte ser informado sempre que os conteúdos são atualizados.

Se inicialmente os *podcasts* eram predominantemente compilações musicais, atualmente "os programas/episódios passaram a se sofisticar, mesclando locuções, efeitos sonoros, trilha" (Herschmann; Kischinhevsky, 2008, p. 103). E há produções dedicadas ainda a debates, análises e palestras.

O formato tem conquistado espaço no mundo inteiro. Dados do Spotify apontam para o crescimento de 330% no número médio de ouvintes de *podcasts* diários na plataforma no período de abril de 2017 a abril de 2018. A Deezer, plataforma de áudio por *streaming*, indica que houve um aumento de 40% no consumo de *podcasts* entre os usuários no Brasil em 2018 (Barros, 2019).

O expressivo aumento no número de ouvintes de *podcasts* é atribuído à ampliação do uso de *smartphones* no país. Segundo a pesquisa TIC Domicílios 2017, produzida pelo Centro Regional de Estudos para o Desenvolvimento da Sociedade da Informação (Cetic.br), a conexão somente pelo celular é a forma mais comum de acesso à internet no Brasil (Valente, 2018).

Em 2018, de acordo com pesquisa realizada pela Associação Brasileira de Podcasters (ABPod) em parceria com a rádio CBN, 79% dos ouvintes brasileiros de *podcast* acessam os conteúdos durante os trajetos de locomoção, e 68%, durante a realização de tarefas em casa (Abpod, 2018).

Dados do Ibope Inteligência (2019) apontam que, entre os 120 milhões de brasileiros usuários da internet, 40% já ouviram um

---

10   *Really simple syndication* (RSS).

podcast, o que corresponde a 50 milhões de pessoas. Desse total, 43% acessaram o formato pelo menos uma vez por semana. O dispositivo mais utilizado para consumir os *podcasts* é o celular. Três em cada quatro ouvintes afirmaram utilizar o aparelho, e a plataforma mais acessada é o YouTube, seguido pelo Spotify, com 42% e 32%, respectivamente (Ibope Inteligência, 2019).

Em entrevista ao jornal O Globo, Carlos Merigo, fundador e editor da B9, responsável pelos podcasts *Mamilos* e *Braincast*, diz que "o podcast passou a ser visto como um formato de mídia, o que faz com que mais marcas invistam" (Barros, 2019).

Em termos de linguagem, um dos formatos mais comuns de *podcast* é o bate-papo, em que um ou mais apresentadores recebem convidados para discutir uma temática específica. No entanto, têm crescido os formatos mais narrativos, como é o caso do Projeto Humanos, de Ivan Mizanzuk, que, com base em uma reportagem investigativa, conta a história do desaparecimento do menino Evandro Ramos Caetano, ocorrido no Paraná, em 1992 (Franco, 2019). A repercussão foi tão positiva que em 2020 esse *podcast* deve virar livro.

O diretor de Negócios Integrados da Globo, **Eduardo Schaeffer**, em entrevista ao jornal *O Globo*, defende que, com "o formato de áudio, você pode falar algo sobre seu conteúdo e ainda criar um audiostamp: uma espécie de 'carimbo' em áudio que faz com que as pessoas associem à sua marca" (Barros, 2019). Tanto que a TV Globo tem disponibilizado *podcasts* com as sínteses de suas novelas, além do *podcast* do programa de humor *Zorra*.

Veículos de jornalismo, como os jornais *Folha de S.Paulo* e *Nexo*, passaram a produzir *podcasts* com atualização diária. *Café da manhã*, parceria da *Folha de S.Paulo* com o Spotify, disponível no começo do dia, apresenta a análise de fatos marcantes na perspectiva dos repórteres do jornal. Já o *podcast* do *Nexo*, *Durma com essa*, é atualizado de segunda a quinta-feira no final do dia e apresenta, em cerca de 10 minutos, uma análise dos principais fatos noticiados.

Nessa esteira, a equipe de jornalismo da Rede Globo inaugurou, em agosto de 2019, novos *podcasts*, como *O assunto*, atualizado de segunda a sexta-feira e apresentado pela jornalista Renata Lo Prete, e *Isso é Fantástico*, *podcast* semanal, exibido às segundas-feiras, que trata das matérias apresentadas no programa dominical *Fantástico*.

Os baixos custos de produção e de veiculação têm estimulado a criação de *podcasts* sobre os mais variados assuntos, desde temas tratados pela cobertura midiática até conteúdos educacionais, passando por temas comerciais – muitos deles apresentados de forma rudimentar, sem qualquer produção sofisticada ou mesmo trilhas e vinhetas. Para muitos *podcasters*[11], o que importa é o conteúdo que está sendo transmitido.

Para a programação musical, é importante considerar que a veiculação de músicas está sujeita à cobrança do Escritório Central de Arrecadação de Direitos Autorais (Ecad). Mesmo que uma emissora seja comunitária, educativa ou sem fins lucrativos, é necessário fazer uma consulta ao Ecad sobre como proceder em relação ao pagamento de direitos autorais.

---

11 *Podcaster* é o nome dado ao produtor de *podcasts*. Ele é o responsável por produzir, editar e apresentar o conteúdo

∴ Recomendações para a criação de um *podcast*

Para quem estiver decidido a experimentar a produção de *podcasts*, apresentamos a seguir algumas recomendações que podem ser úteis nesse processo.

- **Definir a temática do *podcast*** – Qual vai ser o assunto abordado no *podcast*?
- **Decidir qual será o formato** – O *podcast* será no formato de entrevista? Será uma produção individual ou serão vários apresentadores? Qual será a duração? As atualizações serão diárias ou semanais?
- **Experimentar a produção de conteúdos** – Tirar a ideia do papel, gravar um piloto e testar todas as sugestões anteriores é muito importante. Dessa forma, o criador terá mais clareza sobre a proposta e sobre os desafios da produção. Deu tudo certo? O resultado foi satisfatório? Se não, deve-se fazer novas experimentações até que o produto esteja pronto para ser lançado e compartilhado com os ouvintes.
- **Organizar as ideias em um roteiro** – O roteiro é um guia que auxilia os processos de produção e de gravação do *podcast*. Nele, podem ser descritos os tópicos que serão abordados ou redigido o texto completo que será lido no microfone. Uma dica importante: deve-se escrever como se estivesse falando – mesmo que o conteúdo seja lido, é necessário que o texto seja escrito para ser falado.

- **Realizar a gravação**: Sobre esse item, sugerimos que sejam seguidas as orientações da Seção 6.2.3, sobre a criação de uma *web* rádio. Além disso, pode-se gravar o conteúdo diretamente no celular. A qualidade vai variar de acordo com o aparelho e o local escolhido para a gravação, mas, de modo geral, os dispositivos oferecem bons recursos.
- **Usar vinhetas** – Vinhetas de abertura e de encerramento valorizam o *podcast*. Para isso, é possível ter acesso a produções de baixo custo por meio da contratação de serviços de *freelancers* disponíveis em *sites* como o *Fiverr*[12], que conta com a atuação de muitos brasileiros. No *Fiverr*, os preços são sempre múltiplos de cinco dólares, bem como são oferecidos serviços de locução e de criação de vinhetas. Outra sugestão é o site *Vinte Pila*[13], que reúne *freelancers* brasileiros que oferecem serviços variados, entre os quais a locução, por vinte reais em média.
- **Editar o programa** – A edição do conteúdo pode ser feita pelo Adobe Audition, cujo funcionamento está descrito no Capítulo 5, ou por *softwares* livres, como o Audacity[14].

Pronto, o *podcast* está gravado e editado. Agora, chegou a hora de publicá-lo. Vejamos na seção a seguir como veicular um *podcast*.

---

12   Disponível em: <https://www.fiverr.com/>. Acesso em: 26 mar. 2020.
13   Disponível em: <https://www.vintepila.com.br/>. Acesso em: 26 mar. 2020.
14   Disponível em: <https://www.audacityteam.org/>. Acesso em: 7 abr. 2020.

Perguntas & respostas

No contexto da internet, consideram-se três categorias de rádio. Quais são elas?

As que usam a internet como suporte, transmitindo o mesmo conteúdo do dial – são as rádios na *web*; as que têm presença exclusiva na internet, as chamadas *web rádios*; e o *podcasting*, nome dado à emissão de arquivos sonoros na internet.

∴ Publicação e exibição em plataformas

O próximo passo é criar uma conta para hospedar o *podcast*. Vamos mencionar duas possibilidades, o SoundCloud[15], plataforma de compartilhamento de áudio *on-line* amplamente usada por músicos, e o Spreaker[16], serviço de criação e distribuição de *podcasts*.

As duas opções têm versão gratuita com limite definido para armazenamento de áudio e oferecem serviços mais completos nas versões pagas. Também fornecem o *feed RSS*, já comentado na Seção 6.3, que é o endereço eletrônico do *podcast*. Feito isso, o *podcast* estará publicado, porém de uma forma não tão visível.

Para melhorar o alcance do programa, destacamos aqui o Spotify, um dos serviços mais populares de música por *streaming* e que, recentemente, passou a funcionar também como um agregador

---

15 Disponível em: <https://creators.soundcloud.com/podcasting>. Acesso em: 27 mar. 2020.
16 Disponível em: <https://www.spreaker.com/broadcast>. Acesso em: 27 mar. 2020.

de *podcasts*, fazendo com que os programas sejam encontrados e acessados mais facilmente – Spotify for Podcasters[17].

Caso o *podcast* esteja publicado em um *site* hospedado no WordPress, o processo de veiculá-lo no Spotify é bem mais fácil.

Por fim, é preciso cativar os ouvintes e acompanhar os resultados de audiência. As próprias plataformas oferecem serviços de acompanhamento de números de ouvintes e de *downloads*, mas quase nunca esses serviços estão disponíveis nas versões gratuitas.

Para saber mais

BRLOGIC. **ODDCast v3: como configurar a transmissão ao vivo**. 2018. Disponível em: <https://www.youtube.com/watch?v=tJ0xZDAy3CQ>. Acesso em: 26 mar. 2020.

BRLOGIC. **Transmissão ao vivo: como configurar com o ODDCast, ZaraRadio e Voicemeeter**. 2018. Disponível em: <https://www.youtube.com/watch?v=98cHBDXXs-A>. Acesso em: 7 abr. 2020.

BRLOGIC. **ZaraRadio: como baixar, instalar e configurar em português**. 2018. Disponível em: <https://www.youtube.com/watch?v=iHSQ_7qh_k4>. Acesso em: 26 mar. 2020.

LIMA, C. **Como utilizar o Zara Radio**. 2012. Disponível em: <https://www.youtube.com/watch?v=cF4IzHgJP9c>. Acesso em: 26 mar. 2020.

Sugerimos esses vídeos do YouTube que ensinam a configurar e a operar o ODDCast v3 e o ZaraRadio.

---

17 Disponível em: <https://podcasters.spotify.com/>. Acesso em: 27 mar. 2020.

Síntese

A frágil democracia brasileira precisa ser constantemente fortalecida, para superamos o autoritarismo herdado do colonialismo, da escravidão e das ditaduras políticas vivenciadas no último século. Neste capítulo, vimos que o rádio pode ser um forte aliado nesse processo, a começar por ele mesmo, em suas práticas de comunicação. As rádios livres, populares e comunitárias trazem, em sua história, a vocação à democracia, por terem nascido das lutas do **povo pelo direito de também ter vez e emitir sua voz**. Precisamos garantir que as rádios comunitárias, de fato, sejam a expressão legítima de todos os segmentos da comunidade, da mesma maneira que as demais emissoras – comerciais e públicas.

Também pudemos observar que, no contexto da cibercultura, o rádio vem se reconfigurando em função das tecnologias digitais, adequando sua linguagem aos novos tempos. Nesse sentido, a *web rádio* é a expressão mais concreta da capacidade adaptativa desse veículo. Livre da tutela das grandes emissoras convencionais, esse novo espaço pode ser utilizado para a construção da democracia.

Da mesma maneira, o *podcast*, que é um formato sonoro surgido da relação do rádio com a *web*, tem potencial para crescer e ampliar ainda mais sua participação no mercado brasileiro, além de ser outro forte aliado no processo de manutenção permanente da democracia – a qual não se restrinja à política, mas se estenda às relações econômicas, sociais e culturais.

Questões para revisão

1. Quando começaram a surgir as rádios clandestinas?

2. Qual é a lei que regulamenta as rádios comunitárias no Brasil?

3. Assinale a alternativa correta:
   a) *Podcasts* são arquivos sonoros publicados diariamente.
   b) *Podcasts* são arquivos de imagens disponíveis na internet.
   c) *Podcasts* são formatos jornalísticos dedicados exclusivamente ao público jovem.
   d) O interesse pelo *podcast* está em declínio
   e) O termo *podcast* resulta da junção de *iPod*, o tocador de MP3 da Apple, e a expressão *broadcast*.

4. Analise as afirmativas a seguir e marque V para as verdadeiras e F para as falsas.
   ( ) Uma rádio constitui-se em comunitária não apenas por seu tamanho ou por seu raio de abrangência, mas pela capacidade de promover e gerar um ambiente democrático e participativo.
   ( ) O radiojornalismo comunitário prioriza as notícias sobre fatos da realidade local, sem esquecer-se do cenário nacional.
   ( ) O *podcast* é uma mídia nova e costuma ter um produção muito longa. Esse tem sido um problema para adquirir audiência em uma sociedade em que toda comunicação tem de ser rápida, como uma espécie de síntese.
   ( ) Os baixos custos de produção e de veiculação têm estimulado a criação de *podcasts* sobre os mais variados assuntos.

( ) Para produzir *podcasts* precisa ser jornalista graduado em curso superior.

Assinale a alternativa que apresenta a sequência correta:
a) V, V, V, V, F.
b) F, F, V, V, V.
c) V, F, F, V, V.
d) F, V, F, V, F.
e) V, V, F, V, F.

5. Analise as afirmativas a seguir.
   I) A *web* rádio é uma emissora que transmite exclusivamente pela internet.
   II) **Espera-se que o** *design* da página de uma *web* rádio promova uma navegação de forma clara, simples e intuitiva.
   III) O *site* de uma *web* rádio deve contar com um *player* visível para que, por meio de um clique, o conteúdo sonoro possa ser acessado.
   IV) Em uma *web* rádio, é necessário considerar a interação com o ouvinte.
   V) A interação com o ouvinte é irrelevante para uma *web* rádio.

   Assinale a alternativa que apresenta a(s) afirmativa(s) correta(s):
   a) I e III.
   b) II e IV.
   c) Somente a IV.
   d) Todas estão corretas.
   e) Todas estão erradas.

Questões para reflexão

1. A possibilidade de criar uma estação exclusivamente na internet indica uma simplificação do processo de constituição de uma rádio?
2. Como podemos pensar a relação com os ouvintes no contexto das emissoras na internet?
3. Você conhece emissoras de rádio comunitárias ou na internet produzidas em sua região? Se não, procure conhecê-las e acompanhar a programação ofertada por elas, relacionando as atrações que achar mais relevantes.
4. Quais os desafios de se fazer uma emissora na *web* com grande audiência?
5. Qual é o papel da rádio comunitária no contexto da convergência midiática?

Considerações finais

Ao colocarmos um ponto final nesta obra, acreditamos ter transmitido conhecimentos importantes sobre o trabalho de edição em rádio – comercial, pública, estatal ou comunitária, além da *web* rádio e do *podcast*.

Nesse sentido, procuramos trazer alguns olhares distintos[1], porém complementares, acerca do modo plural de se fazer rádio. Com isso, abordamos o conhecimento de toda a produção em rádio que um bom editor necessita ter, seja ele o encarregado de montar um produto radiofônico específico, seja ele o responsável por radiojornais ou qualquer outro produto radiofônico destinado à informação.

Oferecemos um conjunto de reflexões e práticas para o amplo exercício radiofônico. Afinal, em rádio, raramente há trabalhos atomizados, em que um profissional desenvolve apenas uma atividade. Como vimos, o antigo repórter hoje exerce múltiplas funções, como pauteiro, editor e produtor de fotos, vídeos e *live*, só para dar um exemplo.

Por isso, propusemos uma reflexão sobre como o rádio foi se transformando ao longo de sua história até chegar a uma estrutura e a formas de organização muito diferentes das do passado, em um momento da história da humanidade em que o desenvolvimento

---

1 Como você pode ver no breve currículo de cada autor (na seção "Sobre os autores"), trata-se de profissionais com ênfases diferentes, tanto no estudo quanto no exercício profissional em rádio.

tecnológico oferece uma gama imensa de possibilidades para o radialista dinamizar sua produção, tanto pela agilidade quanto pelas chances de trazer informações e reflexões sobre o que está ocorrendo na comunidade local ou nas mais distantes, em qualquer parte do planeta.

Analisamos a linguagem radiofônica e seus desafios. Vimos como o rádio surgiu e se constituiu em um verdadeiro amigo do ouvinte, por meio do diálogo, da fala coloquial, da contação de história e da criação de imagens mentais, buscando fazer o ouvinte "ver" com o ouvido. Pudemos perceber que a comunicação no rádio, assim como no audiovisual, deve estar embasada em três formas cognitivas de apreensão do conhecimento: a empatia, a emoção e a racionalidade. Vale destacar que, no rádio, inicialmente trabalhamos com os discursos empático e emocional para, então, chegar à razão, ou seja, levar o ouvinte a pensar e a refletir sobre o assunto tratado.

Tratamos da importância de uma rádio ter seu público bem definido e uma linha editorial clara, ética e democrática, seguida por todos os seus profissionais e espelhada ao longo de sua programação. Analisamos os diferentes tipos de gêneros e de formatos radiofônicos para compor uma programação dinâmica, bem ao gosto do ouvinte, e que facilite a transmissão das informações que necessitamos comunicar a ele.

Com esse propósito, refletimos sobre as funções específicas de quem produz programas radiofônicos informativos, detalhando seus modos de produção, com ênfase na figura do editor, e trazendo um resumo dos cuidados necessários com a palavra e com o texto no rádio. Vimos que o rádio deve ser entendido como o amigo do ouvinte, aquele que se coloca a seu lado, em seu local de trabalho, como passageiro em seu carro, além de marcar presença pelo fone de ouvido durante uma caminhada ou no transporte público, para informar, contar e interpretar os acontecimentos mais importantes do dia. Dessa forma, há cuidados que devem ser tomados com relação ao texto falado no rádio. Foi-se o tempo em que esse veículo era entendido como a voz da verdade absoluta – com uma voz grossa, impostada, e um texto impoluto, rebuscado. Hoje, o rádio tem o que sempre deveria ter tido: um texto claro e objetivo e uma voz coloquial, como uma conversa entre amigos.

Por isso, o rádio, que já teve sua "morte" anunciada pelo menos duas vezes, continua vivíssimo e forte. Quando surgiu a televisão, em meados do século passado, muitos diziam que era o fim do rádio. Os desavisados achavam que as pessoas prefeririam ver as histórias, as informações e os musicais em vez de só ouvi-los. Porém, o rádio reinventou-se e mostrou que tinha seu próprio lugar na história humana. Décadas depois, a chegada da internet e das redes sociais colocou em xeque a instantaneidade própria do rádio. Novamente, não poucos afirmaram que esse meio desapareceria em breve. Mas ele está aí, forte, primando pela agilidade e pela qualidade da informação, que nem sempre é confiável nas redes sociais. E mais do que ficar restrito ao campo das sonoridades, ele foi buscar seu espaço na rede mundial de computadores, de aparelhos portáteis, móveis, passando a usar textos e imagens, tornando-se um veículo também híbrido, além de incrementar sua própria linguagem.

Após analisarmos as perspectivas teóricas e práticas do rádio, dedicamos um espaço para tratar das formas de operação de um *software* de edição de áudio. Assim, buscamos demonstrar as principais ferramentas de utilização do Adobe Audition, como uma introdução básica para a edição sonora em equipamentos não lineares. Com o estudo, o exercício e a prática permanente dos temas apresentados, a utilização do *software* abordado será cada vez mais efetiva, com a descoberta de outras potencialidades desse programa.

Por fim, trouxemos uma reflexão sobre a história da luta pela democracia por meio do rádio, com foco especial no surgimento das rádios alternativas ou piratas até as rádios comunitárias que existem hoje e seus modos de transmissão. Nesse contexto, detalhamos dois novos modelos de produção radiofônica: a *web* rádio e o *podcast*, dos quais demonstramos, brevemente, como ocorrem suas produções.

Assim, após o estudo desta obra, você está preparado para atuar em diversas áreas de uma rádio, com base no olhar do editor, produzindo os mais variados tipos de informativos radiofônicos. Contudo, convém lembrar que um bom profissional da comunicação estará sempre em formação. Ainda mais em tempos em que as permanentes transformações tecnológicas alteram profundamente a dinâmica social e suas formas de se relacionar e de se comunicar, em uma velocidade muito singular para a história.

Portanto, seja bem-vindo ao mundo da formação permanente, ao prazer de aprender, de superar-se, de ousar e de renovar-se a cada dia, a cada desafio e a cada nova forma de narrar possibilitada pela criatividade humana e pelos novos inventos tecnológicos, cada vez mais acessíveis e compactos.

Referências

ABPOD. **Podpesquisa 2018**. 2018. Disponível em: <http://www.abpod.com.br/media/docs/PodPesquisa-2018.pdf>. Acesso em: 7 abr. 2020.

ADOBE INC. Audition. San Jose, Ca, 2019. Software de edição. Disponível em: <https://www.adobe.com/br/products/audition/free-trial-download.html>. Acesso em: 24 mar. 2020.

ALER - Associação Latino-Americana de Educação Radiofônica. **Rádio-revista de educação popular**. São Paulo: Edições Paulinas, 1987.

ALVES, W. A cozinha eletrônica. In: MEDITSCH, E. (Org.). **Teorias do rádio**: textos e contextos. Florianópolis: Insular, 2005. v. I. p. 303-321.

ALVIS, J. L. A. La radio boliviana en el largo trayecto de educar contando historias: el caso del programa "Voces nuestras". **Ciencia y Cultura**, La Paz, v. 20, n. 36, p. 83-103, jun. 2016.

AMARAL, L. **Técnica de jornal e periódico**. 3. ed. Rio de Janeiro: Tempo Brasileiro, 1982

ANUNCIAÇÃO, C. et al. **Viva a vida no rádio**: dicas para comunicadores. Curitiba: Recomsol; UCBC; Pastoral da Criança, 2002. Material não publicado.

BALSEBRE, A. A linguagem radiofônica. In: MEDITSCH, E. (Org.). **Teorias do rádio**: textos e contextos. Florianópolis: Insular, 2005. v. I. p. 327-346.

BALSEBRE, A. **El lenguaje radiofónico**. Madrid: Cátedra, 2000.

BARBEIRO, H.; LIMA, P. R. de. **Manual de radiojornalismo**: produção, ética e internet. Rio de Janeiro: Campus, 2001.

BARBOSA FILHO, A. **Gêneros radiofônicos**: os formatos e os programas em áudio. 2. ed. São Paulo: Paulinas, 2009.

BARROS, L. A era de ouro dos podcasts: entenda o boom dos programas de áudio on-line. O Globo, Rio de Janeiro, 21 abr. 2019. Disponível em: <https://oglobo.globo.com/cultura/a-era-de-ouro-dos-podcasts-entenda-boom-dos-programas-de-audio-on-line-23612273>. Acesso em: 26 mar. 2020.

BOURDIEU, P. Sobre a televisão. Tradução de Maria Lúcia Machado. Rio de Janeiro: J. Zahar, 1997.

BRASIL. Decreto n. 8.139, de 7 de novembro de 2013. Diário Oficial da União, Poder Executivo, Brasília, DF, 8 nov. 2013. Disponível em: <http://www.planalto.gov.br/ccivil_03/_Ato2011-2014/2013/Decreto/D8139.htm>. Acesso em: 11 fev. 2020.

BRASIL. Lei n. 9.610, de 19 de fevereiro de 1998. Diário Oficial da União, Poder Legislativo, Brasília, DF, 20 fev. 1998a. Disponível em: <https://www2.senado.leg.br/bdsf/bitstream/handle/id/243240/L9610.1998.pdf?sequence=1&isAllowed=y>. Acesso em: 23 mar. 2020.

BRASIL. Lei n. 9.612, de 19 de fevereiro de 1998. Diário Oficial da União, Poder Legislativo, Brasília, DF, 20 fev. 1998b. Disponível em: <http://www.planalto.gov.br/ccivil_03/leis/L9612.htm>. Acesso em: 26 mar. 2020.

BRASIL. Portal Domínio Público. Disponível em: <http://www.dominiopublico.gov.br/>. Acesso em: 23 mar. 2020a.

BRASIL. Empresa Brasil de Comunicação. A voz do Brasil. Disponível em: <https://voz.gov.br/>. Acesso em: 26 mar. 2020b.

BRASIL. Ministério da Ciência, Tecnologia, Inovações e Comunicações. Espaço do radiodifusor. Disponível em: <https://www.mctic.gov.br/mctic/opencms/comunicacao/SERAD/radiofusao/index.html>. Acesso em: 26 mar. 2020c.

BRASIL. Ministério da Educação. Chamada à ação: manual do radialista que cobre educação. Brasília: Projeto Nordeste; Unicef, 1997.

CABELLO, A. R. G. Organização do texto radiofônico: coesão e coerência. Alfa, São Paulo, v. 38, p. 145-154, 1994. Disponível em: <https://periodicos.fclar.unesp.br/alfa/article/download/3952/3627> Acesso em: 3 mar. 2020.

CALABRE, L. A era do rádio. 2. ed. Rio de Janeiro: J. Zahar, 2004.

CAMARGO, G.; FAXINA, E. Edição em telejornalismo. In: FAXINA, E. (Org.). Edição de áudio e vídeo. Curitiba: InterSaberes, 2018. p. 215-261.

CARVALHO, A. P. de et al. Sistema de informação e cidadania: a falta de usabilidade continua impedindo o pleno exercício da democracia? Revista E-Xacta, v. 2, n. 2, jun. 2009. Disponível em: <https://revistas.unibh.br/dcet/article/view/240/132>. Acesso em: 26 mar. 2020.

COSTA, L. M. O jornalismo declaratório. Observatório da Imprensa, n. 551, 21 ago. 2009. Disponível em: <http://observatoriodaimprensa.com.br/diretorio-academico/o-jornalismo-declaratorio/>. Acesso em: 18 mar. 2020.

CUNHA, M. Rádio e internet: o encontro de duas grandes invenções. In: CONGRESSO BRASILEIRO DE CIÊNCIAS DA COMUNICAÇÃO, 27., 2004, Porto Alegre. Anais... Disponível em: <http://portal.eusoufamecos.net/radio-e-internet-o-encontro-de-duas-grandes-invencoes/>. Acesso em: 26 mar. 2020.

FAXINA, E. (Org.). Edição de áudio e vídeo. Curitiba: InterSaberes, 2018a.

FAXINA, E. Fundamentos de comunicação sonora. Curso de Jornalismo. Universidade Federal do Paraná. Curitiba: [S.d.]. Material de aula. Não publicado.

FAXINA, E. Introdução ao audiovisual: razão, empatia e emoção. In: FAXINA, E. (Org.). Edição de áudio e vídeo. Curitiba: InterSaberes, 2018b. p. 16-49.

FAXINA, E.; GOMES, P. G. Midiatização: um novo modo de ser e viver em sociedade. São Paulo: Paulinas, 2016.

FERRARETTO, L. A. Rádio: o veículo, a história e a técnica. 3. ed. Porto Alegre: Doravante, 2007.

FERRARETTO, L. A. Rádio: teoria e prática. São Paulo: Summus, 2014.

FIELD, S. Manual do roteiro: os fundamentos do texto cinematográfico. Tradução de Álvaro Ramos. Rio de Janeiro: Objetiva, 2001.

FRANCO, M. Podcast 'Caso Evandro' transforma reviravoltas de crime em espetáculo. Folha de S.Paulo, 3 dez. 2019. Disponível em: <https://www1.folha.uol.com.br/ilustrada/2019/12/podcast-caso-evandro-transforma-reviravoltas-de-crime-em-espetaculo.shtml>. Acesso em: 7 abr. 2020.

GODOY, D. Para a Jovem Pan, a inspiração vem da Netflix. Revista Exame, 25 jul. 2019. Disponível em: <https://exame.abril.com.br/revista-exame/do-radio-ao-youtube/>. Acesso em: 26 mar. 2020.

HAUSMAN, C. et al. Rádio: produção, programação e performance. Tradução de Marleine Cohen. São Paulo: Cengage Learning, 2010.

HERSCHMANN, M.; KISCHINHEVSKY, M. "A geração podcasting" e os novos usos do rádio na sociedade do espetáculo e do entretenimento. Revista Famecos, Porto Alegre, v. 15, n. 37, p. 101-106, dez. 2008. Disponível em: <http://revistaseletronicas.pucrs.br/ojs/index.php/revistafamecos/article/view/4806>. Acesso em: 26 mar. 2020.

IBOPE INTELIGÊNCIA. Pesquisa de opinião pública sobre podcast. 2019. Disponível em: <https://www.ibopeinteligencia.com/arquivos/JOB_0019_PODCAST%20-%20Relat%C3%B3rio%20de%20tabelas.pdf>. Acesso em: 26 mar. 2020.

JENKINS, H. Cultura da convergência. Tradução de Susana Alexandria. São Paulo: Aleph, 2009.

JENKINS, H.; FORD, S.; GREEN, J. Cultura da conexão: criando valor e significado por meio da mídia propagável. Tradução Patrícia Arnaud. São Paulo: Aleph, 2014.

JUNG, M. Jornalismo de rádio. São Paulo: Contexto, 2004.

KENNEDY, R.; PAULA, A. N. de. Jornalismo e publicidade no rádio: como fazer. São Paulo: Contexto, 2013.

LIMA, N.; PIERRE, L. H.; PINHEIRO, A. Radialistas contra a Aids: uma rede pela vida. In: CONGRESSO BRASILEIRO DE CIÊNCIAS DA COMUNICAÇÃO, 25., 2002, Salvador. Anais... Disponível em: <http://www.intercom.org.br/papers/nacionais/2002/congresso2002_anais/2002_NP6PINHEIRO2.pdf>. Acesso em: 7 jun. 2020.

LUZ, D. A arte de pensar e fazer rádios comunitárias. Brasília: Fundação H. Bol, 2007.

MAFFESOLI, M. A contemplação do mundo. Tradução de Francisco Franke Settineri. Porto Alegre: Artes e Ofícios, 1995.

MARCHAMALO, J.; ORTIZ, M. A. Técnicas de comunicação pelo rádio: a prática radiofônica Tradução de Alda da Anunciação Machado. São Paulo: Loyola, 2005.

MARTINS, N. P. M. Webradio: novos gêneros, novas formas de interação. 395 f. Tese (Doutorado em Linguística Aplicada) – Universidade Federal de Minas Gerais, Belo Horizonte, 2008. Disponível em: <https://repositorio.ufmg.br/bitstream/1843/AIRR-7DDJD8/1/nair_prata_tese.pdf>. Acesso em: 26 mar. 2020.

MCLEISH, R. Produção de rádio: um guia abrangente de produção radiofônica. Tradução de Mauro Silva. São Paulo: Summus, 2001.

MEDITSCH, E. O ensino do radiojornalismo em tempo de internet. In: DEL BIANCO, N.; MOREIRA, S. V. (Org.). Desafios do rádio no século XXI. São Paulo: Intercom; Rio de Janeiro: UERJ, 2001. p. 223-232.

MELO, J. M. de. MacBride, a Nomic e a participação latino-americana na concepção de teses sobre a democratização da comunicação. Logos: Comunicação & Universidade, v. 15, n. 1 (28), p. 42-59, jan./jun. 2008. Disponível em: <https://www.e-publicacoes.uerj.br/index.php/logos/article/view/12486/9676>. Acesso em: 26 mar. 2020.

MELO, J. M. de (Org.). Gêneros jornalísticos na Folha de S.Paulo. São Paulo: FTD, 1992.

MENEZES, J. E. de O. Cultura do ouvir: os vínculos sonoros na contemporaneidade. In: CARDOSO, M.; MENEZES, J. E. de O. (Org.). Comunicação e cultura do ouvir. São Paulo: Plêiade, 2012. p. 21-38.

MENEZES, J. E. de O. Rádio e cidade: vínculos sonoros. São Paulo: Annablume, 2007.

NOTICIERO MINKA. Riobamba, Ecuador: Radiofónicas Erpe, 29 maio 2020. Programa de rádio.

OLIVEIRA, C. T. F. de. Escuta sonora: recepção e cultura popular nas ondas das rádios comunitárias. Rio de Janeiro: E-papers, 2007.

ORTRIWANO, G. S. **A informação no rádio**: os grupos de poder e a determinação dos conteúdos. São Paulo: Summus, 1985.

PAIVA, M. M. de. (Org.). **Escolas radiofônicas de Natal**: uma história construída por muitos (1958-1966). Brasília: Liber Livro, 2009.

PAIVA, V. **História da educação popular no Brasil**: educação popular e educação de adultos. 7. ed. São Paulo: Loyola, 2015.

PAIXÃO, P. O nosso "jornalismo declaratório" de cada dia. **Portal Imprensa**, 6 abr. 2017. Disponível em: <http://portalimprensa.com.br/noticias/opiniao/79047/opiniao+o+nosso+jornalismo+declaratorio+de+cada+dia+por+patricia+paixao> Acesso em: 18 mar. 2020.

PENA, F. **1000 perguntas sobre jornalismo**. Rio de Janeiro: Rio, 2005.

PEREIRA JUNIOR, L. C. **Guia para a edição jornalística**. 4. ed. Petrópolis: Vozes, 2012.

PORCHAT, M. E. **Manual de radiojornalismo Jovem Pan**. São Paulo: Ática, 1993.

PRIMO, A. F. T. Interação mútua e interação reativa: uma proposta de estudo. **Revista Famecos**, Porto Alegre, v. 7, n. 12, p. 81-92, jun. 2000. Disponível em: <http://revistaseletronicas.pucrs.br/ojs/index.php/revistafamecos/article/view/3068/2346>. Acesso em: 26 mar. 2020.

RADIOS.COM.BR. Disponível em: <https://www.radios.com.br/>. Acesso em: 26. mar. 2020.

RÁDIO UNIVERSITÁRIA FM 107.9. Disponível em: <https://www.radios.com.br/aovivo/radio-universitaria-1079-fm/17707>. Acesso em: 26 mar. 2020.

RICHERS, R. Segmentação de mercado: uma visão de conjunto. In: RICHERS, R.; LIMA, C. P. (Org.). **Segmentação**: opções estratégicas para o mercado brasileiro. São Paulo: Nobel, 1991. p. 13-24.

ROSENFELD, M.; COSTA, K. **Qualidade de vida de funcionário melhora com um abraço por dia**. Folha Online, São Paulo, 9 nov. 2006. Disponível em: <https://www1.folha.uol.com.br/folha/dimenstein/cbn/capital_091106g.shtml> Acesso em: 6 abr. 2020.

ROSNAY, J. de. Un cambio de era. In: RAMONET, I. (Ed.). **La post-televisión**: multimedia, internet y globalización económica. Madrid: Icaria, 2002. p. 17-32.

SÁ, L. C.; GUARABYRA, G. Brumadinho. Intérprete: Sá e Guarabyra. In: SÁ E GUARABYRA. Pirão de peixe com pimenta. Rio de Janeiro: Som Livre, 1977. Faixa 1.

SOUSA, M. B. de. Tecnologia da radiodifusão de A a Z. Natal: EDUFRN, 2010.

VALENTE, J. Celular se torna principal forma de acesso à internet no Brasil. Agência Brasil, 24 jul. 2018. Disponível em: <http://agenciabrasil.ebc.com.br/geral/noticia/2018-07/celular-se-torna-principal-forma-de-acesso-internet-no-brasil>. Acesso em: 26 mar. 2020.

VENANCIO, R. D. O. Jornalismo e linha editorial: construção das notícias na imprensa partidária e comercial. Rio de Janeiro: E-papers, 2009.

VIGIL, J. I. L. Manual urgente para radialistas apasionados. Quito: Artes Gráficas Silva, 2000.

WINK, L. 7 conhecimentos que um editor de conteúdos precisa ter. Contentools. Disponível em: <https://blog.contentools.com.br/profissional-de-conteudo/7-conhecimentos-que-um-editor-de-conteudos-precisa-ter/>. Acesso em: 14 mar. 2020.

ZARASOFT. ZaraRadio: programa de instalação. 2008. v. 1.6.2. Software.

Respostas[1]

Capítulo 1

Questões para revisão

1. Somente em 1916, David Sarnoff, russo radicado nos Estados Unidos, esboçou a ideia de um meio de comunicação de massa utilizando as descobertas feitas e as invenções tecnológicas construídas até então. Sarnoff enviou um memorando enviado à diretoria da Marconi Company propondo a criação de uma caixa radiotelefônica para transmitir músicas e notícias, em um modelo multidirecional, que poderia alcançar até 80 quilômetros. Mas foi o engenheiro Frank Conrad quem concretizou o modelo esboçado por Sarnoff, aperfeiçoando-o e realizando transmissões de sua casa, em Pittsburgh, na Pensilvânia.
2. Porque foi ele quem conseguiu, em 1894, transmitir pela primeira vez na história a voz humana a distância, sem fios. Ou seja, pelo menos um ano antes do italiano Guglielmo Marconi. Hausman et al. (2010) afirmam que esse fato é respaldado pelos registros dos jornais da época indicando que Landell de Moura conseguiu sua proeza na capital paulista, transmitindo o sinal entre um ponto da Avenida Paulista e outro no Mirante de Santana (bairro da Zona Norte da capital). Outro fator importante, também segundo Hausman et al. (2010), é que Marconi fez seus experimentos e conseguiu transmitir por ondas os códigos do alfabeto criado por Morse, por isso ele é reconhecido como "pai da radiotelegrafia", enquanto Landell de Moura é o "pai da radiofonia".
3. b
4. d
5. a

[1] Os autores citados nas respostas encontram-se discriminados na seção "Referências".

Capítulo 2

Questões para revisão
1. Palavra, efeitos sonoros, silêncio e música.
2. São necessários um bom material que envolva apuração cuidadosa dos fatos, levantamento de dados, históricos e histórias de vida, apresentação contextualizada dos fatos e entrevistas com as fontes.
3. b
4. d
5. b

Capítulo 3

Questões para revisão
1. Como possíveis causas, Paixão (2017) cita o cenário adverso nas redações jornalísticas, com cortes sucessivos de gastos, que levam ao acúmulo de funções; a redução das produções jornalísticas feitas em campo; e os interesses que estão por trás da publicação de determinado fato. Ela cita também a formação universitária frágil, afirmando que "Não são poucos os estudantes que optam por entrevistas por e-mail, por WhatsApp, Facebook ou telefone, mesmo tendo a chance de conversar presencialmente com a fonte [...], ou por pegar aspas de um amigo ou conhecido (caminho mais fácil)" (Paixão, 2017).
2. Trata-se de uma notícia mais detalhada e aprofundada, que necessita de vários pontos de vista e do uso de entrevistados. Feita pelo repórter, ao vivo ou gravada, ela é considerada fundamental na programação radiofônica porque traz veracidade sobre a informação, dando legitimidade à emissora. Considerada a essência do jornalismo, sua produção exige cuidados, como não ser tendenciosa, de modo a não prejudicar uma informação mais democrática. Uma reportagem deve ter, necessariamente, sonoras com entrevistados, preferencialmente personagens e especialistas.

3. c
4. b
5. a

Capítulo 4

Questões para revisão

1. O *script* radiofônico deve ser o mais simples possível e com fácil visualização de suas partes. Uma parte serve à técnica da emissora, envolvendo o pessoal da produção, na qual constam as informações sobre os materiais que vão ser chamados para entrar no ar: reportagem, comentário, músicas, além das notas, notícias etc. A outra parte é aquela em que está o texto que será lido pelos apresentadores. Nela, a fonte deve ser limpa e de tamanho que facilite a leitura pelo locutor-apresentador, que, a rigor, é quem define as características da letra que deseja.
2. No momento de redigir uma notícia, as respostas a essas seis perguntas ajudam muito a criar um bom lide, ou seja, uma boa introdução da matéria. Contudo, isso não significa que todas elas deverão ser obrigatoriamente respondidas – as quatro primeiras sim, mas as demais, embora importantes, dependem de outros informantes.
3. b
4. e
5. d

Capítulo 5

Questões para revisão

1. A vantagem é que um programa multipista permite trabalhar com mixagem de vários sons em um mesmo projeto, facilitando a inserção de diferentes tipos de sonoridades. Assim, as inclusões vão sendo posicionadas sucessivamente, montando uma linha do tempo (*timeline*).

2. Sim, isso é possível usando o efeito *Redução de ruído*, disponível na aba *Efeitos*. Ao aplicar esse efeito em um trecho ou em toda a faixa de áudio, pode-se reduzir um som indesejado que foi captado na gravação. Para isso, é preciso acionar a ferramenta citada e, inicialmente, obter um perfil do ruído, ou seja, selecionar um trecho do ruído que se deseja eliminar. Depois de obtido o perfil, basta aplicar o efeito na faixa ou no trecho de áudio desejado.
3. e
4. c
5. c

Capítulo 6
Questões para revisão
1. As rádios clandestinas começaram a surgir tão logo o rádio passou a operar como meio de comunicação de massa, ainda no início do século XX.
2. É a Lei n. 9.612, de 19 de fevereiro de 1998 (Brasil, 1998b).
3. e
4. e
5. d

Sobre os autores

André Felipe Schlindwein
Graduado em Jornalismo (2017) pela Universidade do Vale do Itajaí (Univali) e mestre em Comunicação (2019) pelo Programa de Pós-Graduação em Comunicação da Universidade Federal do Paraná (UFPR). Trabalhou como produtor do programa Viva Voz, veiculado pela Rádio Univali FM, e como colaborador dos *sites* Vavel Brasil e Chelsea Brasil, além de ter sido um dos criadores do Randomiza Podcast.

Andrea Pinheiro
Graduada em Comunicação Social: Jornalismo (1993) pela Universidade Federal do Ceará (UFC); especialista em Teoria da Comunicação e da Imagem (1994) pela UFC e pela Universidade Federal do Rio de Janeiro (UFRJ); mestre (2004) e doutora (2014) em Educação Brasileira pela UFC. Integrou por dez anos a Rede de Comunicadores Solidários (Recomsol) – Pastoral da Criança/União Cristã Brasileira de Comunicação Social (UCBC). É jornalista e professora do curso de Sistemas e Mídias Digitais e do Programa de Pós-Graduação em Avaliação de Políticas Públicas da UFC e pesquisadora do Laboratório de Pesquisa da Relação Infância, Juventude e Mídia (LabGrim) da UFC.

Elson Faxina

Graduado em Comunicação Social (1981) pela Pontifícia Universidade Católica do Paraná (PUCPR); mestre em Cinema, Rádio e Televisão (2001) pela Escola de Comunicações e Artes (ECA) da Universidade de São Paulo (USP); e doutor em Ciências da Comunicação Social (2012) pela Universidade do Vale do Rio dos Sinos (Unisinos). Foi diretor de jornalismo da Rádio Clube Paranaense, de 1980 a 1983; assessor de comunicação da Fundação Educacional do Estado do Paraná, de 1983 a 1987, e da Secretaria da Justiça, Cidadania e Direitos Humanos do Paraná, de 2011 a 2015; coordenador nacional de comunicação da Pastoral da Criança, de 1994 a 2002; roteirista, editor e diretor de programas e de documentários na Rádio e TV Educativa do Paraná, de 2002 a 2011; e professor de jornalismo na Universidade Estadual de Ponta Grossa (UEPG), de 1986 a 1994, e na Universidade Positivo (UP), em Curitiba, de 2002 a 2009. É jornalista, professor e pesquisador de comunicação da Universidade Federal do Paraná (UFPR) e autor do livro *Edição de áudio e vídeo*, da Editora InterSaberes (2018).

Felipe Harmata Marinho

Graduado em Jornalismo (2005) pela Universidade Positivo (UP); pós-graduado em Comunicação e Semiótica (2007) pela Pontifícia Universidade Católica do Paraná (PUCPR); mestre em Ciências Sociais Aplicadas (2011) pela Universidade Estadual de Ponta Grossa (UEPG); e doutorando em Ciências da Informação pela Universidade Fernando Pessoa (UFP), no Porto, Portugal. Trabalhou na Unibrasil, nas Faculdades Opet, na 91 Rock e na PontoCom Comunicação Interativa. É supervisor de jornalismo da rádio BandNews FM Curitiba; professor dos cursos de Jornalismo, Publicidade e Propaganda e Design; e coordenador dos cursos de pós-graduação em Mídias Digitais e Assessoria, Gestão de Comunicação e Marketing da UP. Também atua com *startups* e é integrante da Curitiba Angels, rede de apoio, desenvolvimento e investimento.

Flávia Lúcia Bazan Bespalhok

Graduada em Comunicação Social: Jornalismo (1987) pela Universidade Estadual de Londrina (UEL); especialista em Práxis e Discurso Fotográfico (1999) pela UEL; mestre em Comunicação Midiática (2006) pela Universidade Estadual Paulista Júlio de Mesquita Filho (Unesp); e doutora em Comunicação e Linguagens (2014) pela Universidade Tuiuti do Paraná (UTP). É professora adjunta da Universidade Federal do Paraná (UFPR) em regime de dedicação exclusiva e tem experiência na área de comunicação, com ênfase em áudio, vídeo e fotografia.

Francisco das Chagas de Morais

Graduado em Letras (1996) pela Universidade Federal do Rio Grande do Norte (UFRN); especialista em Comunicação para a Pastoral (1996) pela Universidade do Vale do Rio dos Sinos (Unisinos); mestre (2004) e doutor (2017) em Estudos da Linguagem pela UFRN, com pesquisa sobre as Escolas Radiofônicas no Brasil e na Colômbia. Foi diretor-presidente da União Cristã Brasileira de Comunicação Social (UCBC), de 2006 a 2009, e diretor de programação da Rádio Rural de Natal, de 1998 a 1999. É membro da base de pesquisa Comunicação, Cultura e Mídia (Comídia) do Departamento Comunicação Social

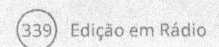

(Decom) da UFRN e integra a Rede de Comunicadores Solidários (Recomsol) desde 1997. Atua ainda como assessor pedagógico da Secretaria de Estado da Educação e da Cultura (SEEC) do Rio Grande do Norte.

Os papéis utilizados neste livro, certificados por instituições ambientais competentes, são recicláveis, provenientes de fontes renováveis e, portanto, um meio **respons**ável e natural de informação e conhecimento.

Impressão: Reproset
Outubro/2021